民國歷史與文化研究

初 編

第 13 冊

現代中國語言批評的發生（上）

郭 勇 著

花木蘭文化出版社

國家圖書館出版品預行編目資料

現代中國語言批評的發生（上）／郭勇 著 -- 初版 -- 新北市：
花木蘭文化出版社，2015〔民 104〕
目 2+164 面；19×26 公分
（民國歷史與文化研究 初編；第 13 冊）
ISBN 978-986-404-149-7（精裝）
1. 中國文學 2. 文學評論
628.08   103027663

ISBN-978-986-404-149-7

9 789864 041497

民國歷史與文化研究
初 編 第十三冊   ISBN：978-986-404-149-7

現代中國語言批評的發生（上）

作　　者 郭勇
總 編 輯 杜潔祥
副總編輯 楊嘉樂
編　　輯 許郁翎
出　　版 花木蘭文化出版社
社　　長 高小娟
聯絡地址 235 新北市中和區中安街七二號十三樓
　　　　 電話：02-2923-1455 ／傳眞：02-2923-1452
網　　址 http://www.huamulan.tw 信箱 hml 810518@gmail.com
印　　刷 普羅文化出版廣告事業
初　　版 2015 年 3 月
定　　價 初編 32 冊（精裝）台幣 56,000 元
　　　　　　　　　　　　　　　　　　　　　 版權所有・請勿翻印

現代中國語言批評的發生（上）

郭　勇　著

作者簡介

郭勇，1978 年生，湖北麻城人，先後畢業於湖北三峽學院、華中師範大學、北京師範大學，獲文學學士、碩士、博士學位，參加北京大學的美學 藝術學高級研討班學習並結業。現為三峽大學文學與傳媒學院副教授、研究生導師、三峽大學「151」人才工程學術帶頭人。主持國家社科基金項目、湖北省社科基金項目、湖北省教育廳社科基金項目、教學研究項目等科研、教研項目，出版專著《蔡元培美育思想研究》，在《外國文學研究》《山東大學學報》等核心期刊上發表多篇論文。主要研究方向為中國文論、中西比較詩學。

提　　要

　　所謂「語言批評」，是指在文學研究中，語言始終是一個重要的維度。這不僅是因為文學必須以語言為媒介，而且語言在文化系統中都是不可或缺的組成部分。語言和語言觀念的變革，往往影響到文學和文化的變革。因此，從語言入手考查文學的特性、文學與語言和語言活動的關係等問題，就是一條可行的思路。不妨把這樣一種思路、觀念和方法稱為「語言批評」。它不是語言學研究，而是文學研究。中國自古就有語言批評，以「言意之辨」為其核心命題，而現代中國的語言批評，以「言文一致」為其核心。

　　中國現代思想文化的變革是以文學革命為先導，而文學革命又是以語言變革為突破口，「言文一致」又是其中至關重要的一個命題，語言、文學與文化在「言文一致」這一命題上發生了緊密的關聯和互動。

　　引言簡要梳理研究現狀，概述晚清與「五四」知識分子圍繞言文關係問題展開論爭的歷史過程及意義。

　　第一章論述「言」、「文」、「筆」之考辨與現代「文學」觀念的萌生。清中葉阮元就發動了一場「言文之辨」，後來劉師培、章太炎等人接過這個話題繼續討論，堪稱「言」「文」關係論爭的前奏。隨著各派論爭的深入，現代意義上的「文學」觀念逐步浮出水面。

　　第二章分析語言／文字之爭與中國文學現代轉型之間的關聯。這一章以漢字拼音化與文學變革之關聯為核心，「言文一致」命題涉及到了語言與文字一致的問題，由此引發了晚清與「五四」的漢字改革運動。漢字的工具性和文化屬性逐步被發掘，漢字改革實際推動了中國文學的現代轉型。

　　第三章分析口語／書面語之爭與現代白話文學的創立。晚清與「五四」的文化變革，在國語運動與白話文運動中取得重大進展。國語運動與白話文運動也追求「言文一致」，卻出現了口語化取向與書面化走向的二律背反。但最終，現代白話成為一種公共話語。

　　第四章探討晚清特別是「五四」知識分子對言文關係問題的回顧與重寫文學史及新文學的經典化。這為書寫全新的、現代意義上的文學史提供了條件，同時也是話語權力的爭奪戰。《中國新文學大系》的出版，則是新文學經典化鏈條上最重要的一環。

　　「言文一致」是中國近現代思想文化史上的重要命題，雖發端於語言文字領域，卻蘊含著文化革新的要求。它是晚清和「五四」兩代知識分子的共同追求，體現出他們經由語文變革實現文學革新的設計思路，中國現代文學由此得以建立。此外，他們也已經意識到語言文字的意識形態性，因而也體現出借助語言變革實現中國思想文化現代化的願望。這正是中國現代語言批評具有「現代性」的根本原因。

目 次

上 冊

引 言 …………………………………………………………………… 1

第一章 「言」、「文」、「筆」之考辨與現代「文學」
觀念的萌生 ……………………………………… 29

　　第一節 中國古代的「言」、「文」及「言文一致」
……………………………………………………… 29

　　第二節 「文筆之辨」及其流變 ……………………… 36

　　第三節 「五四」前後的「言」「文」論辯與現代
「文學」觀念的發生 ……………………… 54

第二章 語言／文字之爭與中國文學的現代轉型 … 77

　　第一節 漢字進化論與進化文學觀 ………………… 81

　　第二節 文法問題與文學語言的科學化 ………… 115

　　第三節 語言批評視野中的文字革命與文學革命 138

下 冊

第三章 口語／書面語之爭與現代白話文學的
創立 ………………………………………………… 165

　　第一節 白話、國語與中國文學的現代性追求 … 167

　　第二節 口語化取向與書面化走向的二律背反及
其意義 ……………………………………… 212

　　第三節 公共話語視閾中的語言變革與文學變革 230

第四章 文體變革、重寫文學史與新文學的經典化
……………………………………………………… 247

　　第一節 文體格局的重設與「中國文學」設想的
提出 ………………………………………… 247

　　第二節 重寫文學史的話語權力意識 …………… 273

　　第三節 《中國新文學大系》與新文學「經典」
地位的確立 ……………………………… 303

結 語 ……………………………………………………………… 319

參考文獻 ………………………………………………………… 323

附錄：參考資料紀年彙編 ………………………………… 331

引　言

　　在文學研究中，語言始終是一個重要的維度。這不僅是因為文學必須以語言為媒介，而且語言在整個文化系統當中都是一個不可或缺的組成部分。語言和語言觀念的變革，往往影響到文學和文化的變革。因此，從語言入手考查文學的特性、文學與語言和語言活動的關係等問題，就是一條可行的思路。不妨把這樣一種思路、觀念和方法稱為語言批評。

一、問題的提出

　　語言觀念的變革會在很大程度上影響到一個時代的文學觀，而且語言觀念變革的程度也往往與文學變革能夠達到的深度密切相關。特別是在思想文化發生激烈變革的時期，語言與語言觀變革的重要性就尤為突出。本選題正是選取晚清至「五四」這一錯綜複雜、風雲激蕩的歷史時段，探討中國現代語言批評的發生問題，將「言文一致」這一命題作為研究的對象。

　　十九世紀末二十世紀初，中國社會遭受了前所未有的劇變，而中國的思想文化也由此開啓了艱難的現代化歷程。在從傳統向現代轉型的過程中，中國現代思想文化是以文學革新為變革的先導，而文學革新又是以語言變革為突破口，「言文一致」則又是語言變革中一個至關重要的命題。這一命題本身是在中國近現代語言變革大潮中提出來的，倡導者們首先不是從文學的需要出發來考慮言文關係問題，而是將語言文字的革新作為變革思想文化的基石與前提，但恰恰是在對這一命題進行分析、討論以及提出種種方案並付諸實踐的過程中，「言文一致」溢出了語文變革的範圍，不僅催生了現代意義上的「文學」觀念，也成為文學革新的突破口。而文學革新又進一步成為思想文

化轉型的突破口。

從這個意義上講，至少在晚清至「五四」時期，語言問題成為文學革命和文化革新的突破口。通過對於漢語、漢字和語言觀念的反思，現代意義上的文學批評和文化觀念得以建立。在具備現代品格的中國文學研究中，現代語言觀被引入其中，構成了中國現代文學批評的一個組成部分。這就是中國文學批評語言意識的現代生成。因此，中國現代文學批評的發生與其語言意識的現代生成可說是同步的，在這一轉型過程中，「言文一致」是最為重要和顯著的標誌。這一命題的提出及圍繞它展開的各種論爭，正是中國文學批評語言意識現代性的標誌。從晚清延續的阮元的「文筆之辨」、梁啟超發動的「三界革命」、「五四」文學革命，我們可以理出一條中國語言批評發生的脈絡。事實上，這一條脈絡也一直未曾斷絕，反而時不時出現，引起新一輪的文學和文學觀念變革：黃遵憲提出的語言文字合一、盧戇章的「字話一律」、勞乃宣和王照的「言文一致」、胡適、陳獨秀、錢玄同所推崇的「言文合一」、20世紀30年代「大眾語」運動提出「文話一致」、40年代關於文學的「民族形式」的論爭等等。甚至到當下，這一問題依然能引起學界和大眾的關注與爭議，如鄭敏對「五四」白話文運動的尖銳批評〔註1〕、持續到新世紀的中學語文教育問題、簡化字與繁體字之爭、漢字規範化問題等等，都觸及到中國當代文學和文化的深層癥結。

至此可以說，語言、文學與文化在「言文一致」這一命題上發生了緊密的關聯和互動。本選題即是以「言文一致」為研究的中心對象，通過對這一命題歷史進程的梳理，所涉及的各方面問題的探究，探討在中國思想文化轉型的歷史時期，語言觀念的變革是如何以及在多大程度上影響到中國文學和文學批評的轉變的。

二、研究概況

本選題屬於語言批評研究，目前中國的語言批評研究主要涉及這樣幾個角度：

（一）從語言本身入手來探討語言對於文學的深刻影響

這一角度的研究主要是視語言為文化的組成部分，認為語言的變革與更

〔註 1〕 鄭敏：《世紀末的回顧：漢語語言的變革與中國新詩創作》，《文學評論》1993年第 3 期。

深層次的思想文化變革密切相關。在這方面孫文憲教授的語言批評研究極爲突出。孫文憲先生長期以來一直致力於語言批評的研究工作，發表了系列文章，通過對於語言本性問題的檢討及對中西語言批評狀況的梳理，他強調語言與人的關係是複雜的，對於個體而言，語言具有先在性，語言是一種文化，一種傳統；是一個民族的歷史和文化的積澱，是前人經驗和心理的儲蓄。從這樣的立場出發，就能發現結構、話語等因素對文學活動的制約，發現言意矛盾的新的內容〔註2〕。近年來他對於語言批評的知識狀況與問題意識極爲關注，在他看來，西方語言批評經歷了一個從關注「語言形式」到關注「語言文化」的過程，重點探討文學和語言活動的關係。強調文學的語言建構使其尤爲關注意識形態對文學活動的影響。這就說明語言問題其實一直是 20 世紀以來文學研究關注的一個焦點，語言批評並未過時。〔註3〕

此外，高玉的《現代漢語與中國現代文學》認爲語言在本質上分思想和工具兩個層面，語言的變革是現代文學發生的深層原因，「中國文化的現代轉型正是中國語言的現代轉型，現代漢語確立了，中國現代文化也就確立了」〔註4〕。這種研究深化了人們對於語言本身的認識，對於認識中國現代文學的發生有重要的啓發意義。王一川的《漢語形象美學引論》、《漢語形象與現代性情結》也基本是按照相似的思路展開。

（二）西方語言學與語言批評的引進

新時期中國語言批評的興盛在一定的意義上和西方的影響密切相關，由於語言批評的創新離不開語言觀念的變革，因而語言學領域的成果就需要格外關注。20 世紀 80 年代可以說是翻譯西方語言學著作獲得大豐收的時代，以 1980 年索緒爾《普通語言學教程》中譯本的出版爲契機，歐美語言學學說相繼被介紹到中國，對於中國知識界變更傳統的語言觀念起到了很大的作用。

20 世紀在西方發生的「語言學轉向」同樣引起了中國學界的關注。與語言學相比，西方語言哲學能夠從思想、文化層面對語言批評提供更大的啓發。在這方面，涂紀亮、徐友漁等學者對於語言哲學的譯介與研究具有重要意義，相關著作則有《語言哲學名著選輯》、《「哥白尼式」的革命——哲學中的語言

〔註2〕王先霈、孫文憲主編：《文學理論導引》，高等教育出版社 2005 年，第 39～45 頁。
〔註3〕孫文憲：《語言批評的演變》，《長江學術》2008 年第 3 期。
〔註4〕高玉：《現代漢語與中國現代文學》，中國社會科學出版社 2003 年，第 34 頁。

轉向》、《語言與哲學——當代英美與德法傳統比較研究》等。語言哲學所包含的對於語言本體地位的強調、對語言與人關係的重新體認，對傳統的語言工具論起到了強大的衝擊作用，促成中國學界對語言問題的重新思考。

如果說語言學、語言哲學還只是從外部條件上為語言批評提供參照的話，那麼西方的形式主義批評如俄國形式主義、英美新批評、法國結構主義則為中國語言批評的建構提供了直接的參考與借鑒。方珊對於俄國形式主義的譯介與研究、趙毅衡對新批評的研究在各自領域都達到了極高的水平，卡勒所著《結構主義詩學》也被翻譯出版，產生了極大的影響。而在歐美之外，俄蘇文論也得到了一定的關注，特別是巴赫金的《陀思妥耶夫斯基詩學問題》乃至《巴赫金全集》受到中國學界的關注並翻譯出版。巴赫金針對陀思妥耶夫斯基小說文本，提出了「複調小說」的概念，實現了對小說理論和小說研究的重大突破，他的這一理論，立足於更為深刻的狂歡文化理論和對話哲學基礎之上。此外，巴赫金還創造性地提出了語言學和超語言學問題。這些都是對語言批評的重大推進。20 世紀後半期發起的解構主義等思潮，則力圖從根本上打破傳統的邏各斯中心主義，對於封閉的語言觀、二元對立的思維模式給予了猛烈的抨擊，隨著鄭敏、陸揚、張京媛等學者對此展開的研究，中國學界對文學基本理論問題和文學史的思考也走向深入。

（三）中國文學與文學批評的重新審視

隨著觀念與方法的更新，中國學界對於語言批評的探討也必然要延伸到文學史的領域。以新的思想觀念來觀照中國語言文學（主要是漢語及漢語文學），就能從中發現新的問題，獲得新的結論。

首先是對中國古代文學與文論的研究。自 20 世紀 30 年代以來，中國學者已經嘗試從語言的角度研究中國文學批評史的一些具體問題，例如羅根澤先生在他的《中國文學批評史》中對於王充強調的「言文一致」的肯定，就是一個突出的例子。郭紹虞先生也是如此，在他主編的《中國歷代文論選》中，這樣的閃光點隨處可見。雖然這套選本是在 1964 年版本的基礎上加以補充，打上了特定時代的烙印，受到特殊的限制。但是對於中國古代語言批評的成果，郭紹虞先生還是給予了大力的肯定，例如對沈約「四聲說」和蕭統《文選序》「事出於沉思，義歸於翰藻」的肯定、對文筆之分的辨析，突出地顯示了郭紹虞先生的眼光。

其次是對於中國現當代文學與文化的重新審視，尤其是發生在「五四」

時代的白話文運動，更是因其激烈的反傳統態度而引發了新一輪的爭論。鄭敏發表的《世紀末的回顧：漢語語言變革與中國新詩創作》就是其中突出的例子，鄭敏把這種運動歸結爲二元對立的思維、簡單粗暴的態度、對傳統文化的背離，因而她對「五四」的批評是激烈的。而從深層來看，鄭敏也明顯受到了西方語言學以及解構主義思想的影響，以此爲武器批評當時的白話文運動。〔註5〕鄭敏的文章引發了極大的爭議〔註6〕，從相關的文章來看，學界對於白話文運動的思想意義給予了充分的肯定，強調了歷史語境的複雜性。這一場爭論也有助於把問題的研究引向深入。除此之外，王一川的研究側重於建國以來的文學語言問題，而張頤武則從宏觀的視野考察二十世紀漢語文學的語言問題，是對漢語文學語言的世紀回顧與總結。這種研究深化了人們對於語言本身的認識，對於認識中國現當代文學有重要的啓發意義。〔註7〕

　　陳方競《多重對話：中國新文學的發生》則注重對文學史的「感覺」，回到「五四」，發掘出當時《新青年》、北大與「S會館」之間的複雜關聯，展示他們在「道德主義」、「世界主義」、「科學主義」、「語體變革」上的「多重對話」〔註8〕。在語體變革中，陳方競指出了「五四」語體變革的斷裂性，這場變革依靠胡適而發動，既有國語運動的匯入，但更重要的是魯迅、周作人、錢玄同等人從思想革命的高度介入到語體變革中。但魯迅又與其他諸人不同，「對人的『天性』的追求是魯迅介入『五四』語體變革的根基所在」〔註9〕。

　　隨著學界對語言問題思考的深入，漢字問題的探討也開闢了新的領域。

〔註5〕　鄭敏：《世紀末的回顧：漢語語言的變革與中國新詩創作》，《文學評論》1993年第3期。

〔註6〕　相關文章有范欽林：《如何評價「五四」白話文運動——與鄭敏先生商榷》，《文學評論》1994年第2期；鄭敏：《關於〈如何評價「五四」白話文運動〉商榷之商榷》，《文學評論》1994年第2期；許明：《文化激進主義歷史維度——從鄭敏、范欽林的爭論說開去》，《文學評論》1994年第4期；鄧程：《新詩與傳統和語言的複雜關係——兼對鄭敏先生的回應》，《江西社會科學》2004年第2期；張桃洲：《現代漢語的詩性空間——論20世紀中國新詩語言問題》，《中國社會科學》2002年第5期；譚桂林：《論鄭敏的詩學理論及其批評》，《廣東社會科學》2003年第3期等。

〔註7〕　王一川：《近五十年文學語言研究札記》，《文學評論》1999年第4期。張頤武：《二十世紀漢語文學的語言問題》，《文藝爭鳴》1990年第4、5、6期。

〔註8〕　陳方競：《自序》，《多重對話：中國新文學的發生》，人民文學出版社2003年，第8頁。

〔註9〕　陳方競：《多重對話：中國新文學的發生》，人民文學出版社2003年，第401頁。

中國文化界逐步意識到漢字本身具有的文化意味和詩性特質，注重漢字所包含的生命哲學，特別是在詩歌理論界，對於「字思維」的關注也是非常重要的一個現象。1996 年，石虎在《文論報》發表《論字思維》的文章，提出漢字是漢語詩歌詩意的本源，將漢字提升到詩學和民族文化特色的高度加以認識。〔註 10〕此後詩歌理論刊物《詩探索》發起「字思維」的研討，一些詩人和詩學研究者參與其中。1996 年在北京召開了第一次「字思維與中國現代詩學研討會」，第二次研討會於 2002 年召開，同年謝冕和吳思敬主編的《字思維與中國現代詩學》由天津社會科學院出版社出版。「字思維」的提出，引起了極大的爭議，但是它從漢字的角度入手，拓展了語言批評的研究視野與思路，顯然是有價值的。

如果說「字思維」的提出還主要是從字象等方面分析漢文學的特色，那麼龔鵬程的文化符號學研究，就是在一個更高的層面對漢文學與漢文化進行形而上的考查了。在 2005 年北京大學出版社出版的《文化符號學導論》一書中，他已經有意識地以符號學爲根基，緊密結合漢語語境建構自身的理論體系。〔註 11〕2009 年，上海人民出版社出版了龔鵬程的《文化符號學》一書，他明確表示該書「旨在考察中國的文學與社會文化，且每篇文章都使用著由語言文字符號去瞭解文化的方法」，而「構成中國文化的整個社會生活領域，事實上都處在中國文字符號系統的組織和制約中」，因而「由對文字符號的解析，指向文化傳統，進行文學與文化批評。一方面建構一個新的符號學規模，一方面則以此符號學來展開我對中國『文字—文學—文化』一體性結構的總體解釋」〔註 12〕。這種思路，無疑將會極大地拓展語言批評研究的思路。

（四）中西比較研究的拓展

中國學界在積極借鑒西方語言學及語言批評成果的同時，也在努力建立中國本土的語言批評，因而比較研究的視野就顯得極爲重要。在這一領域，也有不少學者展開了研究，但是這一研究要求學者必須具有深厚的功底、對於中西文學與文論都有紮實的積累並能夠從融會中西的高度加以把握，因而

〔註 10〕石虎：《論字思維》，《文論報》1996 年 2 月 1 日，《詩探索》1996 年第 2 期轉載。

〔註 11〕龔鵬程：《文化符號學：導論》，北京大學出版社 2005 年。

〔註 12〕龔鵬程：《文化符號學中國社會的肌理與文化法則》（再版序、自序），上海人民出版社 2009 年，第 3～5 頁。

有分量的著作目前還不多見。

在這方面，楊乃喬的《東西方比較詩學——悖立與整合》（2006 年）可以說是重要的成果。〔註 13〕作者高屋建瓴，從本體論、語言論的角度探討中西美學問題，開展比較研究。作者指出西方語言是寫音語言，是聲音使意義出場；漢語則是寫意語言，是書寫使意義出場。二者的區分造成了中西詩學的重大差異。作者能夠借鑒西方的語言哲學包括自海德格爾、德里達以來的學術成果，強調語言本身所具有的文化意味和精神家園的作用。需要強調的是，楊乃喬並沒有止步於此，他把比較作爲重心，因而能夠突出中西文化各自的美學特質。在他看來，西方傳統的寫音語言是建立在邏各斯中心主義的基礎之上，是以邏各斯爲本體範疇；中國詩學則帶有生命哲學的色彩和詩性特質，在這樣一個大前提之下，儒家詩學是以「經」爲本體範疇，以語言爲存在的家園和終極意義所在；道家則是以「道」爲本體範疇，恰恰是要摧毀語言這個家園。因而對語言家園的追尋和摧毀構成了儒道美學的互補。正是這樣的比較眼光和本體論意識使得楊乃喬能夠站在新的高度審視中國詩學，他以本體論爲依託，對於中國語言論的發展歷程進行了梳理，對於語言批評的研究做出了重要貢獻。

余虹的《中國文論與西方詩學》一書同樣站在比較詩學的高度，對於中西文論中的語言問題給予了一定的重視。〔註 14〕作者強調長期以來國內學界對於西方話語的簡單搬用造成了對於中國本土話語的忽視，這也給文論研究帶來了不利的影響。余虹對中西語言觀念進行了較爲透徹的剖析，特別是他能夠立足於中西各自的文化語境，對西方「語言學轉向」等問題進行了深入的探究，因而這樣的比較研究就顯得很有深度。

趙奎英的《混沌的秩序：審美語言基本問題研究》特別是其《中西語言詩學基本問題比較研究》則是近年來語言批評比較研究的新收穫。作者從語言哲學的高度，對中西詩學進行了較爲系統的梳理和比較研究。趙奎英的立足點是最爲廣義的「語言詩學」，突破以往的「道」與「邏各斯」並立的中西比較詩學觀念，而選擇了「名」這一概念與「邏各斯」加以比較，認爲「名」

〔註 13〕楊乃喬：《東西方比較詩學——悖立與整合》，文化藝術出版社 2006 年。該書第一版 1998 年由同一家出版社出版，第一版書名爲：《悖立與整合：東方儒道詩學與西方詩學的本體論、語言論比較》。

〔註 14〕余虹：《中國文論與西方詩學》，三聯書店 1999 年。

是與「道」對等的概念，是中西語言詩學比較研究的兩大基點。她提出西方是「邏各斯語言觀」，中國是「名言觀」。語言學轉嚮之後，西方現代、後現代語言哲學和詩學呈現「從邏輯化到詩化」、「從時間化到空間化」兩大轉向。而「詩化」與「空間化」正是中國傳統哲學「無名本體論」的特點，作者指出，這正是中西語言哲學與語言詩學會通的契合點。〔註15〕

以上學者還是在漢語語境中從事研究和寫作，此外還有一些學者則通過語言上的優勢，開展跨語際的文學研究。在這方面，美國學者劉若愚（James J.Y.Liu）有開創之功。劉紹銘先生曾言：「國人在英美學界替中國文學拓荒的有兩大前輩，小說是夏志清，詩詞是劉若愚。」〔註16〕劉若愚的《中國詩學》、《中國文學理論》等著作奠定了他在海外漢學界的地位他提出了「跨語際批評家」（interlingual critic）的概念，體現出對語言問題的高度重視。通過細緻的語言分析，劉若愚既借鑒西方批評理論和方法分析中國詩歌作品，又糾正了西方學者對漢語及漢語詩學的偏見，這種側重語言分析與研究的批評，主要涉及到四個方面：字與詞的暗含意義與聯想、漢語的音響效果及詩詞格律、詩歌語言的語法特點以及中國人的某些觀念及思想、情感的表現方式。〔註17〕劉若愚認為，「中國詩歌的語言決不稍遜於其他任何語言。它給所描寫的事物帶來的不只是豐富的聯想，甚至可以說是超越了聯想的界限」。〔註18〕

美國學者葉維廉則在道家美學和中西比較詩學領域也作出了自己的貢獻，他對中國古典詩歌傳釋活動的解析、對中國現代詩歌語言問題的分析，也是在跨語際中完成的。特別是在 2006 年《中國詩學》的增訂本中，葉維廉增加了四篇文章，其中《文化錯位：中國現代詩的美學議程》、《臺灣五十年代末到七十年代初兩種文化錯位的現代詩》研究了「五四到四十年代語言策略與歷史獨特的辯證和在朦朧詩出現前臺灣繼承五四以來詩藝更深度的開發和詩質的營造」。〔註19〕對於劉禾而言良好的語言功底，同樣為她在不同文化間穿行

〔註15〕趙奎英：《混沌的秩序：審美語言基本問題研究》，花城出版社 2003 年。趙奎英：《中西語言詩學基本問題比較研究》，中國社會科學出版社 2009 年。

〔註16〕轉引自韓軍：《跨語際語境下的中國詩學研究》，華中師範大學出版社 2009 年，第 19 頁。此處關於劉若愚的中國詩學研究，參考了韓軍的著作。

〔註17〕參見韓軍：《跨語際語境下的中國詩學研究》，華中師範大學出版社 2009 年，第 36 頁。

〔註18〕劉若愚：《中國詩學》，趙帆聲等譯，河南人民出版社 1990 年，第 21 頁。

〔註19〕葉維廉：《中國詩學·增訂版序》，《中國詩學》（增訂版），人民文學出版社 2006 年，第 1 頁。

思考提供了良好的條件。劉禾在《跨語際實踐》中強調自己關注的不是純技術層面的翻譯問題，而是翻譯的歷史條件，以及由不同語言間最初的接觸而引發的話語實踐，所要考察的是新話語的興起並在本國語言中獲得合法性的過程。〔註20〕劉禾指出，正是在翻譯的過程中，人們才建立起了關於傳統與現代、中國與世界、東方與西方等種種想像，並由此邁開了現代化的進程。劉禾的研究其實揭示了語言交流背後的文化與思想的碰撞，而她作爲一個身處西方社會的華人學者，又能夠對文化之間的碰撞進行獨特的反思。

（五）語言批評史的專項研究

相比較而言，語言批評史的研究是一個薄弱環節。其中的原因固然是多方面的，但至少有這樣一些方面不容忽視：首先，語言批評本身是交叉研究，同時涉及到語言學和文學，而對於中國學人來講，要同時在不同的領域取得極高的造詣並不容易，因而語言批評史的梳理也是一項並不輕鬆的工作；其次，如何建立本土的語言批評尚且在探索之中，因而梳理語言批評史的難度就顯得更大；再次，語言批評本身不是一個流派、一種思潮，而是一種觀念、角度與方法，因而語言批評的材料要從中西文論與文化的資料中進行篩選，這同樣也是一項極爲艱苦的工作。

雖然面臨種種困難，國內學者仍然在這一方面付出了努力，取得了一定的成果。王一川《語言烏托邦——20世紀西方語言論美學探究》是在西方語言論轉向的背景下，對20世紀西方美學進行了系統的梳理。〔註21〕作者從社會歷史、文化、語言學等方面對於語言論轉向進行了深入的研究，分析了語言論轉向的多重原因，指出「邏各斯」一詞所包含的「語言」和「理性」兩重含義，由此闡釋了西方美學從以「理性」爲中心的認識論到以「語言」爲中心的語言論的轉變，在此基礎上探討了西方語言烏托邦的建構與解構過程，這是語言批評史研究的重要成果。

中國學者所從事的中國語言批評史的專門研究目前還是處於起步階段，還沒有系統而專門的研究，現有的成果主要是對其中的一些重要階段進行探討，提出一些重要的觀念。例如胡大雷《論先秦時期的語言批評》就是專門探討先

〔註20〕劉禾：《跨語際實踐——文學，民族文化與被譯介的現代性（中國，1900～1937）》，宋偉傑等譯，三聯書店2002年。

〔註21〕王一川：《語言烏托邦——20世紀西方語言論美學探究》，雲南人民出版社1994年。

秦時代的語言批評，涉及到儒、道、墨等重要學派，更重要的是作者明確指出先秦時代是中國語言批評的萌芽期，突出了先秦語言批評的地位。〔註22〕周裕鍇《宋代詩學通論》借鑒了西方語言學、新批評等理論，從語言角度探討宋代詩學關注的形式問題，是該領域的重要收穫。〔註23〕但是這個領域迫切需要專門、系統的研究。

（六）中國語言學史的研究

語言學家在這方面的研究成果爲語言批評的研究提供了條件，特別是涉及到語言批評史的梳理時，語言學成果更顯重要。王力《中國語言學史》作爲中國語言學史開山之作，已經涉及到語言學與文學的關係問題。〔註24〕何九盈《中國古代語言學史》則更多地關注語言及語言學的發展與文學創作的關係，特別是其中對「四聲」與「四聲說」問題的專門探討，更是爲語言批評提供了啓發。〔註25〕但是語言學家的關注重點始終是語言與語言學，因而與從語言角度研究文學的語言批評還是存在一定的距離。

（七）語言批評研究狀況的梳理

新時期以來中國語言批評的熱潮已經退去，但是其間還有眾多的理論問題沒有得到眞正的解決，而其間的經驗與教訓也亟待總結，以便爲進一步的研究打下基礎。在這一方面，已經有學者自覺地對中國語言批評進行了回顧和總結。

對於語言批評研究狀況的梳理同樣也能夠從不同的角度和層面著眼。韓軍的《跨語際語境下的中國詩學研究》，就是探討在跨語際的語境下海外學者的中國詩學研究所具有的特質，其中語言問題就成爲一個極其重要的維度。〔註26〕這部著作採取宏觀把握和個案研究相結合的方式，分析了劉若愚、葉維廉、葉嘉瑩、宇文所安、弗朗索瓦·于連的研究，成爲這一領域的重要收穫。

蕭翠雲的《中國語言學批評：熱潮退卻後的冷思》〔註27〕是從總體上探

〔註22〕 胡大雷：《論先秦時期的語言批評》，《柳州師專學報》2002 年第 1 期。

〔註23〕 周裕鍇：《宋代詩學通論》，巴蜀書社 1997 年初版，上海古籍出版社 2007 年再版。

〔註24〕 王力：《中國語言學史》，山西人民出版社 1981 年初版，復旦大學出版社 2007 年再版。

〔註25〕 何九盈：《中國古代語言學史》（新增訂本），北京大學出版社 2006 年，第 83 ～119 頁。

〔註26〕 韓軍：《跨語際語境下的中國詩學研究》，華中師範大學出版社 2009 年。

〔註27〕 蕭翠雲：《中國語言學批評：熱潮退卻後的冷思》，《文藝爭鳴》2005 年第 5 期。

討自 20 世紀 80 年代以來中國語言學批評從掀起熱潮到歸於沉寂的歷程，肯定了中國語言學批評的多元特色及豐碩成果，也揭示出一些學者對語言學批評內在缺陷的反思，肯定中國學者爲建立本土語言學批評所付出的努力。更爲難得的是作者還對中國語言學批評的降溫進行了反思，指出其間存在的問題及語言學批評在中國和社會文化批評結合的必然性。在《中國語言學批評的困境與再生》中蕭翠雲在分析中國語言學困境的基礎上提出了促使其再生的應對措施，包括文本的形式分析、挖掘和發揮漢語的特色、注重對文化意蘊和審美價值的探究。作者還從文本內部的微觀分析和外部的宏觀闡釋方面指出中國語言學批評所應具有的特色，就是突出漢語文化本身的特色，把形式分析和文化闡釋結合起來。〔註 28〕應該說這樣的研究和總結具有重要的現實意義。

除了總體的觀照之外，還有就具體問題展開的梳理與總結，例如曹敏《論新時期文體批評的獨特品格》〔註 29〕、蕭翠雲《新時期文學文體學研究概覽》〔註 30〕等，則是就文體批評這一分支展開的研究和總結，也自有其意義。

（八）互文性視角

互文性（Intertextuality）是近年來學界的一個熱點問題，它不限於語言批評，卻與語言問題密切相關。這一概念是法國文論家克里斯蒂娃於 20 世紀 60 年代率先提出並初步建立起相關理論的，原文爲 intertextualité。克里斯蒂娃的互文性理論是她的符號批判理論或符義分析學的組成部分，強調的是文本的相互指涉，涉及到不同性質的符號系統之間的轉換生成。這一概念是克里斯蒂娃在巴赫金的啓發下提出來的，後來又爲羅蘭‧巴爾特、熱奈特、米勒、布魯姆等人所發展，成爲一個意蘊豐富的概念。北京大學外國語學院法語系秦海鷹教授承擔的國家社會科學基金項目《互文性問題研究》（2000～2003 年）認爲，互文性理論的發展產生了兩大趨向：一是把它當作一個批判武器，這個意義上的互文性理論逐漸與美國的解構批評、文化研究、新歷史主義相匯合；另一個方向趨於對互文性概念做精確的界定，使它成爲一個描述工具，這個方向的理論建設集中出現在 20 世紀 80 年代後的法國。這項成果將上述兩個基本走向分別稱爲解構的互文性和建構的互文性。就其解構意義而言，

〔註28〕　蕭翠雲：《中國語言學批評的困境與再生》，《東南學術》2007 年第 6 期。
〔註29〕　曹敏：《論新時期以來文體批評的獨特品格》，《北華大學學報》1998 年第 3 期。
〔註30〕　蕭翠雲：《新時期文學文體學研究概覽》，《福建師範大學學報》2006 年第 2 期。

互文性概念把文本看作是一個自身包含多種聲音的意指過程，以此質疑文本的同一性、自足性和原創性。就其建構意義而言，互文性概念爲修辭學、符號學和詩學範圍的研究提供了一個操作性很強的工具，同時也從另一個角度更新了文學觀念，以新的方式回答什麼是文學性的問題。〔註31〕

　　互文性理論在中國文學和文論研究中也已得到運用，焦亞東的博士論文《錢鍾書文學批評的互文性特徵研究》〔註32〕，就是一個典型的例子。錢鍾書堪稱語言批評的大家，而作者是選取「互文性」作爲切入錢鍾書語言批評的入口。作者認爲，錢鍾書的文學批評具有鮮明的互文性特徵，與西方的互文性理論能夠對話，這對於錢鍾書研究和西方互文性理論的中國化實踐都具有重要意義。

（九）當代語言批評狀況研究

　　孫文憲教授的《語言批評的演變》一文指出，20世紀70年代以來西方的語言批評經歷了一個從關注「語言形式」到關注「語言文化」的過程，對分析哲學的「語言學轉向」的人文回應爲語言批評的演變創造了契機。前期的語言批評以語言的性質和特點來闡釋文學；轉嚮之後語言批評則把文學和語言活動的關係作爲研究的重點，強調文學的語言建構性使其尤爲關注意識形態對文學活動的影響。〔註33〕因此，簡單地認爲西方文學批評復歸到社會－歷史批評的看法顯然是片面的。考察西方當代語言批評的演變，對於我們瞭解中國文學批評的現狀也是有幫助的。

（十）「言文一致」問題的探討

　　從目前的研究狀況來看，國內學界還沒有就「言文一致」這一文化命題展開系統的研究，但是也取得了一系列重要的成果。近現代意義上的「言文一致」，學界公認爲是黃遵憲最早提出的，後來裘廷梁、梁啓超等人多有論述，

〔註31〕此處的論述參考了秦海鷹：《互文性理論的緣起與流變》，《外國文學評論》2004年第3期；《克里斯特瓦的互文性概念的基本含義及具體應用》，《法國研究》2006年第4期；《羅蘭‧巴爾特的互文觀》，《法國研究》2008年第1期、第2期等文章。另外，筆者也參考了全國哲學社會科學辦公室對這一成果的介紹，http：//www.npopss～cn.gov.cn/chgxj/ww/www1.htm

〔註32〕焦亞東：《錢鍾書文學批評的互文性特徵研究》，華中師範大學文藝學專業博士學位論文，2006年。

〔註33〕孫文憲：《語言批評的演變》，《長江學術》2008年第3期。相關論文還有孫輝：《從語言到話語》，《暨南學報》2002年第5期等。

但是他們基本上沒有對這一命題的內涵加以解釋。「言文一致」的研究，眞正起步還是在 20 世紀 20 年代以後。

　　1921 年，胡適開始編寫《國語文學史》作爲教育部主辦的第 3 屆國語講習所「國語文學史」課程的講義。在這部講義中，胡適開篇即將「古文是何時死的」作爲論題，他認爲「戰國的時候中國的文體已不能與語體一致了」〔註34〕，這是指書面語與口語的分離。針對胡適戰國時代言文分離的觀點，黎錦熙認爲「戰國以前，語文不但夠不上說合一，而且夠不上說分歧；後之所謂古文，在當時當然不以爲『古』，但也說不上『活』——不是已『死』，乃是並不曾『活』」〔註35〕。魯迅也認爲，「中國的言文，一向就並不一致的，大原因便是字難寫，只好節省些。當時的口語的摘要，是古人的文；古代的口語的摘要，是後人的古文」〔註36〕。

　　1927 年，陳鍾凡在《中國文學批評史》中就認爲王充有「文言一致」的觀念。〔註37〕在 1934 年初版的《中國文學批評史》中，羅根澤也認爲歷史上最早倡導「言文一致」的是王充，在他看來，王充「對於創作文學，內容方面主張『實誠』的表現，形式方面主張『言文一致』」〔註38〕。只是陳、羅二人對此均無解釋說明。郭紹虞的《中國文學批評史》（上冊）也於 1934 年出版，他也認可王充，不過他作出了解釋：「以口語爲文詞，遂與近人所倡文學革命之說頗相接近了」〔註39〕，但郭紹虞也是直到 1964 年主編《中國歷代文論選》的時候，才正式提出這是王充主張「言文合一」更準確說是「書面語言與口頭語統一」的證明〔註40〕。

　　黎錦熙在 1934 年所著《國語運動史綱》中，雖將「言文一致」納入國語運動的口號之一，卻只是將它理解爲切音字運動的目標：「國語運動的口號不

〔註34〕胡適：《國語文學史》，姜義華主編：《胡適學術文集‧中國文學史》（上），中華書局 1998 年，第 17 頁、第 148 頁。

〔註35〕黎錦熙：《國語文學史‧代序》，姜義華主編：《胡適學術文集‧中國文學史》（上），中華書局 1998 年，第 1 頁。

〔註36〕魯迅：《門外文談》，《魯迅全集》（第六卷），人民文學出版社 2005 年，第 93 頁。

〔註37〕陳鍾凡：《中國文學批評史》，江蘇文藝出版社 2008 年，第 19 頁。

〔註38〕羅根澤：《中國文學批評史》（一），上海古籍出版社 1984 年，第 116 頁。

〔註39〕郭紹虞：《中國文學批評史》，百花文藝出版社 2008 年，第 52 頁。

〔註40〕郭紹虞主編：《中國歷代文論選》（第一冊），上海古籍出版社 2001 年，第 134 ～135 頁。

外兩句話：『國語統一』、『言文一致』。……就說言文一致，也不過是要用一種『切音』的工具，來代替那繁瑣難寫之單個兒的漢字，卻沒注意文體的改變」。〔註41〕1935 年，在編選《中國新文學大系・建設理論集》並爲之撰寫導言時，胡適指出了「言文一致」的兩個方面：一方面，它是清末民初切音字運動、國語運動的目標，即通過漢字拼音化追求語言和文字的一致；另一方面，則是白話文運動、文學革命的目標，以白話文代文言文而實現口語和書面語的一致。〔註42〕

此外，郭紹虞撰寫了一系列的文章，從語言、文字、文體的角度分析中國文學和文學史的相關問題，取得不小的成就。1926 年，郭紹虞在《中國文學演進的趨勢》一文中提到了他對中國文學史的劃分，意在「說明文字型與語言型的文學之演變現象」。〔註43〕不僅如此，他還認爲，「無論何種文體都有幾種共同的傾向，即是（一）自由化，（二）語體化、（三）散文化」〔註44〕。1939 年，他在《新文藝運動應走的新途徑》中指出「中國的文學正因語言與文字之專有特性造成了語言與文字之分歧，造成了文字型，語言型，與文字化的語言型三種典型之文學」〔註45〕。1941 年，郭紹虞的《中國語言與文字之分歧在文學史上的演變現象》發表，他特別提到自己是以「形式方面」或者說是「構成體制之工具」即語言文字爲準劃分文學史。〔註46〕此外，出於對漢語漢字特性的關注，郭紹虞還特別關注一般人所忽視的駢文文法問題。

〔註41〕黎錦熙：《國語運動史綱》，黎澤渝、劉慶俄編：《黎錦熙文集》（下卷），黑龍江教育出版社 2007 年，第 87 頁。

〔註42〕胡適在《導言》中即注意到王照創制官話字母，是爲「文言一致，拼音簡便」，贊許他的主張，認爲有很多地方和後來主張白話文學的人相同。而他早在 1917 年的《文學改良芻議》中所嚮往的「言文合一」，則是強調書面語與口語一致，這是他的白話文學主張的動力。見胡適編選：《中國新文學大系・建設理論集》，上海文藝出版社 2003 年影印本，第 6～7 頁、第 42～43 頁。

〔註43〕郭紹虞是在《中國語言與文字之分歧在文學史上的演變現象》一文中提到自己的這篇文章及其觀點的，見郭紹虞：《照隅室古典文學論集》（上編），上海古籍出版社 2009 年，第 489 頁。

〔註44〕郭紹虞：《試從文體的演變說明中國文學之演變趨勢》，《照隅室古典文學論集》（上編），上海古籍出版社 2009 年，第 30 頁。

〔註45〕郭紹虞也是在《中國語言與文字之分歧在文學史上的演變現象》一文中提到這篇文章及其觀點的，郭紹虞：《照隅室古典文學論集》（上編），上海古籍出版社 2009 年，第 489 頁。

〔註46〕郭紹虞：《中國語言與文字之分歧在文學史上的演變現象》，《照隅室古典文學論集》（上編），上海古籍出版社 2009 年，第 490 頁。

　　1946 年，郭紹虞在《中國語言所受到文字的牽制》一文中，指出「（一）即是聲音語與文字語脫節的問題，何以語體文也不免成爲啞吧的文字。（二）即是語詞爲了遷就文字，即使復音語詞也往往兩音相綴三音相綴至多四音相綴，除翻譯外來語外，絕沒有多音相綴的復音語詞，因此同音語詞又比較多。前一問題造成了提倡純粹語體文的困難；後一問題，又造成了推行拼音文字的困難」。〔註 47〕郭紹虞實際從兩個方面——口語與書面語的一致、文字與語言的一致——指出「言文一致」難以實現。

　　1944 年，呂叔湘在《國文雜誌》3 卷 1 期上發表了《文言和白話》一文，對「言文一致」作了較爲深入的探究，他認爲這是指「口語」和「筆語」的關係問題，並認爲「要是指絕對的一致，那是古今中外都沒有過的事」。因此只能是相對的一致。〔註 48〕

　　1950 年 5 月 4 日，《光明日報》刊載《吳玉章爲五四紀念談拉丁化新文字運動》。吳玉章在談話中指出，「要想打破文字和語言分離的障礙，達到言文一致，若僅僅在文學上革命，而不在文字上革命，是沒有用的」。他強調漢語應以北方話爲標準，文字則應採用拉丁化新文字。〔註 49〕吳玉章是著眼於文字改革談「言（語言）文（文字）一致」問題。

　　50 年代，胡適在口述自傳時，回憶自己當年在北大結識了「國語統一籌備會」的一些會員，發現「他們都有志於語文改革；對『語文一致』的問題，皆有興趣。『語文一致』的意思就是把口語和文學，合二爲一」。他認爲「這（在當時）是根本不可能的。很顯而易見的解決方法就只有根本放棄那個死文字，而專用活的白話和語體」〔註 50〕。胡適此論，自然是立足於他的白話文學主張，但是他將「語文一致」理解爲「口語和文學」的合一，卻是不著邊際。

　　1986 年，張中行完成了《文言和白話》，在第十二章「白話與口語」中，他也提到了「言文一致」這個「大問題」。他認爲這裡的一致是指「口說的音

〔註 47〕郭紹虞：《中國語言所受到文字的牽制》，《照隅室語言文字論集》，上海古籍出版社 2009 年，第 112 頁。

〔註 48〕呂叔湘：《文言和白話》，原載《國文雜誌》1944 年 3 卷 1 期，收入《呂叔湘全集》（第七卷），遼寧教育出版社 2002 年，第 67～69 頁。

〔註 49〕轉引自費錦昌主編：《中國語文現代化百年記事》，語文出版社 1997 年，第 128～129 頁。

〔註 50〕胡適：《胡適口述自傳》，唐德剛譯注，歐陽哲生編：《胡適文集》（1），北京大學出版社 1998 年，第 331 頁。

節和手寫的文字保持一對一的關係」，而他所談則是口語與白話的一致，因為他是專門從書面語的角度來談白話的。與呂叔湘不同，張中行認為這種一致是可能的，但又是難以做到的，因為口語始終與書面語有距離，他進而探究了「難於一致的原因」及白話「距離口語的一般情況」。〔註51〕

總體來看，「言文一致」的研究，主要有以下幾種角度：

（1）語言學視角。黎錦熙指出，自 20 世紀初至 30 年代，「國語運動的口號不外兩句話：『國語統一』、『言文一致』。當國語運動的第一期（引者注：他是指 1900 年以前的切音運動時期），那些運動家的宗旨，只在『言文一致』，還不甚注意『國語統一』。……就說言文一致，也不過是要用一種『切音』的工具，來代替那繁瑣難寫之單個兒的漢字，卻沒注意文體的改變」。〔註52〕這是語言學家對於清末民初「言文一致」的理解。

除此之外，還有一些語言學家力圖從語言學理論出發，對言文一致問題提出自己的看法。呂叔湘從語言和文字（書面語）的區分談到「口語」和「筆語」的分別，「筆語是否完全和口語符合呢？這就是所謂『言文一致與否』的問題」。在他看來，絕對的一致是不可能的，因為有語調、書寫工具、語言的變動性等因素。因此，呂叔湘強調，對待「言文一致」的態度要靈活：「要是一個社會裏頭一般應用是以語體文為主，我們就說它是言文一致；要是通行的是超語體文，我們就說它是言文不一致。」〔註53〕

張中行也是從口語與書面語的一致來理解「言文一致」的。他認為，「言文一致」是個大問題，「有應該不應該一致的問題，有可能不可能一致的問題」。自中古時代起，白話作品取得獨立地位，就會碰到這個問題。但因為當時文言和白話和平相處，所以不存在衝突。白話照口語寫，這是「實際上」應該一致。「五四」文學革命，「他們心目中的一致是『道理上』應該一致」。「一致」是「口說的音節和手寫的文字保持一對一的關係」，這是可能的，但又難以一致，「寫在書面上的都與口語有或近或遠的距離」，其原因是多方面的：口與筆的不同、修改或修潤、學文不學語、口語的龐雜、現代白話的歐化句法、粉飾造作的文風等。因此，張中行實際指出了言文難以一致，而他

〔註51〕張中行：《文言和白話》，中國社會科學出版社 1995 年，第 167～178 頁。

〔註52〕黎錦熙：《國語運動史綱》，黎澤渝、劉慶俄編：《黎錦熙文集》（下卷），黑龍江教育出版社 2007 年，第 87 頁。

〔註53〕呂叔湘：《文言和白話》，《呂叔湘全集》（第七卷），遼寧教育出版社 2002 年，第 65～69 頁。

認爲這種不一致並非壞事。〔註54〕

　　此外，相關論文還有對中國古代言文是否一致的考察、對日本及西方「言文一致」的辨析等。〔註55〕

　　（2）思想史視角。汪暉《現代中國思想的興起》考察了語言變革與中國現代文學、文化及現代民族國家建構之間的關聯。他有感於現代中國思想研究經常忽視了科學共同體及其文化實踐，以至於把新文化運動僅僅看作是人文知識分子活動的產物，因而著手考查「科學話語共同體」的形成，結果發現「科學話語構成了民族主義話語的有機部分，它對『理』、『公理』的強調在某些情形下甚至直接演變成爲一種民族—國家的觀念」，因此，「不是白話，而是對白話的科學化和技術化的洗禮，才是現代白話文運動的更爲鮮明的特徵」，他由此得出結論：「中國的現代日常語言、文學語言和人文話語都是在科學話語的實踐中孕育成熟的，也是以科學化作爲變革的方向和理由的」，當時的文學研究其實是一種「科學工作」，「在中國現代初期的文化語境中，科學話語不僅不是人文話語的他者，反而是人文話語的基礎」。〔註56〕

　　（3）中國近現代「言文一致」運動的歷史考察。學者對中日之間「言文一致」運動的關聯十分關注，夏曉虹的《覺世與傳世——梁啓超的文學道路》以詳盡的史料梳理了中國這場運動與日本明治時期發生的「言文一致」運動之間的內在關聯，不僅注重影響研究，也深入到了文字改革與文體創新的層面，特別提到其影響和意義：「德富蘇峰的『歐文直譯體』借助梁啓超的移植、創造，在『新文體』中發揚其精神，並影響於中國的文壇，從而爲古文體的解體和歐化的白話文的建立，爲現代散文的發展，切切實實做了必要的預備工作」〔註57〕。汪暉則不僅指出了二者之間的內在關聯，也指出了它們之間的深刻差異：「由於不存在用『民族語言』（『民間語言』）取代帝國語言的問

〔註54〕張中行：《文言和白話》，《張中行作品集》（第一卷），中國社會科學出版社1995年，第167～173頁。

〔註55〕任學良：《先秦言文並不一致論——古書中口語和文言同時並存》，《杭州師範學院學報》1982年第1期；魏育鄰：《日本語言民族主義剖析——從所謂「純粹日語」到「言文一致」》，《日本學刊》2008年第1期；魏育鄰：《「言文一致」：後現代視閾下的考察》，《解放軍外國語學院學報》2006年第4期。

〔註56〕汪暉：《現代中國思想的興起》（下卷第二部），三聯書店2004年，第1113頁、第1139頁、第1143～1144頁。

〔註57〕夏曉虹：《覺世與傳世——梁啓超的文學道路》，中華書局2006年，第259頁。

題，白話文運動並不是在本土語言／帝國語言的對峙關係中提出問題，而是在貧民／貴族、俗／雅的對峙關係中建立自己的價值取向。」〔註58〕

（4）在語言與文學的互動關係中探討「言文一致」問題。吳曉峰《國語運動與文學革命互動關係研究》選取國語運動和文學革命的互動關係爲研究對象，從歷史、個案、理論三個角度，重點考察了1917～1921年「國語文學的運動」時期語言變革和文學變革相互作用的原因、方式和結果。作者指出，古人論「言文一致」主要是從文學的審美性和語言發展的內在規律論證的。文學革命則主張雙重原則的「言文一致」論，表現爲它從文學語言的討論擴大到應用文語言的討論，從形式革命深入到思想革命。同時，語言自身的發展規律也仍然是國語文學時期「言文一致」論的重要依據，並且披上了「進化論」的理性外衣。「言文一致」採用了兩個標準和三種方式。兩個標準指的是「言」的標準和「文」的標準。三種方式指的是「言近於文」、「文近於言」和「言文互近」。「言文一致」的變革目標，成爲國語運動和文學革命最直接的聯結點。〔註59〕

同樣是從這種互動關係入手，劉琴的思路與吳曉峰有所不同。劉琴強調自己是立足於漢語實際，把握現代漢語和現代文學的動態對話關係，其中第二章「風格的確立：口語與書面語」，發現在建設「言文一致」的「語言共同體」的話語實踐中，白話文運動實質上只是一種新的漢語書面語系統對文言文書面語系統的取代，並且言和文完全一致的語言只能是一種烏托邦。在現代中國，語言烏托邦的建設和現代民族國家的完形進程大體上異質同構，並

〔註58〕 汪暉：《現代中國思想的興起》（下卷第二部），三聯書店 2004 年，第 1511 頁。對中日之間言文一致運動關聯的研究，還有這樣一些成果：沈迪中：《巧合是怎樣產生的——中國白話文運動和日本言文一致運動》，《遼寧大學學報》1985 年第 5 期；寇振鋒：《晚清的「新文體」與日本的「言文一致」》，《日本研究》2002 年第 1 期；劉芳亮：《近代化視域下的話語體系變革——中國「五四」白話文運動和日本言文一致運動之共性研究》，《解放軍外國語學院學報》2004 年第 3 期；魏育鄰：《「言文一致」：後現代視閾下的考察》，《解放軍外國語學院學報》 2006 年第 4 期；雷曉敏：《日本「言文一致」與中國白話文運動》，《天津外國語學院學報》2008 年第 2 期；王平：《語言重構的兩種向度——日本言文一致運動與晚清白話文運動之比較》，《蘭州大學學報》2009 年第 2 期等。

〔註59〕 吳曉峰：《國語運動和文學革命互動關係研究》，北京師範大學文藝學專業博士學位論文，2004 年。這篇論文後來以《國語運動與文學革命》爲題出版，中央編譯出版社 2008 年。

建立起某種內在關聯。〔註60〕

（5）「雅俗」角度。王平的博士學位論文在王德威的基礎上分析了「晚清現代性」與「五四現代性」之間的關聯，認為二十世紀初期所發生的這場語言變革其最突出的特徵就在於語言的「雅俗」屬性發生了深刻的變化，漢語書面語體系由傳統向現代的演變過程，其實正是文言、白話雅俗地位相互置換的過程，同時也是白話文體由「俗」入「雅」的過程。在某種意義上，這三個過程是同一的。「雅俗」由此成為探察清末民初白話文運動歷史流變的一個視角。〔註61〕

通過以上梳理可以發現，國內的語言批評成果頗豐並且研究也在不斷走向深入。其中關於「言文一致」的問題也得到了學界的注意，研究角度多樣，同時也在一些重要問題上取得了共識：現代意義上的「言文一致」是黃遵憲最先提出的，中國的「言文一致」運動受到了日本的影響，但也具有自己的民族特色。「言文一致」追求過程中現代民族國家共同語的形成與民族國家的建構存在著一致性，這一過程貫穿了晚清與「五四」兩個階段，這兩個階段之間存在著歷史的連續性，但也有著重大區別。

三、目前存在的主要問題

（一）「言文一致」這一命題至今還沒有得到系統而深入的研究

這一命題的內涵、發生發展的歷程、影響、意義等方面直至目前還沒有得到充分的揭示。特別是對這一命題的內涵缺少深入開掘，何謂言，何謂文，何為一致，為什麼要一致，如何一致等問題，都沒有得到充分論證；這一命題其實是從語言文字領域發端，進而波及到文學和文化，但以往的研究主要是把它當做一個語言學的命題，忽視了其複雜的內蘊；學界在論及這一命題時往往把它當成一個不證自明的前提。

〔註60〕 劉琴：《言文互動：現代漢語與現代文學的關聯性研究》，浙江大學中國現當代文學專業博士學位論文，2007 年。此外還有一些論文也探討了相關問題，如雷曉敏：《日本言文一致與日本近現代文學轉型》，《外語教學》2007 年第 6 期；許德：《「言文一致」與文學轉型——胡適文學語言觀釋要》，《西華師範大學學報》2008 年第 4 期；章毅：《日本近代文學與「言文一致」運動》，《東北師大學報》2009 年第 2 期等。

〔註61〕 王平：《清末民初的語言變革與現代文學雅俗觀的生成》，四川大學中國現當代文學專業博士學位論文，2007 年。

（二）目前的研究呈現不均衡的態勢

一是主要集中於語言變革部分，即白話文運動、國語運動，對於文字改革關注不夠；二是主要集中於「五四」時期，對於晚清時期以及二者之間的聯繫與區別關注不夠。事實上，當時的中國知識分子是在異域語言的參照下對漢語漢字進行整體反思，進而提出「言文一致」的追求，它不僅是對漢語的全面反思，更涉及到了漢字的存廢，但已有的研究只注重漢語的變革，忽視了後者。事實上，言文一致是一個整體性的命題，忽視了漢字變革，對這一時期文學革新的探討恐怕就不夠全面。而晚清時代對於「言文一致」的追求對於「五四」知識分子產生的影響也是十分深遠的，因為「言文分離」同樣被「五四」知識分子視爲改革文學和思想文化時的障礙。

（三）語言學與語言觀念上的分歧與不足使一些基本的問題得不到解決

首先是，在思想文化的根本轉型之時，漢語和中國文化都受到根本性觸動，但目前國內的語言批評基本上是以西方語言學和語言哲學爲參照。而當前中國語言批評研究的主要的難點正在於用現代的語言理論、語言批評去重新認識中國近現代語言批評的發生與發展。如高玉、郜元寶等學者就是從「道」、「器」或本體、工具兩分的層面去分析中國語言觀念與文學變革的關聯的，然而李凱和劉琴的文章都對以「工具論」和「本體論」用於中國古代和現代語言觀上的做法提出了質疑，在他們看來，把語言觀念分爲「工具論」與「本體論」這樣的觀念本來就來自西方，如何能夠適應對漢語的分析？〔註62〕

其次，中國古代語言學的研究亟待深入。學界甚至對中國古代是否有語言學都存在爭議。王力先生認爲，「中國在五四以前所作的語言研究，大致是屬於語文學範圍的」，「在鴉片戰爭以前，中國的語言學，基本上就是語文學；……語文學在中國語言研究中占統治地位共歷二千年」。但另一方面，他又不得不承認，「聲訓已經超出了語文學的範圍，而進入了語言學的範圍」。〔註63〕濮之珍則不同意王力關於古代只有語文學的看法，她從中國古代語言學研究的對象、目的和特點上，論證中國古代語言學有著悠久的歷史和輝煌

〔註62〕李凱：《魏晉言意觀與西方語言觀之比較——以海德格爾、加達默爾爲例》，《齊魯學刊》2006年第6期；劉琴：《言文互動：現代漢語與現代文學的關聯性研究》，浙江大學中國現當代文學專業博士學位論文，2007年。

〔註63〕王力：《中國語言學史》，復旦大學出版社2007年，第1頁，第2頁，第36頁。

的成果。〔註64〕何九盈也認爲，「我們不應拿現代語言學的標準去衡量古代語言學，更不應該拿西方語言學的標準來硬套」，「從漢代開始，語言學已經算是一門獨立的學科了」，他認爲中國古代是有語言學的。〔註65〕但是仍然有學者堅持認爲，中國古代的語言研究「是爲注釋經典和語文教育服務的，屬於語文學的範疇」，〔註66〕「中國很久以來只有語文學，而沒有語言學。眞正意義上的語言學，是在 20 世紀中發展起來的」〔註67〕。

　　再次，中國語言學在民族化、本土化上還有漫長的道路要走，而語言學的成果也會直接影響到中國語言批評的深度。季羨林先生強調了語言與思維的關聯，在他看來，語言之所以不同，根本原因在於思維模式的不同。因此，學界要在兩個方向上努力，一是「要從思維模式東西方不同的高度來把握漢語的特點」，二是「按照陳寅恪先生的意見，要在對漢語和與漢語同一語系的諸語言對比研究的基礎上，來抽繹出漢語眞正的特點」。〔註68〕

四、基本思路、研究方法及選題意義

　　研究的基本思路爲：以「言文一致」爲研究的中心對象，通過對這一命題歷史進程的梳理，所涉及的各方面問題的探究，探討在中國思想文化轉型的歷史時期，語言觀念的變革對文學革新的影響，語言批評在中國現代文學批評中的地位及意義等問題，從而揭示出中國現代語言批評的現代性。

　　研究方法是以文學理論和語言學爲依託，在對語言和文學的語言特性有明確認識的基礎上，對「言文一致」的出現及發展演變進行梳理。首先是要分析這一命題本身的內涵，進而要把握這一命題涉及到的各個方面的問題；以現有的語言批評史成果爲基礎，把握中國語言批評轉變的歷史脈絡。中國古代語言批評和現代語言批評各有自身的特色，對二者的關係進行深入的分析很有必要；以問題爲綱，由幾個重要的關鍵點切入。以晚清和「五四」知

〔註64〕　濮之珍：《中國語言學史》，上海古籍出版社 1987 年，第 4～8 頁。

〔註65〕　何九盈：《中國古代語言學史·1985 年河南版自序》，《中國古代語言學史》（新增訂本），北京大學出版社 2006 年，第 2～3 頁。

〔註66〕　「二十世紀中國語言學叢書」編纂出版委員會：《二十世紀中國語言學叢書·總序》，陳昌來：《二十世紀的漢語語法學》，書海出版社 2002 年，第 1 頁。

〔註67〕　林玉山：《20 世紀中國語言學回眸》，姚小平主編《〈馬氏文通〉與中國語言學史：首屆中國語言學史研討會文集》，外語教學與研究出版社 2003 年，第 293 頁。

〔註68〕　季羨林：《二十世紀現代漢語語法「八大家」選集序》，《邢福義選集》，東北師範大學出版社 2002 年，第 4 頁。

識分子的論述作爲重要依據，選取其中的專題性問題爲關鍵點，如言文之辨，語言／文字、白話／文言、雅／俗的內在關係，重寫文學史等。在此基礎上實現對「言文一致」的總體把握。

自二十世紀九十年代以來，學界關於中國現代文學和文化的論爭就沒有停息過，總結這場變革的得與失，可以爲當下的文學與文化建設提供參考。探究這一命題的成就與不足，對於理解中國現代語言批評的特性、理解中國文學和文學批評的變革，分析當下的文學和文化現象，都具有重要的意義。

五、相關概念的辨析

（一）語言批評

關於語言批評，學界其實存在多種名稱和說法，涵義也不盡相同。就筆者目前所見資料，就有語言學批評、語言批評、語言美學、語言學美學、語言論美學、語言學詩學等等。語言美學、語言學美學或語言論美學主要被視爲美學的一個分支，而語言學詩學、語言批評則被看作是文學批評的一個組成部分。〔註69〕

不僅如此，即使是同一術語，在不同研究者那裡涵義可能大相徑庭，如同是使用「語言批評」，孫文憲先生視之爲文學批評的組成部分〔註70〕，而施

〔註69〕語言美學、語言學美學或語言論美學與語言學詩學、語言批評在這方面的區別，可以通過吳禮權與淩建侯的觀點看得很清楚。吳禮權認爲「所謂語言美學，即是以語言爲審美對象的科學，亦稱修辭學。在美學大家族裡，語言美學是一個很重要的分支科學。……以語言爲審美對象的語言美學，則不僅追求語言結構的形式美，而且還十分重視、追求其形式與內容的和諧統一，即以表層的形式美來體現深層結構的內容美。」吳禮權：《語言美學發軔》，《復旦學報》1993年第5期。
淩建侯則分析了語言學詩學的研究對象與方法：「（1）文學語言的三位一體：時代活語言的反映；時代全民語規範的反映；具體藝術作品的反映；（2）作者風格和言語個性；（3）藝術語境與言語語境的相互關係；（4）言語體裁問題；（5）作品的純語言學分析：從語音學、詞彙學、句法學、篇章語言學等角度分析作品的藝術特色，從語義學、語用學等角度分析文本各語義層與辭象之間的關係，從話語的角度分析敘述風格等等。20世紀中期，人們爲研究這類課題的方法取名爲語言學詩學，但對此概念可以有不同的理解，狹義的語言學詩學通常指由雅各布森倡導的結構主義詩學，廣義的語言學詩學，其主要特徵表現在文學研究可以利用各種不同的語言學理論。」淩建侯：《俄國語言學詩學流派》，《俄羅斯文藝》2006年第1期。
〔註70〕孫文憲：《語言批評的世界：求索於言意之間》，《華中師範大學學報》1992年第1期。

春宏則基本上談論的是語言和語言學方面的問題，並不屬於文學研究的範圍。〔註71〕

此外，還有一些學者在語言批評的基礎上進一步細化，發展出一些獨具特色的研究分支和方向。如「認知詩學」（Cognitive Poetics），就是主要借鑒了認知語言學而發展起來的〔註72〕，2008年11月19～21日，由四川外語學院主辦的「第四屆中國英語研究專家論壇暨首屆全國認知詩學研討會」在廣西師範學院召開，勢必極大地推進認知詩學的發展進程。

黃念然則提出了「話語批評學」的設想，將話語理論導入文學批評中，借助話語類型、構成規則或表述模式等的研究可以對文學批評進行意識形態分析、知識社會學分析，可以分析文學批評中歷史話語的敘述內秘，可以對邏輯化、結構化的文學學術活動進行精神分析。〔註73〕

由此可見，語言批評的研究，還有很多的工作要做，需要進行細緻的梳理。下面就從幾種具體的觀點入手展開：

1990年，葛兆光的《語言學批評的前景與困境》中就出現了「語言學批評」這一術語，只是作者是就詩歌研究而言的，認爲這種「語言學批評」是「以文本語言爲中心的」，「強調批評的『客觀性』」。不僅如此，葛兆光還指出了這種批評保持客觀性、封閉性存在的困難以及漢語詩歌分析中的語言學困境等問題，這些看法在當時是很有遠見的。〔註74〕

王一川在考察二十世紀西方美學時提出了「語言論美學」（Linguistic aesthetics）的概念，認爲它「作爲20世紀特有的以語言和語言論爲中心及理想範型的美學，不是一個統一的流派或運動，而是一種大致相同的傾向或興

〔註71〕施春宏：《語言批評的嬗變及存在的問題》，《語言教學與研究》2001年第5期。

〔註72〕熊沐清指出，認知詩學是語言學與文學相結合的新學科。它建立在認知語言學和認知心理學基礎之上，但又不是認知科學的一個分支，而是一種新的詩學。它以研究文學閱讀爲主要任務，同時也力圖回答歷來文學研究所關心的重大問題，建立自己的文學理論與批評理論體系，是對以往語言學與文學結合的一次本體論意義上的提升，對文學和語言學研究都具有一定借鑒作用。Stockwell的《認知詩學導論》（2002年）爲其標誌性代表作，Gavins與Steen合編的《認知詩學實踐》（2003年）則是其姊妹篇。見熊沐清：《語言學與文學研究的新接面——兩本認知詩學著作述評》，《外語教學與研究》2008年第4期。

〔註73〕黃念然：《話語批評學：關於一種文藝批評新模式的思考》，《湖北大學學報》2004年第3期。

〔註74〕葛兆光：《語言學批評的前景與困境：讀〈唐詩的魅力〉》，《讀書》1990年第12期。

趣」。（著重號爲引文原有——引者注）〔註75〕

　　周裕鍇則把語言批評應用到宋代詩話上來，原因在於宋代詩話中有「數量極爲豐富的有關詩法詩律的尋繹闡釋。它使得中國傳統詩學從社會學的外部研究進入詩歌的內部研究，從浮游於語言之上的印象式批評轉向從語言出發的藝術技巧分析上來，從而創立了中國文學批評史上一種以語言結構爲中心的獨特的形式主義詩論」。〔註76〕

　　趙昌平力圖從中西比較的高度來揭示語言批評的特點，提出的是「語言學批評」這一術語：「所謂語言學批評兼括現代形式主義、結構主義、後結構主義以及新批評派中有關語言形式、結構等某些共通性的理論」，語言學批評的首要標準表現於「對文學文字結構的關注上」，它「重視讀者的直覺感受與文體的語言結構……拒斥理性思維的直覺性及近於原始思維的朦朧性」。〔註77〕

　　種種探討表明，學界對語言批評的研究正處於發展階段，對語言批評還無法給出一個統一的定義，甚至連名稱都無法達到一致。但這當中必定有某些因素是語言批評所特有的。在這一問題上，孫文憲先生於 1992 年發表的論文中已經闡釋得相當清楚：首先，他指出語言批評有三個測度——

　　　　（1）在文本與歷史構成的語意場中揭示語義交相引發帶給文本的複義，（2）闡釋潛存於文本中的深層結構的蘊意，（3）通過言說分析剖析言說主體的心理和意圖。〔註78〕

其次，語言批評三個測度之間的內在聯繫是文學活動中的言意關係，語言批評的思路也因此取得了統一：

　　　　在語言與言語的辯證關係中審視文學活動的言意矛盾，揭示審美意識向語言形態轉化的複雜性，既研究主體言語活動對審美意識的獨特表達，又充分估計在社會歷史中形成的語言的文化符號性和深層語言結構及思維模式對這種表達的影響，通過文學言語「要說什麼」，文本最終「說出什麼」的比較，闡釋文本的豐富蘊含和反思文學活動的規律。〔註79〕

〔註75〕 王一川：《語言烏托邦》，雲南人民出版社 1994 年，第 1 頁。
〔註76〕 周裕鍇：《宋代詩學通論》，上海古籍出版社 2007 年，第 456 頁。
〔註77〕 趙昌平：《趙昌平自選集》，廣西師範大學出版社 1997 年，第 269～279 頁。
〔註78〕 孫文憲《語言批評的世界：求索於言意之間》，《華中師範大學學報》1992 年第 1 期。
〔註79〕 孫文憲《語言批評的世界：求索於言意之間》，《華中師範大學學報》1992 年第 1 期。

因此筆者採取的是孫文憲先生提出和解釋的語言批評的觀念與方法，強調它是以語言爲觀照中心，以一定的語言學、語言觀念爲指導，通過分析語言、語言活動與文學的關係、話語、結構、互文性、文體等問題來把握文學的特質。

（二）「言文一致」

本論題的研究對象是「言文一致」，但恰恰是這一命題本身的涵義長久以來眾說紛紜，因而梳理這一命題的由來及其涵義的發展演變就顯得極爲重要。在中國近現代史上，自黃遵憲率先提出語言文字合一的問題，被視爲近代「言文一致」運動的起點，到胡適《文學改良芻議》以「言文一致」爲文學變革之鵠的，再到 1920 年教育部訓令全國各國民學校先將一二年級國文改爲語體文，以期「收言文一致之效」，20 年代中後期胡適又以「言文一致」爲依據梳理白話文學史，通過《國語文學史》和《白話文學史》重建中國文學史的正統，再到 1935～1936 年十卷本《中國新文學大系》的出版，新文學樹立了自己不可動搖的地位，「言文一致」始終是中國近現代文學和文化變革的一條重要線索，本論題也據此將時限定在 19 世紀後期到 20 世紀 30 年代。

學界一般將晚清時代「言文一致」的首倡之功歸於黃遵憲，依據便是他的《日本國志》。這部著作黃遵憲是自 1877 年開始動筆構思，他在比較中日文字之後認爲漢字繁難而日文便捷，因而在使用、推廣方面後者佔有明顯優勢：「蓋語言、文字合而爲一，絕無障礙，是以用之便而行之廣也。」黃遵憲由此表達了他的語言文字觀：「文字者，語言之所從出也。雖然，語言有隨地而異者焉，有隨時而異者焉，而文字不能因時而增益，畫地而施行。言有萬變，而文止一種，則語言與文字離矣。」〔註80〕

如果說黃遵憲的觀點止於此，那他所揭示的最多只是語文改革的重要性，但他的觀念之所以在後來引起廣泛的反響和呼應，是因爲他把語言文字問題與民眾素質、國之強弱聯繫了起來，這就具有了深刻的現實意義：「蓋語言與文字離則通文者少，語言與文字合則通文者多，其勢然也。」當然，黃遵憲並沒有一味悲觀絕望，而是從文字衍化與文體演變的角度指出了希望所在：

> 然中國自蟲魚雲鳥，屢變其體，而後爲隸書、爲草書，余烏知

〔註80〕黃遵憲：《日本國志・學術志二》，天津人民出版社 2005 年，第 807～809 頁。

夫他日者不又變一字體，爲愈趨於簡、愈趨於便者乎？自凡將訓纂
逮夫《廣韻》、《集韻》增益之字積世愈多，則文字出於後人創造者
多矣，余又烏知夫他日者不有孳生之字，爲古所未見、今所未聞者
乎？周秦以下文體屢變，逮夫近世章疏移檄，告諭批判，明白曉暢，
務期達意，其文體絕爲古人所無。若小說家言，更有直用方言以筆
之於書者，則語言、文字幾幾乎復合矣。余又烏知夫他日者不更變
一文體，爲適用於今、通行於俗者乎？〔註81〕

由此來看，黃遵憲的「言文一致」主張，包含著這樣幾個值得注意的方
面：

（1）「言文一致」的提出是基於「言文分離」的現實。在他的論述中，「言」
爲語言，「文」爲文字。黃遵憲認爲當時的中國，言文處於分離狀態；

（2）言文分離的原因是漢語隨時空而變遷，但漢字卻有著超時空的穩定
性，因而中國的言文分離就不可避免；

（3）言文分離帶來的後果是嚴重的：就語文本身而言，其應用推廣受阻；
就社會而言，會造成民眾素質低下、國家貧弱；

（4）解決言文分離的辦法是文字變革和文體創新兩條途徑，即簡化文字
和使用淺易文體，而文體創新——使用淺易文體——又涉及到書面語的變革。

聯繫晚清與「五四」時代的變革，可以發現後來主要的問題和方案都已
經在黃遵憲那裡提了出來。第一個方面提出了言文分離問題，這是所有追求
言文一致者都共同承認的一個前提；第二個方面指出言文分離的原因，爲後
來的國語運動和漢字拼音化運動的發動者所認可，成爲漢字改革的理論依
據；第三個方面也成爲語文變革的理由，而且恰恰是在強調民眾素質低下、
國家貧弱這一點上，語文問題成爲社會關注的焦點；第四個方面則開啓了後
來的拼音化運動、國語運動和白話文運動。

然而，黃遵憲的這些觀念又包含著深層次的矛盾與問題：首先，將言文
分離的後果與民眾的愚昧和國家的落後相掛鉤，使語文變革和文學革新蒙上
了濃厚的意識形態色彩。由於晚清知識分子一開始就不是從語文自身的特性
出發來探討言文問題，而是出於啓蒙的需要，內在設定的前提是中國／日本、
西方的二元對立，中國代表的是古典，意味著落後，日本與西方代表的是現
代，意味著先進。中國知識分子從啓蒙出發，漢語與日語西語的對比自然被

〔註81〕黃遵憲：《日本國志·學術志二》，天津人民出版社 2005 年，第 810～811 頁。

納入到二元對立之中，不是二者各有優勝，而是有了明顯的高下優劣之分。要實現啓蒙的目標，就必須改變言文分離的現狀，實現「言文一致」，這是晚清知識分子的邏輯與思路。耐人尋味的是，這一邏輯與思路同樣爲「五四」知識分子所繼承。但是，何謂「言文分離」？判定「言文分離」的依據是什麼？「言文分離」是否就一定應該受到批判？這些前提性的問題，卻沒有得到真正的解答。

其次，將文字創新和文體變革作爲解決言文分離的辦法，就又出現了矛盾：如果說文字創新是爲了使文字與語言一致，那麼文體變革呢？黃遵憲以小說爲例，指出的卻是書面語與口語的一致。這就使得「言」「文」的涵義溢出了語言和文字的範圍，指向了「口語」與「書面語」〔註82〕。由於文言長期佔據著書面語的主導地位，因而晚清與「五四」白話文運動所追求的「言文一致」就表現爲以白話文推翻文言文，成爲一場書面語的變革運動。在這場變革中，文學格局發生了巨大變化，以往被視爲「俗」文學的小說、戲劇地位得到提升，特別是小說躍居中心位置，正體現出文學雅俗觀念的根本變化。

透過以上的分析，可以看出，晚清與「五四」兩代知識分子探討「言文一致」問題的兩條思路：語言變革（落實爲國語運動、白話文運動）與漢字改革（主要是拼音化運動）。前者是在語言的層面上運作，後者則涉及到文字問題。也就是說，「言文一致」主要包括口語與書面語的一致、語言與文字的一致兩方面。而這兩方面可以歸結爲「言說」與「書寫」的一致。因爲言文

〔註82〕1897年，晚清白話文運動的代表人物之一裘廷梁指出：「因音生話，因話生文字。文字者，天下人公用之留聲器也。……蒼頡、沮誦，造字之人也，其功與造話同。而後人獨視文字爲至珍貴之物，從而崇尚之者，是未知創造文字之旨也。」他又說：「文字之始，白話而已矣……後人不明斯義，必取古人言語與今人不相肖者而摹仿之，於是文與言判然爲二，一人之身，而手口異國，實爲二千年來文字一大厄。」裘廷梁：《論白話爲維新之本》，鄔國平、黃霖編：《中國文論選・近代卷》（下），江蘇文藝出版社1996年，第26～27頁。裘廷梁所說的「言」、「文」既是指口語與書面語，又是指語言與文字。梁啓超也是如此，他一方面指出「古代之言即文也，文即言也，自後世語言文字分，始有離言而以文稱者，然必言之能達，而後文之能成」。梁啓超：《變法通議》，《飲冰室合集》文集之一，中華書局1989年，第48頁。另一方面他卻意識到言文分離不僅意味著言語與文章或者說書面語的分離，也涉及到語言與文字的分離：「抑今之文字，沿自數千年以前，未嘗一變，而今之語言，則自數千年以來，不啻萬百千變，而不可以數計。以多變者與不變者相遇，此文言分離之所由起也。」梁啓超：《〈沈氏音書〉序》，《飲冰室合集》文集之二，中華書局1989年，第1～2頁。

「背離」或是「一致」，都不是就口語與書面語、語言與文字自身而言，而是人在運用語言文字的過程中所作出的評判。這是從語用的立場出發的。此外，「言文一致」也被認爲是白話和文言的一致，但是與前兩者不同的是，持這一觀念的學者認爲，白話和文言之所以能夠而且應該一致，是因爲白話必須吸收文言的優點，文言也可以吸收白話的優點，折衷二者，最終形成一種新的語言——但這種新型語言必須是以白話爲本且最終要取代文言的地位——這種新型語言，正是新文學所需要的〔註83〕。但是他們是把白話視爲口語，將文言視爲文字或者說是書面語，因而這一主張同樣可以歸入到口語與書面語的一致這一方面。只是這一觀念顯然有問題，因爲白話並非口語，文言也非文字，而文言在口頭也未必完全不能應用，文言與白話的界限也不易確定。

　　晚清與「五四」時代的知識分子對於「言文一致」的看法錯綜複雜，言／文對立在不同論述者那裡化爲不同的二元對立：語言／文字、言說／書寫、口語／書面語、口語／文章、白話／文言、俗／雅，但是在晚清與「五四」，言文分離卻被當作是不證自明的前提，而「言文一致」也就成了一個必須實現的目標。

　　總之，「言文一致」這一命題具有重要的歷史意義：它是中國知識分子以日本和西方語言文字與文化爲參照而提出的，從而使得當時的知識分子有可能從民族文化的高度來認識漢語言文字和漢語文化，從而與中國古人對言文關係的認識有了根本的不同；但是，從語用的立場來評判言文一致或背離，又使得當時的知識分子更多地是從工具論入手討論語言變革問題，從而在很大的程度上將問題簡單化了。這些既是晚清與「五四」時代語言批評的成就，也是其局限所在，並深刻地影響到當代中國的文學與文化。

〔註83〕劉半農的《我之文學改良觀》，就文言和白話關係問題而提出「言文合一」，劉半農是從自身的語言經驗出發，認爲文言白話各有優長，故而廢文言不宜也無法操之過急，他所說的「言文合一」是指白話、文言的合一，由此生成一種新型語言。錢玄同在《〈嘗試集〉序》中也認爲「制定國語，自然應該折衷於白話文言之間，做成一種『言文一致』的合法語言」，這一層意義上的「言文一致」，是指白話文言的合一，與劉半農的主張基本一致。後來傅斯年在《文言合一草議》中提出「文言合一」主張，認爲「與其謂『廢文詞用白話』，毋寧謂『文言合一』，較爲愜允」，要「文言合一」，則應「以白話爲本，而取文詞所特有者，補苴罅漏，以成統一之器」。見胡適編選：《中國新文學大系・建設理論集》，上海文藝出版社2003年影印本，第67頁、第105頁、第121頁。

第一章 「言」、「文」、「筆」之考辨與現代「文學」觀念的萌生

　　如導言所論，「言文一致」雖然是近現代才出現的重要命題，但是就其涉及的語言文字合一、書面語口語合一而言，不能說在中國古代沒有類似的觀念。也正是在這個意義上，我們才能追溯這一觀念在歷史上的表現及其特點。

第一節　中國古代的「言」、「文」及「言文一致」

　　「言」與「文」這兩個漢字在甲骨文中就已出現，可謂歷史悠久。但是它們的本義到底是什麼，學界至今還有爭議，而且在漫長的歷史進程中，它們的含義也日趨複雜，更是為我們的理解增加了難度。「言文一致」內涵的複雜，多少與之相關。

　　「言」，許慎《說文解字》的解釋是「直言曰言，論難曰語」〔註1〕。但是林義光提出了異議：「言本義當為獄辭」，理由是「『言』即『辛』字也」，而「辛」為「罪人」。郭沫若舉《爾雅》「大簫謂之言」為證，認為「言之本為樂器」。此外還有一些不同意見。〔註2〕不僅「言」之本義難以確定，而且「言」的涵義還在不斷滋生蔓延，據《漢語大字典》統計，其義項達20多個。〔註3〕當然可以肯定的是，「言說」是「言」的最基本的意思。

〔註1〕　許慎：《說文解字》，中華書局1963年，第51頁。
〔註2〕　李圃主編：《古文字詁林》（第二冊），上海教育出版社1999年，第713～717頁。
〔註3〕　《漢語大字典》（第六卷），湖北辭書出版社、四川辭書出版社1988年，第3936頁。

「文」，《說文解字》的解釋是「錯畫也，象交文」〔註4〕。商承祚、朱芳圃、徐中舒等人均認為此非確解，他們提出「文」之本義當為「文身」，舉出的證據是《穀梁傳・哀公十三年》中的「祝髮文身」與《禮記・王制》中的「披髮文身」〔註5〕。而《漢語大字典》中收錄的「文」的義項同樣在 20 個以上。〔註6〕

不僅如此，對比二者，就可以發現「言」、「文」有不少交叉、重疊的義項，如「文字」、「言辭」、「文章著作」等。這也是後世「言文一致」論中「言」、「文」歧見迭出的一個重要原因。

還需要注意的是，「言」與「文」在春秋戰國時代被賦予了某種形而上的意味，與天地運行、人生意義聯繫了起來。《左傳・襄公二十四年》已經提到「三不朽」：「大上有立德，其次有立功，其次有立言。雖久不廢，此之謂不朽」，孔穎達《正義》云：

> 立言，謂言得其要，理足可傳，記傳稱史逸有言，《論語》稱周任有言，及此臧文仲既沒，其言存立於世，皆其身既沒，其言尚存，故服、杜皆以史佚、周任、臧文仲當之，言如此之類，乃是立言也。老、莊、荀、孟、管、晏、楊、墨、孫、吳之徒，製作子書，屈原、宋玉、賈誼、揚雄、馬遷、班固以後，撰集史傳及製作文章，使後世學習，皆是立言者也。〔註7〕

《穀梁傳》則直接將人的存在與「言」聯繫了起來，而「言」的終極意義則是「道」：

> 人之所以為人者，言也。人而不能言，何以為人？言之所以為言者，信也。言而不信，何以為言？信之所以為信者，道也。信而不道，何以為道？道之貴者時，其行勢也。〔註8〕

至於「文」，則更是中國古代文化中最重要的範疇之一。先秦時代的「文」，既有「錯畫」這樣的具體而簡單的涵義，也有「文飾」之義，如孔子所言「文

〔註4〕 許慎：《說文解字》，中華書局 1963 年，第 185 頁。
〔註5〕 李圃主編：《古文字詁林》（第八冊），上海教育出版社 1999 年，第 68～71 頁。
〔註6〕 《漢語大字典》（第三卷），湖北辭書出版社、四川辭書出版社 1988 年，第 2169～2170 頁。
〔註7〕 阮元校刻：《十三經注疏・春秋左傳正義》，中華書局 1980 年影印本，第 1979 頁。
〔註8〕 阮元校刻：《十三經注疏・春秋穀梁傳注疏》，中華書局 1980 年影印本，第 2400 頁。

質彬彬，然後君子」。此外，「文」也開始具備抽象色彩，指向了天地運行、人文化育、禮樂教化，幾乎成為文明、文化的同義語，如《周易・賁》：「剛柔交錯，天文也；文明以止，人文也。觀乎天文，以察時變；觀乎人文，以化成天下。」〔註9〕「文」將天地萬象都囊括其中，《周易・繫辭下》：「道有變動，故曰爻；爻有等，故曰物；物相雜，故曰文。文不當，故吉凶生焉」，將「道」與文相連。〔註10〕孔子對周代「郁郁乎文哉」的讚美，更是直接催生了其禮樂教化的思想。〔註11〕

不僅如此，春秋戰國時代「言」和「文」就經常一起出現於文獻典籍中。《左傳・襄公二十五年》就提到

> 仲尼曰：「《志》有之：『言以足志，文以足言。』不言，誰知其志？言之無文，行之不遠。……」〔註12〕

這裡「言」「文」對舉，「文」顯然是文飾之義。

漢代王充《論衡》也將「言」「文」對舉：「出口為言，集箚為文」、「出口為言，著文為篇」〔註13〕，但此處的「文」已不再僅是「文飾言」之義，而是與「言」相對等的一個概念：「言」為語言、言語；至於「文」，前一個可以理解為文章，後一個「文」可以理解為文字、文辭。

以上所論，都還是就「言」「文」分別論之，事實上，在中國古代，「言」「文」連用的做法早已存在，這與孔子有關。相傳孔子為《易經》作「十翼」，其中就有《文言》。這是筆者目前所見最早將「言」「文」連用的例子。但是「文言」之「文」到底為何意，學界卻有不同看法：

> 正義曰：《文言》者，是夫子第七翼也。以乾、坤其《易》之門戶邪？其餘諸卦及爻，皆從乾、坤而出，義理深奧，故特作《文言》以開釋之。莊氏云：「文謂文飾，以乾、坤德大，故特文飾，以為《文言》」。今謂夫子但贊明易道，申說義理，非是文飾華采，當謂釋二

〔註9〕 阮元校刻：《十三經注疏・周易正義》，中華書局1980年影印本，第37頁。

〔註10〕 阮元校刻：《十三經注疏・周易正義》，中華書局1980年影印本，第90頁。

〔註11〕 參見彭亞非：《先秦論「文」的三重要義》，《文史哲》1996年第5期；彭亞非：《原「文」——論「文」之初始義及元涵義》，《文學評論》2005年第4期。

〔註12〕 阮元校刻：《十三經注疏・春秋左傳正義》，中華書局1980年影印本，第1985頁。

〔註13〕 王充：《論衡・書解篇》，黃暉：《論衡校釋》（第四冊），中華書局1990年，第1149頁、第1156頁。

卦之經文，故稱《文言》。〔註14〕

這裡顯然有兩種不同的觀點：莊氏以「文」為「文飾」之意，孔穎達則認為是解釋、申說之意。陸德明的《周易音義》則認為「《文言》，文飾卦下之言也，夫子之十翼」，〔註15〕與莊氏的觀點一致。

隨著「言」、「文」涵義的豐富衍變，它們也指涉不同的文體。「言」「文」對舉意味著文體辨析。魏晉南北朝時發生了著名的「文筆之辨」，時人以有韻為「文」，無韻為「筆」，這一事件在文學史和文論史上都具有重要的意義，因為時人正是在辨析中開始更深入地接觸和瞭解到文學文體的特性。但是時人關注的是「文」與「筆」兩種文體，而顏延之則別出心裁地提出了「言」、「文」、「筆」三種文體並加以區分，這在劉勰的《文心雕龍》中有記載：「顏延年以為筆之為體，言之文也；經典則言而非筆，傳記則筆而非言。」但是劉勰反駁了顏延之的觀點：

> 《易》之《文言》，豈非言文；若「筆」為「言」文，不得云經典非「筆」矣。將以立論，未見其論立也。予以為發口為「言」，屬翰曰「筆」，常道曰經，述經曰傳。經傳之體，出「言」入「筆」，「筆」為「言」使，可強可弱。六經以典奧為不刊，非以「言」「筆」為優劣也。〔註16〕

劉勰在此聯繫《文言》來分析「言」、「文」、「筆」，其深刻之處在於這一觀念是與《原道》篇相一致：「文」在他那裡，涵蓋了天、地、人。「文」與天地並生，是「道」的體現，因而「人文」就具有了極其重要的意義：「乾坤兩位，獨制《文言》。言之文也，天地之心哉！」〔註17〕他以「文飾」、「文采」來理解「文言」之「文」，故而認為經典是「筆」而非「言」。

但是劉勰的說法並非沒有問題。首先，他提出發口為「言」，屬翰曰「筆」，是從表達方式的角度區分「言」與「筆」，這與王充「出口為言，集箚為文」、「出口為言，著文為篇」的說法是一致的。王充《論衡》中「文」出現過多次，有著多種不同的涵義如文章、文字、文辭、書面語等，但是他沒有明確

〔註14〕阮元校刻：《十三經注疏·周易正義》，中華書局1980年影印本，第15頁。
〔註15〕陸德明：《經典釋文卷第一·周易音義》，阮元校刻：《十三經注疏·周易正義》，中華書局1980年影印本，第98頁。
〔註16〕劉勰著、范文瀾注：《文心雕龍注》（下），人民文學出版社1958年，第655頁。
〔註17〕劉勰著、范文瀾注：《文心雕龍注》（上），人民文學出版社1958年，第2頁。

地加以區分。同樣，在劉勰那裡，「言」就是言說或者語言，「筆」則是書寫或者文章。但是，劉勰在這裡本是要反駁顏延之在文體上的三分法，而他這裡提到的「言」與「筆」顯然已不具備文體分類的意義了；

　　其次，如果說發口爲「言」，那麼屬翰的就不僅是「筆」了，還應該有「文」，但是劉勰在這裡卻並沒有提到。這又是一個很大的疏忽。

　　由此可見，劉勰在這裡並沒有將作爲表達方式的「言」、「文」、「筆」與作爲文體的「言」、「文」、「筆」區分開來，論述上出現了混亂。這一現象並非僅此一例，一千多年以後，在晚清首倡「言文一致」的黃遵憲，他的這一口號存在同樣的問題；而作爲中小學基礎課程的「語文」這一學科名稱，同樣存在著內在的矛盾，其意義的含糊不清，也是因爲定名者對「語」（也可理解爲「言」）、「文」的涵義及其關聯沒有清楚地把握。〔註18〕

〔註18〕　「語文」這一學科名稱的確立與葉聖陶的努力是分不開的，葉聖陶本人也多次談到「語文」定名的經過及其具體的內涵。1960 年，葉聖陶在《答孫文才》中指出，「『語文』一名，始用於一九四九年之中小學語文課本。當時想法，口頭爲語，筆下爲文，合成一詞，就稱『語文』。自此推想，似以語言文章爲較切。文謂文字，似指一個個的字，不甚愜當。文謂文學，又不能包容文學以外之文章」《葉聖陶集》（第 25 卷），江蘇教育出版社 1994 年，第 7 頁。

　　1962 年，葉聖陶在《認真學習語文》一文中說：「什麼叫語文？平常說的話叫口頭語言，寫到紙面上叫書面語言。語就是口頭語言，文就是書面語言。把口頭語言和書面語言連在一起說，就叫語文。這個名稱是從一九四九年下半年用起來的。」《葉聖陶集》（第 13 卷），江蘇教育出版社 1992 年，第 207 頁。

　　1964 年，葉聖陶在《答滕萬林》中回憶說，「『語文』一名，始用於一九四九年華北人民政府教科書編審委員會選用中小學課本之時。前此中學稱『國文』，小學稱『國語』，至是乃統而一之。彼時同人之意，以爲口頭爲『語』，書面爲『文』，文本於語，不可偏指，故合言之。亦見此學科『聽』『說』『讀』『寫』宜並重，誦習課本，練習作文，固爲讀寫之事，而苟忽於聽說，不注意訓練，則讀寫之成效亦將減損。……其後有人釋爲『語言』『文字』，有人釋爲『語言』『文學』，皆非立此名之原意。第二種解釋與原意爲近，唯『文』字之含意較『文學』爲廣，緣書面之『文』不盡屬於『文學』也。課本中有文學作品，有非文學之各體文章，可以證之。第一種解釋之『文字』，如理解爲成篇之書面語，則亦與原意合矣。」《葉聖陶集》（第 25 卷），江蘇教育出版社 1994 年，第 33～34 頁。

　　1980 年，葉聖陶在《語文是一門怎樣的功課》中指出，『『語文』作爲學校功課的名稱，是一九四九年開始的。解放以前，這門功課在小學叫『國語』，在中學叫『國文』。……小學『國語』的『語』是從『語體文』取來的，中學『國文』的『文』是從『文言文』取來的。……一九四九年改用

　　劉勰的這一疏忽導致後世學者在解釋這一段文字時都是從自己的理解出發，而他們恰恰是從文體的角度來談的，如范文瀾指出，「此言字與筆字對舉，意謂直言事理、不加彩飾者為言，如《禮經》、《尚書》之類是；言之有文飾者為筆，如《左傳》、《禮記》之類是；其有文飾而又有韻者為文」。因此他認為顏延之的分類「未始不善，惟約舉經典傳記，則似嫌籠統」。〔註19〕

　　中國古人雖然很早就使用「言」、「文」等範疇並注意將二者加以比較，但是卻始終沒有明確地提出「言文一致」的主張。但事實上，在一些零散的論述中，可以發現古人對這一問題的思考，只是中國古代的「言文一致」主張抨擊的是書面語脫離口語的現象，這一現象的背後是古奧、誇飾、華而不實、是古非今的文風與心理。

　　1927 年，中國學者自己編寫的第一部《中國文學批評史》出版，作者陳鍾凡先生認為王充表達了「文言一致」的觀念。〔註20〕羅根澤先生認為在歷史上最早倡導「言文一致」的是王充，在他看來，王充「對於創作文學，內容方面主張『實誠』的表現，形式方面主張『言文一致』」〔註21〕，其依據即在王充所論「文由語也」：

　　　　夫文由語也，或淺露分別，或深迂優雅，孰為辯者？故口言以
　　明志，言恐滅遺，故著之文字。文字與言同趨，何為猶當隱閉指意？

　　〔註22〕

王充所論，顯然是與其「疾虛妄」的立場一致，追求口語與書面語的一致。郭紹虞先生同樣認為這是王充主張「言文合一」更準確說是「書面語言與口

『語文』這個名稱，因為這門功課是學習運用語言的本領的。……口頭說的是『語』，筆下寫的是『文』，二者手段不同，其實是一回事。功課不叫『語言』而叫『語文』，表明口頭語言和書面語言都要在這門功課裏學習的意思。『語文』這個名稱並不是把過去的『國語』和『國文』合併起來，也不是『語』指語言，『文』指文學。《葉聖陶集》（第13卷），江蘇教育出版社1992年，第247頁。
　　從葉聖陶的論述中，我們可以看出，在他那裡，語/文＝語言/文章＝口語/書面語＝言說/書寫……可是它們之間顯然不是簡單的一一對應關係。

〔註19〕劉勰著、范文瀾注：《文心雕龍注》（下），人民文學出版社1958年，第658頁。

〔註20〕陳鍾凡：《中國文學批評史》，江蘇文藝出版社2008年，第19頁。

〔註21〕羅根澤：《中國文學批評史》（一），上海古籍出版社1984年，第116頁。

〔註22〕王充：《論衡·自紀篇》，黃暉：《論衡校釋》（第四冊），中華書局1990年，第1196頁。

頭語統一」的證明〔註23〕，他甚至還將其與「文學革命」聯繫了起來〔註24〕。這些看法顯然是有道理的。

　　中國古人主張「言文一致」，一是遵循語言自身發展變化的要求，二是強調表達真情實感的重要。王充指出「古今言異」的原因不是聖賢有意「使指閉隱」，而是因為語言在流程過程中「古今言殊，四方談異」的自然變化，時間和空間上的雙重阻隔造成了語言不通。〔註25〕後世顏之推也表達了同樣的見解：「夫九州之人，言語不同，生民已來，固常然矣」，「古今言語，時俗不同；著述之人，楚、夏各異」。〔註26〕

　　如果說王充還只是認識到了語言上的流變與差異，那麼許慎則更全面地認識到了這種流變與差異同時存在於語言與文字領域，春秋戰國時代各諸侯國「言語異聲、文字異形」正體現了這一點。〔註27〕只是秦始皇統一之後實行「書同文」政策，消滅文字上的差異，故而這一點也就漸漸為世人淡忘。因而古人論及「言文一致」，基本上是從語言的角度立論的。

　　王充的反復古摹古的立場在後世得到了支持，唐代的劉知幾強調運用「今語」的重要性：「夫天地長久，風俗無恒，後之視今，亦猶今之視昔。而作者皆怯書今語，勇效昔言，不亦惑乎？」〔註28〕袁宏道也諷刺今人作古語者「襲古人語言之跡而冒以為古，是處嚴冬而襲夏之葛者也」〔註29〕。袁宗道還進一步解釋了要重視今語、口語的原因，即「口舌代心者也，文章又代口舌者也。展轉隔礙，雖寫得暢顯，已恐不如口舌矣；況能如心之所存乎？」〔註30〕

〔註23〕郭紹虞主編：《中國歷代文論選》（第一冊），上海古籍出版社 2001 年，第 134～135 頁。

〔註24〕郭紹虞：《中國文學批評史》，百花文藝出版社 2008 年，第 52 頁。

〔註25〕王充：《論衡·自紀篇》，黃暉：《論衡校釋》（第四冊），中華書局 1990 年，第 1196 頁。

〔註26〕顏之推：《顏氏家訓·音辭》，王利器：《顏氏家訓集解》（增補本），中華書局 1993 年，第 529 頁、第 545 頁。

〔註27〕許慎：《說文解字》，中華書局 1963 年，第 315 頁。

〔註28〕劉知幾：《史通·言語》，郭紹虞主編：《中國歷代文論選》（第二冊），上海古籍出版社 2001 年，第 29 頁。

〔註29〕袁宏道《雪濤閣集序》，郭紹虞主編：《中國歷代文論選》（第三冊），上海古籍出版社 2001 年，第 205 頁。

〔註30〕袁宗道：《論文·上》，郭紹虞主編：《中國歷代文論選》（第三冊），上海古籍出版社 2001 年，第 196 頁。

　　由此看見，中國古代已有對於「言文一致」的思考與追求，這一觀念主要有三個方面的特點：一是集中於口語與書面語的關係問題，強調書面語要與口語一致；二是這一觀念主要是抨擊復古摹古的風氣與心態。因此，分析中國古代文學史上的復古與反復古之爭，不能忽視這一點；三是這一觀念主要出現於漢代及以後，倡導者基本上認定上古之時書面語與口語是比較接近的，只是到了漢代之後由於語言相隔久遠，復古之風大興，故而造成了言文分離的現象。這一點在晚清和「五四」時代得到繼承，梁啟超、劉師培、胡適、錢玄同等人即持此種觀念。

　　中國古代的「言文一致」追求，並未成爲主流話語，但是到了清代以後，卻成了知識分子爲「言文一致」立論的最重要的傳統資源。

第二節　「文筆之辨」及其流變

　　1823 年，時任兩廣總督的阮元，爲使駢文成爲文壇正宗、打壓桐城古文的統治地位，在廣州學海堂發動了一場「文筆之辨」。在清代，不少漢學家如汪中、阮元同時也是駢文大家，駢散之爭其實是漢宋之爭在文學領域裏的反映。而且對古文的批評並非始於阮元，戴震、錢大昕就曾批判過桐城派所謂的「道與藝合」及「義法」，而淩廷堪、汪中等人則公開主張駢散並重，爲駢文爭取一席之地；此外蔣湘南等人則直接攻擊桐城末流的摹古倣古、門戶之見與投機取巧。但是像阮元這樣位高權重且引領學術文化風潮的人物，從「文」之辨析入手，公然抨擊桐城古文，樹立駢文的正宗地位，在有清一代可謂是絕無僅有。

　　阮元所爲，有著重大的意義，他是在魏晉南北朝「文筆之辨」已經偃旗息鼓千年之後再度提起這一話題，其動因正如黃侃所總結的，是從文飾的角度爲「文」正名。劉勰的觀念與陸德明和莊氏是一致的，這種觀念也深深地影響了阮元，黃侃揭示了這一點：「《周易音義》曰：文言，文飾卦下之言也。《正義》引莊氏曰：文謂文飾，以乾、坤德大，故皆文飾以爲文言。案此二說與彥和意正同。儀徵阮君因以推衍爲《文言說》，而本師章氏非之。」〔註31〕阮元雖然還是立足於文筆之辨，但也涉及到了言文之辨，更重要的是，阮元是在千年以後重新從語言文采的角度來論「文」，試圖爲「文」劃定一個確

<hr>

〔註31〕黃侃：《文心雕龍札記》，上海古籍出版社 2000 年，第 7 頁。

定的範圍，這就爲文學文體的獨立做了相當重要的準備工作，也爲現代意義上的「文學」觀念的萌生奠定了基礎。

阮元所論，有破有立：破的是桐城古文的正宗地位，立的是駢文的合法地位。「破」與「立」都是圍繞一個核心展開，那就是重提六朝的文筆之辨，界定「文」的內涵與外延。爲此阮元寫下了一系列文章闡發其觀念如《書梁昭明太子文選序後》、《文言說》、《與友人論古文書》、《文韻說》、《四六叢話序》、《學海堂文筆策對》等，《文言說》是其中最重要的一篇。下面對阮元的觀念作具體論述：

一是攻擊桐城古文，認爲其不得稱爲「文」。阮元以蕭統《文選》爲例指出：「《選序》之法，於經、子、史三家，不加甄錄，爲其以立意紀事爲本，非沉思翰藻之比也。今之爲古文者，以彼所棄，爲我所取，立意之外，惟有紀事，是乃子、史正流，終與文章有別。」令阮元格外感慨的是，「文」當以沉思翰藻爲準繩而非以立意紀事爲本，這一道理歷經千年而未得到重視：「千年墜緒，無人敢言，偶一論之，聞者掩耳。」〔註32〕可見古文一脈勢力之強大。

清代文壇，桐城派佔據統治地位，姚鼐宣稱「文章之原，本乎天地。天地之道，陰陽剛柔而已。苟有得乎陰陽剛柔之精，皆可以爲文章之美」〔註33〕，實際是以追摹唐宋八家的桐城古文爲文之正宗，自居於代天地、聖賢立言的地位。如此一來，桐城派自然要排除異己、摒棄六朝文章：「古文不取六朝人，惡其靡也。」方苞明確規定：「古文中不可入語錄中語，魏、晉、六朝人藻麗俳語，漢賦中板重字法，詩歌中雋語，南北史中佻巧語。」〔註34〕方東樹則強調學古摹古就要從義法著手：「義者，法也。古人不可及，只是文法高妙，……有法則體成，無法則儉荒。率爾操觚，縱有佳意佳語，而安置布放不得其所，退之所以譏六朝人爲雜亂無章也。」〔註35〕

對此，蔣湘南給予了猛烈的抨擊，他直斥桐城派爲「僞八家」，強調「古文之法非他，即在矯古文之弊而已」，「且夫論古文而專以法，此仍僞八家所

〔註32〕阮元：《與友人論古文書》，郭紹虞主編：《中國歷代文論選》（第三冊），上海古籍出版社2001年，第591頁。

〔註33〕姚鼐：《海愚詩鈔序》，郭紹虞主編：《中國歷代文論選》（第三冊），上海古籍出版社2001年，第515頁。

〔註34〕轉引自郭紹虞主編：《中國歷代文論選》（第三冊），上海古籍出版社2001年，第401頁。

〔註35〕方東樹：《昭昧詹言》，鄔國平、黃霖編著：《中國文論選·近代卷》（下冊），江蘇文藝出版社1996年，第51頁。

恃以劫持天下者」。他由此感慨「天下之人染僞八家之霧已久，故未有能尊信諸君子者。僕所以謂古文之失傳，業五百年也」。對於桐城派維護、依靠的宋明理學，蔣湘南也表示了懷疑與否定：「蓋理學之儒之自稱得聖人之道也又久矣，吾不敢謂聖人之道之必在於非理學，吾又何敢謂聖人之道之必於理學乎？」「道之不明，何有於文？文之未是，何有於法？」〔註36〕由此，他從道一文一法三個方面都否定了桐城古文的獨尊地位。

但是，蔣湘南持論還算平和，他仍主張兼採駢散。阮元的態度則激烈得多，他直接以「沉思翰藻」爲依據，認爲桐城古文「終與文章有別」而將其逐出「文」的領域〔註37〕，以駢文爲「文」之正宗。如此一來，阮元實際上就是從文辭形式的角度重新確立了「文」的標準，對於唐宋以來的重道輕文、重質輕文觀念無疑是一次重大的衝擊與反撥。

二是借助考證訓詁，明確「文」之涵義及其特徵。阮元雖宣稱「沉思翰藻」是界定「文」的惟一標準，但是這一標準如何才能成立，就需要從正面立論了。

在《文言說》中，阮元一開篇就從歷史上尋找根據，認爲「古人無筆硯紙墨之便」，「鑄金刻石」、「漆書刀削」，記載書寫極爲不便。在這種情況下古人必然側重於「口舌傳事」、「口耳治事」。但口耳相傳，難免有所慫誤，如《說文》釋言：「言，從口從辛；辛，慫也。」所以必須「寡其詞，協其音，以文其言。」由此，「言」、「語」、「文」的涵義及區別得以顯現：阮元引《說文解字》「直言曰言，論難曰語」及《左傳》「言之無文，行而不遠」以資證明，從字義上確立了「文」的獨特性，使文飾、文采成爲「文」的獨特標誌。

那麼如何才算有文飾文采呢？阮元尊孔子爲《易》所作之《文言》爲「千古文章之祖」，以《文言》爲例指出「文」的兩個根本要求：一是用韻，二是用偶：「《文言》數百字，幾於句句用韻」，「不但多用韻，抑且多用偶」。之所以要用偶，也可以從「文」之義找到答案：「於物兩色相偶而交錯之，乃得名曰文，文即象其形也。」因此，阮元就將「單行之語」和「詞」都劃入「言」、

〔註36〕蔣湘南：《與田叔子論古文第三書》，郭紹虞主編：《中國歷代文論選》（第四冊），上海古籍出版社 2001 年，第 57～59 頁。

〔註37〕阮元：《與友人論古文書》，郭紹虞主編：《中國歷代文論選》（第三冊），上海古籍出版社 2001 年，第 591 頁。

「語」的範圍而強調「千古之文,莫大於孔子之言《易》。孔子以用韻比偶之法,錯綜其言而自名曰『文』」,以孔子為護符,阮元理直氣壯地將「文」與「用韻比偶」等同起來,完全從語言形式的角度來考察「文」,從而為駢文進入「文」的疆域並成為「文」的惟一合法代表掃清了障礙。〔註38〕

三是重新解釋「韻」。阮元認為「用韻比偶」方可謂之文,但是他的兒子阮福對此產生了疑問:「梁時恒言有韻者乃可謂之文,而昭明《文選》所選之文,不押韻腳甚多,何也?」阮元的回答是,當時所謂「韻」,「固指押腳韻,亦兼謂章句中之音韻,即古人所言之宮羽,今人所言之平仄也。」但如此回答還不足以消除阮福心中的疑團:「唐人四六之平仄,似非所論於梁以前。」阮元則指出自《詩經》、楚辭以來就有注重章句平仄之韻文,「是以聲韻流變,而成四六,亦只論章句中之平仄,不復有押腳韻也。四六乃有韻文之極致,不得謂之為無韻之文也」。而且如果從漢魏以來追溯本原,此種形式在《文言》中就已得到應用。因而阮元重申《文言》為千古文章之祖,「文」「在聲為宮商,在色為翰藻」,「單行之文,極其奧折奔放者,乃古之筆,非古之文也」。〔註39〕

阮元此論,顯然牽強附會:劉勰在《文心雕龍》中所提到的六朝文筆之辨,以有韻為文,無韻為筆,「韻」即指腳韻而言,並非像阮元所說是指宮羽平仄。平仄的真正應用如阮福所言要到唐代。但阮元為了使文筆之分的標準——「韻」與蕭統選文的標準相符,主觀地擴大六朝時「韻」的範圍,使之能夠涵蓋腳韻與平仄。如此立論,只能證明阮元對「用韻比偶」為「文」、駢文為「文」之正宗的堅持,卻難以自圓其說。

值得注意的是,阮元何以會對駢文產生如此濃厚的興趣,又何以會從語言入手來界定「文」呢?這與清代的學術風氣及文化氛圍有關。自唐至清前期,六朝文學一直都處於受打壓、被排斥的地位。隨著清代漢宋之爭的興起,一大批漢學家起而抨擊古文、扶持駢文,形成了駢文中興的局面,其原因主要有這樣幾個方面:一是漢學家反對宋學,主張返歸先秦,因而依附於宋明理學的古文自然也受到打擊;二是漢學家以實事求是為宗旨,反對依傍古人,

---

〔註38〕阮元:《文言說》,郭紹虞主編:《中國歷代文論選》(第三冊),上海古籍出版社2001年,第586~587頁。

〔註39〕阮元:《文韻說》,郭紹虞主編:《中國歷代文論選》(第三冊),上海古籍出版社2001年,第592~593頁。

反對門戶之見，對桐城風氣深惡痛絕；三是漢學家多具有淵博的學識與深厚的語言功底，這與駢文的寫作要求是相吻合的。正如馬積高先生所總結的：「一是駢文本與博學相聯繫，考據學的興起，正與之相應，因而助長其發展，並未其特點的形成起了一定的作用。二是駢文本與理學無緣，清代考據學興起後所形成的漢宋學術之爭和漢學家的高張其幟，更促使駢文家與理學分離，故清代駢文更少道學家的酸腐氣。」〔註40〕

阮元論「文」，其不足與矛盾是顯而易見的，主要有這樣幾點：

首先是在「韻」的問題上漏洞百出，已如前述；

其次，阮元論「文」，以用韻比偶爲準繩，屢屢提及「翰藻」，卻忽視了「事出於沉思」。如朱自清所言，「『事出於沉思』的『事』，實當解作『事義』、『事類』的『事』，專指引事引言，並非泛說」，可以是「古事成辭」也可以是「日常事理」，而「事出於沉思，義歸乎翰藻」不外「『善於用事，善於用比』之意」，〔註41〕因此，「用事」無疑包含了用典之意。而用典在後來的文學革命中正是胡適和錢玄同所極力攻擊的。但這恰恰從反面證明典故是構成文學審美特性的重要因素。阮元卻遺漏了這一點，可謂持論不周；

再次，也是最重要的一點，阮元爲駢文正名，卻並不是從語言形式美的獨立地位出發，而是借「經」來抬高駢文的地位。他一面大力標舉用韻比偶，一面卻又一再將「文」與經世治國相關聯，並以儒家經典——《周易》中的《文言》爲千古文章之祖，甚至連音韻問題都要追溯至《文言》，可見阮元身爲漢學家的困境：他不可能從根本上超越經學立場而將「文」的形式之美抬到至高無上的地位的，故而他才有如此矛盾的論斷：駢文「文體不可謂之不卑，而文統不得謂之不正。」〔註42〕

但是，阮元發動這場「文筆之辨」，在中國文學批評史上卻有著異常重要的意義和影響：

首先，阮元在千年之後重啓文筆之辨，將這一久被忘卻的命題重新提出並詳加論證，從語言的角度探討「文」的特質，體現出與六朝「文的自覺」相一致的傾向，有助於突破「道」的束縛，使「文」獲得獨立地位，而這正

〔註40〕馬積高：《清代學術思想的變遷和文學》，湖南人民出版社 2002 年，第 110 頁。

〔註41〕朱自清：《〈文選序〉「事出於沉思義歸乎翰藻」說》，《朱自清古典文學論文集》（上冊），上海古籍出版社 1981 年，第 41～43 頁、第 50 頁。

〔註42〕阮元：《書梁昭明太子文選序後》，郭紹虞主編：《中國歷代文論選》（第一冊），上海古籍出版社 2001 年，第 339 頁。

是現代意義上的文學觀念得以發生的前提條件；

其次，阮元對「文」的涵義與特徵進行了考證，有助於把握和分析「文」的豐富內蘊。雖然阮元對「文」的涵義的揭示仍顯粗疏，但也爲進一步的研究打下了基礎。而且他對「言」、「文」、「筆」的區分也爲晚清時代提出「言文一致」提供了一定的啓發。

在此之後，就「文筆之辨」問題繼續深入探討下去的，有劉師培。劉師培一方面繼承和發揮了阮元的觀點，維護駢文的地位，成爲《文選》派的重要一員，而且他也是注重從文字訓詁、文體辨析和語言形式上考辨文學；但另一方面，劉師培已是身處晚清與民國時代，在西學東漸的背景下，劉師培既注重吸收西學成果又以現代眼光挖掘傳統學術資源，他的文學觀念，就已經具有了現代色彩了。

一、對「文」的涵義與特徵的考析

劉師培與阮元同屬揚州學派，小學功底深厚。在徵引了阮元的《文言說》並參考《說文解字》、《廣雅》、《釋名》之後，他對「文」與「𠱐」加以區分，依據「青與赤謂之文」、「『經緯天地』亦曰文」而指出，「成可觀之象，秩然有章者，咸謂之文」。而「文」又可應用於不同的對象，「就事物言，則典籍爲文，禮法爲文，文字亦爲文。就物象言，則光融者爲文，華麗者亦爲文」，但「就應對言，則直言爲言，論難爲語，修辭者始爲文」，「言」、「語」、「文」由此得以區分。〔註43〕

但是，劉師培在論文時，著意強調「偶語韻詞謂之文，凡非偶語韻詞概謂之筆」，「以韻詞爲主，無韻而偶，亦得稱文」〔註44〕，又稱《文選》「所收之文，雖不以有韻爲限，實以有藻采者爲範圍」〔註45〕，這就避免像阮元那樣，爲了將《文選》所收作品皆歸於「文」而牽強附會，強行將「韻」解釋爲章句平仄。相比之下，劉師培的觀點顯然更合理。

由於劉師培和阮元一樣注重「文」的語言特徵，因而當他再來談自己對

〔註43〕劉師培：《廣阮氏文言說》，郭紹虞主編：《中國歷代文論選》（第三冊），上海古籍出版社2001年，第598～599頁。

〔註44〕劉師培：《中國中古文學史講義》，陳引馳編校：《劉師培中古文學論集》，中國社會科學出版社1997年，第6頁。

〔註45〕劉師培：《中國中古文學史講義》，陳引馳編校：《劉師培中古文學論集》，中國社會科學出版社1997年，第103頁。

「文」的看法時，自然就傾向於阮元，以聲韻藻采作爲「文」的要素，因而他對桐城派同樣表達了不滿。在他看來，桐城派以經、史、子爲古文，名實相悖，且依附經、史、子以自我標榜，依附宋學，空疏不學，欺世盜名；桐城末流則拘於門戶之見，自大狂妄，以摹仿爲能事，且「墨守桐城文派者亦囿於義法，未能神明變化」〔註46〕，而「律以沉思瀚藻之說，則駢文一體，實爲文體之正宗。」〔註47〕

有意思的是，阮元論文舉出「沉思翰藻」，但他只論及翰藻而忽視了典故，這一問題在劉師培那裡也同樣存在。

二、文體辨析

劉師培之所以能「廣」阮元之《文言說》，一個很重要的原因就是他對「文」的看法突破了阮元的不足，辨章學術，考鏡源流，將作爲文體術語的「文」和作爲文章總稱的「文」區分了開來，並明確了「筆」的文體特徵及「文」與「筆」之關係。

劉師培也認爲，「以文爲文章之文者，（即後世文苑、文人之文也。）則始於孔子作《文言》。蓋『文』訓爲『飾』，乃英華髮外，秩然有章之謂也」。古文運動以「筆」爲「文」，就混淆以致掩蓋了「文」的本來涵義。而且他還借助古代「言文合一」來闡明「文」之涵義本來就豐富複雜，後人卻不加區分地使用，將「文章」和「文字」弄混，就必然導致「文」義的混淆和誤解：「道之發現於外者爲文，事之條理秩然者爲文，而言詞之有緣飾者，亦莫不稱之爲文。古人言文合一，故借爲文章之文。後世以文章之文，遂足該文字之界說，失之甚矣。」〔註48〕

針對這一問題，劉師培旗幟鮮明地提出「筆不該文，文可該筆。故對言則筆與文別，散言則筆亦稱文」〔註49〕，顯然涉及到了「文」的涵義的多層次性：前一個「文」是作爲文體之「文」，與「筆」相對；後一個「文」則是

〔註46〕劉師培：《論近世文學之變遷》，陳引馳編校：《劉師培中古文學論集》，中國社會科學出版社 1997 年，第 274 頁。

〔註47〕劉師培：《文章源始》，陳引馳編校：《劉師培中古文學論集》，中國社會科學出版社 1997 年，第 215 頁。

〔註48〕劉師培：《論文雜記》，陳引馳編校：《劉師培中古文學論集》，中國社會科學出版社 1997 年，第 235 頁。

〔註49〕劉師培：《中國中古文學史講義》，陳引馳編校：《劉師培中古文學論集》，中國社會科學出版社 1997 年，第 102 頁。

作爲文章總稱之「文」。無論文章本身形式如何，皆可以統名「文」來指稱。這一見解顯然比阮元高明。

三、對「文學」的重新界定與考察

劉師培對文學的探討，也包含了對西方文學觀念的回應。他與章太炎在這一點上是相似的，只是章太炎採取了否定的態度，回歸到最古最廣的「文」上去，而劉師培則是積極響應。

劉師培與章太炎都從段玉裁《說文解字注》中關於「文章」與「彣彰」的區分而受到了啓發。段玉裁指出「文」之本義當爲「逪畫」，「黃帝之史倉頡見鳥獸蹏迒之跡，知分理之可相別異也。初造書契，依類象形，故謂之文」。〔註50〕他認爲「文」與「彣」義不同，許愼《說文解字》釋「彣」爲「𢼇」〔註51〕，段玉裁認爲即「有彣彰」，「凡言文章皆當作彣彰。作文章者，省也」。〔註52〕劉師培與章太炎都認可段玉裁對「文章」與「彣彰」的辨析，但是章太炎的文學觀建立在小學基礎上，以「著於竹帛者爲文，論其法式，則爲文學」〔註53〕。在章太炎看來，傳統的文學是以文字爲根基，因而「文」之所指就應是「文章」，「彣彰」包含於「文章」之中。劉師培的看法與章太炎不同，他恰恰是將「文學」的重心置於「彣彰」上，並將「文學」的範圍擴大到書面文學產生以前的口頭作品。

1907 年 3 月，在他主筆的《國粹學報》上，劉師培開闢「美術篇」專欄，將「美術」與「實學」區分了開來，著力探求文學之「美」的特性，既注重六朝文論中涉及情性的觀念，又與西方近代的人性論關聯起來。當時傳入中國的西方文學觀正是強調文學感動人心的力量，劉師培對此加以積極的吸收，肯定了文學的獨立性及其功能。在《論美術與徵實之學不同》一文中，劉師培的觀點得到了充分的發揮，「飾觀」與「性靈」成爲他界定文學的兩大標準。在該文中，劉師培強調「貴眞者近於徵實，貴美者近於飾觀。至於徒尙飾觀，不求徵實，而美術之學遂與徵實之學相違」，這實際上是肯定了文藝之美特別是其形式美所具有的獨立性，有著重大的理論價值和意義。他也提

〔註50〕段玉裁：《說文解字注》，浙江古籍出版社 2006 年，第 425 頁。
〔註51〕許愼：《說文解字》，中華書局 1963 年，第 185 頁。
〔註52〕段玉裁：《說文解字注》，浙江古籍出版社 2006 年，第 425 頁。
〔註53〕章炳麟：《國故論衡・文學總略》，郭紹虞主編：《中國歷代文論選》（第四冊），上海古籍出版社 2001 年，第 302 頁。

到「美術以性靈爲主」，但是他花了更多的篇幅論證「美術者，以飾觀爲主者也」。就中國的情況而言，「今以中國之美術考之，其與徵實之學相背者，一曰書法，二曰詞章」。論及「詞章」，顯然是將文學正式納入到「美術」範圍內，考察文學之美的特性。〔註54〕

在論詞章之美時，尤其需要注意的是，劉師培從文／質關係的角度論述了文學的特點：「文言質言，自古分軌，文言之用在於表象，表象之詞愈眾，則文病亦愈多；然盡刪表象之詞，則去文存質，而其文必不工。」〔註55〕劉師培提出了一個重要的概念即「表象」並認爲「文言」（與「質言」相對）之用就在於「表象」。劉師培在《古書疑義舉例補》中也曾提到「表象」，如「兩字並列均爲表象之詞而後人望文生訓之例」〔註56〕，又如「虛數不可實指之例」：「《莊子》載孔子語，謂『以六藝干七十二君』。夫孔子所經之國，不過十餘，則七十二君，亦係虛擬之詞。由斯而推，則佛經言八萬四千，言三十六，言七十，言百一，多寡不同，均繫表象之詞，不必確求其數也。」〔註57〕由此來看，劉師培所言「表象」有「形容」、「代表」、「標誌」、「象徵」之意，這正是文學所需要的。在他看來，「詞章」即文學可以借助語言而虛構，最美之文就是「以寓言爲文者」，而以「寓言與事實相參者」，「其文亦工」。〔註58〕

如果更進一步思考，可以發現，劉師培實際指出了文學語言作爲符號的隱喻功能，即文學之言主要不在於表達眞實的意義，而是起到表達特定含義的作用，這就需要讀者擺脫字面意義的干擾而去追尋言外之意。因此這裡的「表象」實際也有隱喻、象徵之意，劉師培發現的是文學語言所具有的獨立地位與審美意義，這一思考已經達到了相當的深度，對於揭示文學的特質起到了極其重要的作用。在晚清時代的中國，劉師培提出這樣的觀點，作無論多高的評價恐怕都不爲過。而且當我們把眼光投向西方時，也能發現劉師培的觀點與西方學者特別是從事語言批評者若合符節。羅曼・雅各布森（Roman Jakobson）借鑒索緒爾語言學的觀念，認爲語句的構成有組合軸和選擇軸，組

〔註54〕劉師培：《論美術與徵實之學不同》，郭紹虞主編：《中國歷代文論選》（第一冊），上海古籍出版社 2001 年，第 107 頁。

〔註55〕劉師培：《論美術與徵實之學不同》，郭紹虞主編：《中國歷代文論選》（第一冊），上海古籍出版社 2001 年，第 108 頁。

〔註56〕劉師培：《劉申叔遺書》（上），江蘇古籍出版社 1997 年，第 417 頁。

〔註57〕劉師培：《劉申叔遺書》（上），江蘇古籍出版社 1997 年，第 421 頁。

〔註58〕劉師培：《論美術與徵實之學不同》，郭紹虞主編：《中國歷代文論選》（第一冊），上海古籍出版社 2001 年，第 108 頁。

合軸相當於索緒爾所說的橫組合概念，即語詞的依次排列、相互關聯的關係；選擇軸即索緒爾所說的縱聚合概念，即語詞是從眾多可供選擇的相似語詞中挑選出來的。在文學上，詩歌語言的基本特點就是在組合軸上出現對等語詞，「詩的功能把對等原則從選擇軸引申到組合軸」，詩歌語言由此成爲與日常語言不同的另一種語言。〔註 59〕孫文憲先生指出，雅各布森「試圖以此證明語言形式對於文學言說的重要，並將這種現象稱爲能指優勢」，但他認爲，「形成能指優勢的原因其實要複雜得多；詩歌的言說之所以要按照對等原則進行選擇，並用選擇過程取代了組合過程，以至形成了高度重視語言形式、使傳達意義的語序組合反而退居其次的能指優勢現象，深層原因其實是爲了發揮能指系統的隱喻功能」〔註 60〕。在注重能指系統的功能這一點上，雅各布森與劉師培取得了某種一致。

劉師培還將西方的進化論、社會學與他的小學聯繫起來，考察文學源流。在他看來，文學起源於巫術，上古之時，文學是以實用爲本的：「一曰抒己意以示人，一曰宣己意以達神」〔註 61〕，而注重實用又與文學講究語言文辭之美有著內在的關聯：「必雜於偶語韻文，以便記誦。」〔註 62〕

不僅如此，劉師培還對地域文學的特點與差異進行了研究，表現出了開闊的學術視野，其中就有語言的角度。他關注的焦點主要是南北文學之不同，他曾經從語音入手探查南北文學差異之所在：「陸法言有言：『吳楚之音時傷清淺，燕、趙之音多傷重濁。』此則言分南北之確證也。聲能成章者謂之言，言之成章者謂之文」，由「言」到「文」就是順理成章：「聲音既殊，故南方之文亦與北方迥別」〔註 63〕。他還揭示了這種差異在文學中的實際體現：

> 以言乎文詞，則南人清新俊逸，北人碻確自雄。南派雖崇妍練，
> 然出於自然，秀氣靈襟超軼楮墨。及乎末流，遂流輕綺，雕幾既極，

〔註59〕 參見王先霈、王又平主編：《文學批評術語詞典》，上海文藝出版社 1999 年，第 356 頁。

〔註60〕 孫文憲：《「以言破言」與「能指優勢」——論中西文學批評在語言意識上的一個差異》，《華中師範大學學報》2002 年第 3 期。

〔註61〕 劉師培：《周末學術史序》，《劉師培辛亥前文選》，三聯書店 1998 年，第 282 頁。

〔註62〕 劉師培：《文章源始》，陳引馳編校：《劉師培中古文學論集》，中國社會科學出版社 1997 年，第 212 頁。

〔註63〕 劉師培：《南北文學不同論》，陳引馳編校：《劉師培中古文學論集》，中國社會科學出版社 1997 年，第 260 頁。

色澤空存；北派敘事簡嚴，發言剛勁，工者以嚴凝之骨，飾流麗之
詞。元魏以後，侈言法古，傑格拮据，倜傀可觀。〔註64〕

可見劉師培在文學研究中，始終都將語言問題放在一個極為重要的位置，為語言批評的現代轉型作出了貢獻。劉師培在寂寞無聞中去世後，他的遺作由錢玄同彙集成書，錢玄同還為《劉申叔遺書》作序，高度評價了劉師培在中國現代學術史與文學批評史上的地位。

相比之下，章太炎對文學問題關注和研究的集中程度顯然不如劉師培，但他對阮元和劉師培的文筆之辨卻表示了極大興趣，而且他對「文」所發表的意見也曾引起極大的爭議。章太炎的文學觀一直被認為是雜文觀或者說是泛文學觀的體現，但是其中所體現出來的時代意識與現代意味也是不容忽視的。

一、「文」之考辨

章太炎論「文」，最為著名且最為人所稱引的，是《文學總略》的開篇：「文學者，以有文字著於竹帛，故謂之文；論其法式，謂之文學。」〔註65〕

章太炎與阮元、劉師培一樣，首先都是為「文」正名，都是從文字訓詁入手論「文」，但他將「文」一直追溯到最基本、最寬泛的意義即一切文字作品，不同於阮、劉從語言形式角度對「文」的界定。他是以「文章」而非「彣彰」為「文」的主體。與段玉裁一樣，章太炎對「文」與「彣」、「文章」與「彣彰」作了區分，只是其考訂更為細密：

凡文理、文字、文辭皆稱文；言其彩色發揚，謂之彣。以作樂
有闋，施之筆箚，謂之章。……或謂文章當作彣彰，則異議自此起。

〔註66〕

他認為「古之言文章者，不專在竹帛諷誦之間」，「蓋君臣、朝廷、尊卑、貴賤之序，車輿、衣服、宮室、飲食、嫁娶、喪祭之分，謂之文。八風從律，百度得數，謂之章。文章者，禮樂之殊稱矣」。「文章」本為禮樂，此後用於

〔註64〕劉師培：《中國美術學變遷論》，《劉申叔遺書》（下），江蘇古籍出版社 1997
年，第 1631 頁。

〔註65〕章炳麟：《國故論衡·文學總略》，郭紹虞主編：《中國歷代文論選》（第四冊），
上海古籍出版社 2001 年，第 302 頁。

〔註66〕章炳麟：《國故論衡·文學總略》，郭紹虞主編：《中國歷代文論選》（第四冊），
上海古籍出版社 2001 年，第 302 頁。

篇章，泛指書面文獻，但是也非所有文章都講究文采，其中有一部分「獨以五采施五色，有言㪔言鬻言文言章者，宜作彣彰」，「文章」不過是在原無「彣彰」的情況借用的。「文」、「章」、「彣」、「彰」各有其義：「夫命其形質曰文，狀其華美下曰彣，指其起止曰章，道其素絢曰彰」，「凡彣者必皆成文，凡成文者不皆彣，是故權論文學，以文字爲準，不以彣彰爲準」。〔註67〕

從探求古義出發，章太炎卻得出了與阮元、劉師培完全不同的結論。他復歸到以「文」統包經史子集的思路上，以著錄書寫統攝了一切文章。他對阮元以用韻比偶爲「文」的觀點進行了批判：「近世阮元，以爲孔子贊《易》，始著《文言》，故文以耦儷爲主；又牽引文筆之說以成之。夫有韻爲文，無韻爲筆，是則騈散諸體，一切是筆非文。藉此證成，適足自陷。」〔註68〕既然阮元的論據主要是《文言》和六朝文筆之說，章太炎對阮元的批駁也就從這兩個方面展開：

首先，阮元以孔子爲護符，以《文言》爲千古文章之祖。章太炎則指出孔子所言「言之無文，行而不遠」，其意爲「不能舉典禮，非苟欲潤色也」，進而對阮元藉以立足的《文言》進行分析，指出《文言》之「文」並不是文飾之意，動搖阮元立論的根基：

> 《易》所以有《文言》者，梁武帝以爲文王作《易》，孔子遵而
> 修之，故曰《文言》，非矜其采飾也。〔註69〕

章太炎對《文言》之「文」的這種解釋顯然也有依據，而且如前所述，學界對《文言》之「文」的理解確有分歧，孔穎達就反對「文飾」之說，認爲「夫子但贊明易道，申說義理，非是文飾華采，當謂釋二卦之經文，故稱《文言》。」〔註70〕章氏此說，實與孔穎達無異。因此，章太炎指責「今欲改文章爲彣彰者，惡夫沖淡之辭，而好華葉之語，違書契記事之本矣」，〔註71〕實際是暗指阮元及其後繼者。

〔註67〕 章炳麟：《國故論衡·文學總略》，郭紹虞主編：《中國歷代文論選》（第四冊），上海古籍出版社 2001 年，第 302 頁。

〔註68〕 章炳麟：《國故論衡·文學總略》，郭紹虞主編：《中國歷代文論選》（第四冊），上海古籍出版社 2001 年，第 304 頁。

〔註69〕 章炳麟：《國故論衡·文學總略》，郭紹虞主編：《中國歷代文論選》（第四冊），上海古籍出版社 2001 年，第 302 頁。

〔註70〕 阮元校刻：《十三經注疏·周易正義》，中華書局 1980 年影印本，第 15 頁。

〔註71〕 章炳麟：《國故論衡·文學總略》，郭紹虞主編：《中國歷代文論選》（第四冊），上海古籍出版社 2001 年，第 302 頁。

其次，章太炎對文筆之辨進行了重新梳理，指出魏晉以前「文」「筆」並無差別，對二者有意加以區分始於晉代，《文心雕龍》雖然提到了有韻爲文、無韻爲筆，但它所涉及的卻是一切文章，根本不受文筆之分的局限；蕭統的《文選》其實也不是按照文筆之分的標準來選文：

> 誠以文筆區分，《文選》所集，無韻者猥眾，寧獨諸子？若云文貴其彣邪，未知賈生《過秦》，魏文《典論》，同在諸子，何以獨堪入錄？有韻文中，既錄漢祖《大風》之曲，即《古詩十九首》，亦皆入選，而漢、晉樂府，反有懲遺。是其於韻文也，亦不以節奏低印爲主，獨取文采斐然，足耀觀覽，又失韻文之本矣。是故昭明之說，本無以自立者也。〔註72〕

既然蕭統的《文選》都只能算是「自成一家」，且編選上依然存在缺陷，阮元據《文選》而立論就不攻自破了：「阮元之徒，猥謂儷語爲文，單語爲筆，任昉、徐陵所作，可云非儷語邪？」〔註73〕說到底，阮元所謂「用韻比偶」之文只能算是「文」的一部分。

二、對「文辭」／「學說」二分的反駁

章太炎不僅認爲沉思翰藻、用韻比偶這些語言上的特徵都不足以揭示「文」，他還否定了從感染力入手探究文學特性的做法。據傳當年章太炎曾問魯迅何爲文學，魯迅答以「學說以啓人思，文辭以增人感」，但章太炎卻不以爲然，加以批駁。但魯迅也並不心服，他認爲「先生詮釋文學，範圍過於寬泛，把有句讀的和無句讀的悉數歸入文學」。〔註74〕在這個問題上，魯迅無疑更接近於劉師培的思路。章太炎認爲感人與否並非「文」的絕對標準，「凡云文者，包絡一切著於竹帛者而爲言，故有成句讀文，有不成句讀文。兼此二事，通謂之文。局就有句讀者，謂之文辭」。〔註75〕成句讀的文辭可以分爲有韻文和無韻文兩大類，就無韻文而言，記錄奇聞異事的就有感，記典章法則的則無感；諸子論理的不足動人，而縱橫家的論辯卻能感人至深；「就言有韻，

〔註72〕章炳麟：《國故論衡·文學總略》，郭紹虞主編：《中國歷代文論選》（第四冊），上海古籍出版社 2001 年，第 304 頁。

〔註73〕章炳麟：《國故論衡·文學總略》，郭紹虞主編：《中國歷代文論選》（第四冊），上海古籍出版社 2001 年，第 304 頁。

〔註74〕許壽裳：《亡友魯迅印象記》，上海文化出版社 2006 年，第 325 頁。

〔註75〕章炳麟：《國故論衡·文學總略》，郭紹虞主編：《中國歷代文論選》（第四冊），上海古籍出版社 2001 年，第 306 頁。

其不感人者亦多矣」。而就學說而言，「非一往不可感人」。且感人與否是就接受而言，因而是否感人就只能依接受者的實際情況而言，「凡感於文言者，在其得我心」，卻並非「文」自身的特性所在。〔註76〕

章太炎此舉，顯然是針對西方文學觀念而發。當時傳入中國的西方文學觀，正是重視文學作品的感染力，從情感的層面來強調文學的特性。劉師培對此持肯定態度，但是章太炎卻表示了懷疑，當他回到包羅萬有之「文」時，體現出強烈的復古取向，似乎與時代潮流極不合拍。其實章氏此舉，用心良苦：在他看來，西學東漸，人心不古，國學淪喪，他以意大利文藝復興為榜樣，希望通過小學復興而達到以古為新、以古求新的目的，這就是他曾論及的「文學復古」。

1906 年，章太炎曾特別提到，「可惜小學日衰，文辭也不成個樣子，若是提倡小學，能夠達到文學復古的時候，這愛國保種的力量，不由你不偉大的」，又說「彼意大利之中興，且以文學復古為之前導，漢學亦然，其於種族，固有益無損已」。〔註77〕章太炎所說的「文學」，其實是學術。在他看來，「文學」是國粹，而國粹是一國存立的根本，國粹包括了語言文字、典章制度和人物事蹟三項。〔註78〕因而復興漢學以促使國人重新重視漢語漢字作為國粹的重要性，達到保種的目的，就成為章太炎的思路。正是因為一再強調國學應獨立於政治，身為革命人士的章太炎，才會有如此看似保守的言論。這樣就不難理解身為革命派的章太炎，何以同時又是國粹學派的重要人物。為此，章太炎撰寫《新方言》等著作，探尋古音古義，與倡言廢除漢字、改用萬國新語的吳稚暉等人發生激烈爭辯，都體現出章太炎強烈的現實關懷。

三、「表象」與「情性」：章太炎對文學特性的理解

章太炎論「文」，雖然是最為寬泛的，但是這並不意味著他完全忽視作為藝術的「文學」的特性。在區分「文章」與「彣彰」時，章太炎顯然也注意到了有一類注重語言文辭之美的作品的存在，從這個意義上講，他所說的「彣彰」

〔註76〕 章炳麟：《國故論衡‧文學總略》，郭紹虞主編：《中國歷代文論選》（第四冊），
上海古籍出版社 2001 年，第 306～307 頁。
〔註77〕 湯志均編：《章太炎政論選集》（上冊），中華書局 1977 年，第 277 頁、第 310
頁。
〔註78〕 1906 年，章太炎在《東京留學生歡迎會演說詞》中將國粹分為三項：「一是語
言文字，二是典章制度，三是人物事蹟」。湯志均編：《章太炎政論選集》（上
冊），中華書局 1977 年，第 276 頁。

就相當於具有審美特性的「文學」。針對這一現象，與劉師培一樣，他也使用了「表象」這一術語：「若動靜形容之字，諸有形者已不能物爲其號，而多以一言概括；諸無形者則益不得不段藉以爲表象，是亦勢也。」〔註79〕因此表象不是徵實，「文彰」就不是以求眞爲目的，這正是文學偏重「文言」的體現：

> 文辭愈工者，病亦愈劇。是其分際，則在文言質言而已。文辭雖以存質爲本幹，然業曰『文』矣，其不能一從質言，可知也。〔註80〕

但是，對於文學偏於「文言」因而側重「表象」，章太炎的態度與劉師培不同，後者是持肯定態度，章太炎卻持否定態度，所說「言語者本不能與外物混合，則表象固不得已」，但「生人思想，必不能騰躍於表象主義之外。有表象主義，即有病質馮之」，故而「文益離質，則表象益多，而病亦益篤」，「表象既多，鄙倍斯甚」〔註81〕，這與他偏重「文章」而非「文彰」、強調「修辭立誠」的態度是完全一致的。

按此思路，似乎可以得出這樣的結論：章太炎會否定阮元、劉師培極力讚美的六朝文學。但事實恰恰相反，章太炎其實非常欣賞六朝文章。早在1910年，章太炎就表示：「余以爲持誦《文選》，不如取《三國志》、《晉書》、《宋書》、《弘明集》、《通典》觀之，縱不能上窺九流，猶勝於滑澤者。」但是章太炎愛好的是六朝散文而非駢文，王弼、范縝、范曄、阮籍、嵇康的作品都深得他的讚賞。六朝文章對章太炎的文風也具有極大的影響：《太炎先生自定年譜》中提到「既復綜覈名理，乃悟三國兩晉文誠有秦漢所未逮者，於是文章漸變」；《自述學術次第》也稱：「三十四歲以後，欲以清和流美自化。讀三國兩晉文辭，以爲至美，於是體裁初變。」章太炎的重要著作如《訄書》正是借鑒「三國兩晉文辭」的產物。〔註82〕

之所以如此，首先是因爲章太炎對六朝之學（魏晉玄學）的肯定，以學爲根基，文章才不會流於空疏，也才能做到文質兼備；其次與他對「情性」的重視有關。章太炎認爲「自唐以來，論文皆以氣爲主。氣之盛衰，不可強

〔註79〕章太炎：《訄書重訂本・訂文・正名雜義》，《章太炎全集》（第3卷），上海人民出版社1984年，第213頁。

〔註80〕章太炎：《訄書重訂本・訂文・正名雜義》，《章太炎全集》（第3卷），上海人民出版社1984年，第214～215頁。

〔註81〕章太炎：《訄書重訂本・訂文・正名雜義》，《章太炎全集》（第3卷），上海人民出版社1984年，第213～215頁。

〔註82〕本段引文及論述參考了陳平原：《中國現代學術之建立——以章太炎、胡適之爲中心》，北京大學出版社1998年，第350～351頁。

爲。大抵見理清、感情重，自然氣盛」，「論感情，亦古人重於後人」。他曾就《顏氏家訓》中的「別易會難，古人所重；江南餞送，下泣言離」及梁武帝的臨別贈語爲例，指出「非獨愛別離如此，即杯酒失意，白刃相仇，亦惟深於感情者爲然」〔註83〕。之前一直被視爲訓誡之書的《顏氏家訓》，在章太炎的讀解中，方才顯示出文學的意味來。而章太炎以「情性」爲文學要素的看法，更集中地體現在他的《國故論衡・辨詩》中。

在《辨詩》中，章太炎明確指出詩歌之本在於「情性」：

> 語曰：「在心爲志，發言爲詩。」此則吟詠情性，古今所同，而聲律調度異焉。〔註84〕

> 宋世詩勢已盡，故其吟詠情性，多在燕樂。……要之，本情性，限辭語，則詩盛；遠情性，憙雜書，則詩衰。〔註85〕

從情性出發，章太炎猛烈抨擊背離情性的做法：「近體昌狂，篇句填委，淩雜史傳，不本情性。」〔註86〕詩歌之所以必須本於情性，章太炎的理由是詩這種文體，有其自身的功能：「蓋詩賦者所以頌善醜之德，泄哀樂之情也，故溫雅以廣文，興諭以盡意。」從這種文體觀念出發，章太炎指出有兩個方面的問題需要避免：一是以「學」爲文，因爲對詩而言，「情性之用長，而問學之助薄也」；二是用典：「詩又與議奏異狀，無取數典。」〔註87〕

由上可見，章太炎對「文學」的特徵，還是深有會心的，而且以情性爲本，就不像他一再強調的爲文當以「學」爲先。章太炎還對用典問題格外關注，阮元和劉師培雖然都提到「沉思翰藻」，可是他們都忽視了「沉思」，對於用典問題沒有涉及。章太炎倒是涉及了，但卻完全加以否定。而這一點後來也爲錢玄同等人所繼承。

說到這裡，還需提及章太炎對「言文一致」的態度。在這個問題上，章

〔註83〕章太炎：《文學略說》，《國學講演錄》，華東師範大學出版社1995年，第245頁。

〔註84〕章太炎：《國故論衡・辨詩》，郭紹虞主編：《中國歷代文論選》（第四冊），上海古籍出版社2001年，第111頁。

〔註85〕章太炎：《國故論衡・辨詩》，郭紹虞主編：《中國歷代文論選》（第四冊），上海古籍出版社2001年，第113頁。

〔註86〕章太炎：《國故論衡・辨詩》，郭紹虞主編：《中國歷代文論選》（第四冊），上海古籍出版社2001年，第112頁。

〔註87〕章太炎：《國故論衡・辨詩》，郭紹虞主編：《中國歷代文論選》（第四冊），上海古籍出版社2001年，第112頁。

太炎十分審慎。「言文一致」主張落實爲漢字拼音化和白話代文言兩條途徑，章太炎其實都不贊同，但是他對待這兩條途徑的態度也有區別：對於前者，他堅決反對，由此發生了和《新世紀》派之間的激烈論戰。但是他也承認漢字有不足，創制了三十六「紐文」（聲母）和二十二「韻文」（韻母），爲國語運動所採用；對於後者，章太炎的態度則比較複雜。從思想文化的傳承講，他不贊同白話文運動，但也不反對，甚至還有意寫白話文。他有自己的考慮，在他看來，「今之里語，合於《說文》、《三倉》、《爾雅》、《方言》者正多。」〔註88〕各地方言中保存了較多的古語，這是理解中國傳統文化的重要途徑。因此，回歸到方言俗語，就可以實現「言文一致」：

> 俗士有恆言，以言文一致爲準，所定文法，率近小說、演義之流。其或純爲白話，而以蘊借溫厚之詞間之，所用成語，徒唐、宋文人所造。何若一返方言，本無言文歧異之征，而又深契古義，視唐、宋儒言爲典則耶？〔註89〕

章太炎還指出了具體的方案：「果欲文言合一，當先博考方言，尋其語根，得其本字，然後編爲典語，旁行通國，斯爲得之。」〔註90〕

這一點在 1908 年所作的《新方言》中也得到了印證，錢玄同曾提到「章先生於 1908 年，著了一部《新方言》。他說考中國各地方言，多與古語相合。那麼，古代的話，就是現代的話，現代所謂古文，倒不是古。不如把古語代替所謂古文，反能古今一體，言文一致。這在現在看來，雖然覺得他的話不能通行，然而我得了這『古今一體，言文一致』之說，便絕對不敢輕視現在的白話，從此種下了後來提出倡白話文之根。」〔註91〕章太炎的這一說法確實頗具新意：古文不過是古代之街談巷語，古文的神聖光環就被摘掉了；而如今的方言俗語這些大白話，或許在多年後又成爲了古語，所以不可輕視。從這個意義上講，章太炎所提出的「古今一體，言文一致」同樣具有了語言變革的意義，與白話文運動倒是殊途同歸了。

〔註88〕章太炎：《論漢字統一會》，《章太炎全集》（四），上海人民出版社 1984 年，第 320 頁。

〔註89〕章太炎：《論漢字統一會》，《章太炎全集》（四），上海人民出版社 1984 年，第 320 頁。

〔註90〕章太炎：《博徵海內外方言告白》，湯志均編：《章太炎年譜長編》，中華書局 1979 年，第 266 頁。

〔註91〕轉引自姚奠中、董國炎：《章太炎學術年譜》，山西古籍出版社 1996 年，第 195 頁。

　　不僅如此，章太炎也在多個場合下採用了白話文，有學者指出，「章太炎對白話文的態度是功利的，和梁啓超一樣，他也有利用白話作爲工具的實際需求：一方面革命思想的傳播需要他用白話文；另一方面，宣傳國學，激勵種性，讓更多的人瞭解國學、接受國學，他也需要利用白話文」。〔註92〕1910年，錢玄同與章太炎創辦《教育今語雜誌》，旨在向一般失學的人灌輸文學歷史等國學常識，提倡種族革命思想。刊名中所謂「今語」即爲白話，所刊文章都是白話文。〔註93〕

　　綜上所述，章太炎對「文」之義的探求其實並非單純復古，其背後有章太炎強烈的排滿革命、愛國保種、復興國學的熱情爲支撐。只是在這種觀念的指引下，章太炎探求「文」之古義，體現的仍然是古文經學的思路，是以古爲尊，因而客觀上對文學的獨立與發展並沒有起到太大的促進作用。

　　儘管章太炎對「文」的界說沒有得到廣泛支持，但他對從語言形式入手探求「文」義和對「感人」說的反駁，他的「情性」說，都有助於人們更深入、更全面地思考文學的本質。

　　六朝時的文筆之辨已經使「文」、「言」、「筆」的涵義和特徵有了一定的展現，而阮元重新接續文筆之辨，劉師培、章太炎直至四十年代學界對這一問題不斷地推波助瀾，都促使人們對「文」的認識不斷深化。而在這一過程中阮元、劉師培、章太炎對六朝文學的重新挖掘，也具有重要的意義，雖然章太炎與劉師培有不少觀點相左，但是二人在學術和私交上也曾融洽。對於後學而言，阮、劉與章太炎其實各具影響力。阮、劉從語言出發肯定了六朝駢文的成就，甚至將其樹立爲榜樣，重視文之翰藻，以致黃侃也要在阮元與業師之間加以折衷；相比阮、劉，章太炎則更欣賞六朝散文，這一點對於章門弟子影響甚深，而這一批弟子後來也恰恰成爲「文學革命」的中堅力量。正如陳平原所說，「周作人之追慕六朝文人及文章，有許多自我陳述，不待後人搜奇索隱」；而魯迅更是如此，「關於『文筆之辨』的敘述，以及對『文學的自覺』之體認，可見劉師培的影響；至於關注魏晉風度，尤其是爲人的徑行獨往與爲文的清峻通脫，則主要得益於章太炎」。〔註94〕魯迅對魏晉文學的

〔註92〕何榮譽：《「言文一致」背景下的章太炎》，《雲夢學刊》2007年12月增刊。
〔註93〕參見沈永寶：《論錢玄同的「白話體文學說」》，《復旦學報》2000年第3期。
〔註94〕陳平原：《中國現代學術之建立——以章太炎、胡適之爲中心》，北京大學出版社1998年，第348～349頁。

研究，得益於劉師培者甚多，而且他的《魏晉風度及文章與藥及酒之關係》，就是直接受到了劉師培的影響。〔註95〕

第三節 「五四」前後的「言」「文」論辯與現代 「文學」觀念的發生

「文筆之辨」所引發的對於「文學」特徵的探究，推動了現代「文學」觀念的發生，但這也意味著僅僅一般性地強調文學作品的語言形式之美還是不夠的。現代的文學觀念，就在於一方面承認甚至突出語言形式的獨立地位，另一方面還要將語言與思想、情感結合到一起，將它們作爲文學的審美要素，才能使文學從文章中分離出來。在此過程中，有三個事件值得關注：一是「五四」前夕發生在北京大學的《文選》派與桐城派之爭；二是錢玄同提出著名的口號「選學妖孽」與「桐城謬種」；三是《新青年》上區分文學之文與應用之文的討論。

《文選》派與桐城派之爭是中國近代學術史和文學史上的一個著名事件，這一事件的起因是 1913 年以後章門弟子大舉進入北京大學，與主宰北大文科的桐城派發生了矛盾。這一事件的結局是桐城派喪失了在北大的話語權，《文選》派取得了勝利。〔註96〕而從更深層來看，這一事件實際是阮元發動的文筆之辨的延續，《文選》派的勝利，使得現代意義上的文學觀念和文學史研究成爲可能。

1934 年，章太炎在蘇州「章氏國學講習會」講學，在《文學略說》部分，專門提及了當年的這一事件：

> 阮芸臺妄謂古人有文有辭，辭即散體、文即駢體，舉孔子《文

〔註95〕陳平原：《作爲文學史家的魯迅》，王瑤主編：《中國文學研究現代化進程》，北京大學出版社 1998 年，第 83～84 頁。

〔註96〕關於這一論爭，可參看錢基博：《現代中國文學史》，上海書店出版社 2007 年，第 129～133 頁、第 136～141 頁；周勳初：《黃季剛先生〈文心雕龍札記〉的學術淵源》，黃侃撰、周勳初導讀：《文心雕龍札記》，上海古籍出版社 2000 年，第 1～2 頁；汪春泓：《論劉師培、黃侃 姚永樸之〈文選〉派與桐城派的紛爭》，《文學遺產》2002 年第 4 期；汪春泓：《由近代〈文選〉派與桐城派紛爭聯想到新詩學建設》，《中國詩歌研究》（第一輯），中華書局 2002 年，第 281～286 頁；郭院林：《〈文選〉派與桐城派之爭背後的學術背景》，《北京大學研究生學志》2006 年第 3 期。

言》以證文必駢體，不悟《繫辭》稱辭，亦駢體也。劉申叔文本不
工，而雅信阮說。余弟子黃季剛初亦以阮說為是，在北京時，與桐
城姚仲實爭，姚自以老耄，不肯置辯。或語季剛：呵斥桐城，非姚
所懼；詆以末流，自然心服。其後白話盛行，兩派之爭，泯於無形。
由今觀之，駢散二者本難偏廢。頭緒紛繁者，當用駢；敘事者，止
宜用散；議論者，駢散各有所宜。不知當時何以各執一偏，如此其
固也。〔註97〕

照章氏所言，當年由黃侃主動發起的進攻，並沒有得到桐城派正面的回應，
因而這場論爭沒有真正展開。但是這並不意味著兩派之間就沒有內在的分
歧，而且這一分歧作為清代駢散之爭的繼續，承阮元「文筆之辨」餘緒，「顯
示的是文學與非文學的根本區別」〔註98〕，其間的意義自然非同小可。

　　1901 年吳汝綸被掌學大臣張百熙推舉為京師大學堂總教習，京師大學堂
於 1902 聘任嚴復為譯書局總辦，郭立山、林傳甲和楊昭凱為首批國文教習，
之後亦有桂邦傑、錢葆青和劉焜加入國文教習行列。自 1903 年始，林紓在
五城學堂任總教習之餘，還任職於京師大學堂譯書局，擔任筆述。他們九人
是中國文學學科史上第一批文學教習，但是此時的「文學」只限於古文，他
們的身份也決定了他們只能在現代的文學學制中進行傳統的文學教育。

　　1906 年起，桐城派古文家的勢力開始在京師大學堂文科居於優勢。這年
8 月，支持桐城派的林紓進入京師大學堂任教，擔任預科和師範館的經學教
員。1910 年 2 月，京師大學堂劃分經學科和文學科，文學科自 1910 年開始聘
請教員，林紓改教大學經文科。1912 年，嚴復被正式任命為京師大學堂總監
督，接管大學堂事務。5 月，京師大學堂改名為北京大學，嚴復成為北京大學
歷史上第一位校長。在嚴復主持北大期間（1912 年 2 月至 10 月），他聘用了
不少桐城派人士，邀請姚永概出任北大文科學長，桐城派的馬其昶、姚永樸
等先後進入北大任教。

　　北大文學科主要是桐城派佔據學術優勢，而且 1912 年經學科併入文學
科，文學科由桐城派把持，桐城派自此在北大講臺穩居上風。陳萬雄甚至直

〔註97〕章太炎：《文學略說》，《國學講演錄》，華東師範大學出版社 1995 年，第 242
　　　　～243 頁。
〔註98〕陳方競：《多重對話：中國新文學的發生》，人民文學出版社 2003 年，第 389
　　　　頁。

言：「不僅從主事者和制度的變換，從學校文風的消長，也透露了民國以後北大的嬗變脈絡。清末的京師大學堂時代，先後主持總教習的吳汝綸、張筱浦；譯書局總辦的嚴復，副總辦的林紓；民初任文科教務長姚永概、汪鳳藻、馬其昶、陳衍、宋育仁在當時文壇上都是桐城古文派的中堅分子。其時主宰北大文風自然是桐城古文派。這種桐城古文獨尊的形勢到胡仁源掌校政，夏元瑮（浮筠）和夏錫琪分別主持理科和文科學長才扭轉過來。」〔註99〕

1912 年 10 月嚴復去職，離開北大。1913 年，何燏時、胡仁源相繼擔任北大校長，形勢開始發生變化。1913 年，北京大學聘請章太炎前往講授音韻、文字之學，章太炎並未前去，而是推薦自己的弟子黃侃，成為這場論爭的導火線。

章太炎本人對駢散之爭其實不以為然：「駢文、散文，各有短長。言宜單者，不能使之偶；語合偶者，不能使之單」，「駢散二者本難偏廢。頭緒紛繁者，當用駢；敘事者，止宜用散；議論者，駢散各有所宜」〔註100〕。

但在具體觀點上，他既不贊成阮元對「文」的界說以及獨尊駢體，又對桐城派的古文及其理論主張不太贊同，他認為「江淮間治文辭者，故有方苞、姚範、劉大櫆，皆產桐城，以效法曾鞏、歸有光相高，亦願尸程朱為後世，謂之桐城義法。震為《孟子字義疏正》，以明材性，學者自是薄程朱。桐城諸家，本未得程朱要領，徒援引膚末，大言自壯。故猶被輕蔑。範從子姚鼐，欲從震學；震謝之，猶亟以微言匡飾。鼐不平，數持論詆樸學殘碎」〔註101〕。古文家的神聖面紗由此被揭下。

1913 年何燏時任北大校長後，謀求對學校加以整頓，於是林紓與姚永概、馬其昶等人因人事糾紛與文派之爭，一同離開北大。胡仁源主政之初，陸續聘用馬敘倫、朱希祖、黃侃、錢玄同、馬裕藻、沈兼士、沈尹默、朱宗萊等人，包括胡仁源在內，文學科聘任的教員幾乎都是章太炎的弟子。章門弟子一舉佔領了北大文科陣地。1916 年蔡元培繼任北大校長之後，繼續聘任章門弟子周作人、劉文典，1920 年，魯迅也進入北大講授「中國小說史」和「文學概論」。除了章門弟子之外，蔡元培還聘任陳獨秀、胡適、劉半農等新派人

〔註99〕陳萬雄：《五四新文化的源流》，三聯書店 1997 年，第 26 頁。

〔註100〕章太炎：《國學講演錄·文學略說》，華東師範大學出版社 1995 年，第 241 頁、第 243 頁。

〔註101〕章太炎：《訄書》（重訂本），《章太炎全集》（三），上海人民出版社 1984 年，第 157 頁。

物及章士釗、吳梅、黃節、劉師培等舊學名家。而後來章門弟子也發生了分化：一部分人思想較爲激進，成爲後來文學革命的先鋒和主將，如魯迅、周作人、錢玄同、沈兼士、劉文典等；另一部分則依然進行傳統的學術研究，還有一部分則是「中間派」。〔註102〕

在這場實際未曾正面展開的較量中，黃侃無疑是最引人注目的。1914～1919年，黃侃任教於北京大學。他在北大講授《文心雕龍》，後來講義匯成《文心雕龍札記》一書，這是他的代表作，也在學界贏得了廣泛的聲譽，成爲《文選》派的學術名著之一。

黃侃本是章太炎的弟子，他赴日本留學時，章太炎正在日本主持《民報》，從事反清活動。1907年，黃侃向《民報》投稿，開始追隨章太炎。1910年，章太炎在東京講學，黃侃正式投入其門下。但是，在文學觀念上，黃侃卻傾向於劉師培。有意思的是，不僅劉師培與章太炎曾有私交，而且黃侃與劉師培的交情也不錯。1907年，黃侃與劉師培相識。當他在北大任教後，1917年劉師培也進入北大講授中古文學史、《文心雕龍》等課程。黃侃雖與劉師培年紀相仿，但是他認爲自己在經學上不如劉師培，於是在1919年拜劉氏爲師。因此，劉師培申說阮元的見解，抨擊桐城派，提出自己對文學的理解，這些不可能不對黃侃產生重要影響。

黃、劉二人在北大同講文學，使《文選》派一舉佔領北大講壇。而姚永樸也恰在同一年（1917年）離開北大，象徵著桐城派自此退出北大講臺。北大風氣自此發生逆轉，所推崇者由唐宋古文轉變爲魏晉六朝文。

面對章太炎與阮元的分歧，黃侃折衷二者，提出了自己的意見：「竊謂文辭封略，本可弛張，……若夫文章之初，實先韻語；傳久行遠，實貴偶詞；修飾潤色，實爲文事；敷文摛採，實異質言；則阮氏之言，良有不可廢者。……然則拓其疆宇，則文無所不包，揆其本原，則文實有專美。」〔註103〕從這裡可以看出，黃侃其實更傾向於劉師培。

當然，這場爭鬥並不能僅僅視爲桐城派的節節敗退。事實上，桐城派在

〔註102〕沈尹默在《我和北大》中說：「太炎先生的門下可分三派。一派是守舊派，代表人是嫡傳弟子黃侃，這一派的特點是：凡舊皆以爲然。第二派是開新派，代表人是錢玄同、沉兼士，玄同自稱疑古玄同，其意可知。第三派姑名之曰中間派，以馬裕藻爲代表，對其它兩派依違兩可，都以爲然。」陳平原、夏曉虹編：《北大舊事》，三聯書店1998年，第166頁。
〔註103〕黃侃：《文心雕龍札記》，上海古籍出版社2000年，第10頁。

北大時也出現了一些新的氣象，這使得桐城派與新文學之間的關係也顯得更為錯綜複雜。胡適在《五十年來中國之文學》中，已經提到桐城文章是有用的，因為是通順的文章；周作人在《中國新文學的源流》也提到了後期桐城派特別是嚴復、林紓與新文學之間的關係。更重要的是，嚴復、林紓的一些舉措和著述也的確與桐城宗旨有所背離。如嚴復將經學科併入文學科，嚴復對文學「移情遺意」的關注、林紓以古文譯小說、將桐城之文還原為文人之文等。〔註 104〕因此，在新文學發展的路途中，桐城派和《文選》派其實都各自起到了一定的作用。

但是，兩派相爭，最後的結果卻是「其後白話盛行，兩派之爭，泯於無形」。因為新文化陣營異軍突起並將兩派統統打入反動陣營，最著名的莫過於錢玄同提出的口號——「選學妖孽」與「桐城謬種」，這兩個口號則是因胡適發動的文學革命而提出的。

1917 年，胡適在《新青年》上發表《文學改良芻議》，他批判的靶子是「今日之文學」，而火力又集中於駢文、律詩，原因是駢文、律詩「不講文法」故而「不通」，還有就是「言之無物」，〔註 105〕因而胡適大力號召「廢駢廢律」。但如果從深層來看，則胡適此文涉及到自古有之的文質之爭。胡適認為文勝質則弊害叢生，導致言之無物、只關注聲調字句，而駢文律詩就是「文勝之極」的體現〔註 106〕，因而他力圖矯正這一弊端，但是他並不是要回到「文以載道」的路上，而是在廢駢廢律的旗幟下表示出反傳統、反復古的決心，正如有論者所揭示的：

> 文質之爭在中國由來已久。當胡適為新的文學革命發難，他將「文學墮落之因」以『『文勝質』一語包之」（《寄陳獨秀》）。胡適所言文學革命「八事」，幾乎每一「事」都與「廢駢」有關。「文當廢駢」的主張與「以白話為正宗」構成了一場語言文學變革破壞與建設的兩個相輔相成相呼應的側面。胡適等「五四」先驅是把駢文作為古典文學的代表來看待的。作為中國古典文學的一個獨特品種，駢文確實反映

〔註 104〕 參見陳方競：《多重對話：中國新文學的發生》，人民文學出版社 2003 年，第 386～387 頁。

〔註 105〕 胡適：《文學改良芻議》，胡適編選：《中國新文學大系·建設理論集》，上海文藝出版社 2003 年影印本，第 37 頁、第 41～42 頁。

〔註 106〕 胡適：《文學改良芻議》，胡適編選：《中國新文學大系·建設理論集》，上海文藝出版社 2003 年影印本，第 35 頁、第 41 頁。

著古典文學某些被發展到了極致的特徵。如果我們能理解「五四」先
驅對駢文的貶斥，便也能理解 1912～1919 年間文人們對駢文的偏
愛。已經感受到古典文學落日餘輝的人們不約而同地表現出了對古典
詞語美的慕戀和依戀，他們將剩餘的才情賦予最具古典特色的文體，
去實現對古典性審美情趣的難以割捨的追求。〔註107〕

但筆者在這裡還想補充的是，胡適雖然以駢文爲古典文學的代表，通過廢駢
傳達出變革的渴望。但是他爲何獨獨選中了駢文？恐怕還不只是因爲駢文
「作爲中國古典文學的一個獨特品種」，「反映著古典文學某些被發展到了極
致的特徵」，應該還與胡適本人的立場有關，也就是說，在「反傳統」這一
總體性立場之下，新文化陣營的具體思路恐怕未必全然一致。胡適雖然提倡
白話文，以文學形式的變革爲旗號，但他對文學形式之於文學的意義恰恰是
隔膜的。正如他後來在《中國新文學大系‧建設理論集》「導言」中所說的，
文學形式不過是工具，只有先變革工具，才能變革文學的內容。因此，文學
的內容（情感、思想等）與形式在胡適那裡就是分離的、二元的。從這樣的
思路出發，胡適是很難眞正認識到語言對於文學所具有的重大意義的。對於
胡適而言，他更強調的是駢文律詩的「言之無物」與因不講文法而導致的「不
通」。「物」中的「情感」爲「文學之靈魂」，「言之有物」意味著有「高遠之
思想」、「眞摯之情感」，這與西方的純文學觀已經十分接近，而講求文法使
文能「通」，更能體現出西方觀念的影響了。

當然，自胡適率先發難以後，駢文就成了新文化陣營攻擊的目標了，這
已經注定了它日後的命運。陳獨秀的《文學革命論》則繼而將前後七子和歸
有光、方苞、姚鼐、劉大櫆打爲「十八妖魔」，將「今日吾國文學」之弊端歸
咎於「桐城派」、「駢體文」與「江西派」〔註108〕。

錢玄同的說法就更特別了，對於胡適的主張，他最早起而響應，明確指
出文學革命的對立面就是「選學妖孽」與「桐城謬種」，此說最早見於 1917
年 2 月 1 日的《新青年》2 卷 6 號：

具此識力，而言改良文藝，其結果必佳良無疑。惟選學妖孽，
桐城謬種，見此又不知若何咒罵，雖然得此輩多咒罵一聲，便是價

〔註107〕劉納：《1912～1919：終結與開端》，《中國現代文學研究叢刊》1998 年第 1 期。
〔註108〕陳獨秀：《文學革命論》，胡適編選：《中國新文學大系‧建設理論集》，上海
　　　　文藝出版社 2003 年影印本，第 45～46 頁。

值增加一分也。〔註109〕

自此之後，「選學妖孽」與「桐城謬種」就屢見於錢玄同的文章〔註110〕，成爲新文學陣營加在舊文學頭上的頗有特色的標籤。直到1934年，錢玄同和周作人《五十自壽詩》，仍然有「腐心桐選誅邪鬼，切齒綱倫打毒蛇」這樣的句子。後來他又將這兩句改爲「推翻桐選驅邪鬼，打倒綱倫斬毒蛇」〔註111〕。終其一生，錢玄同對「選學妖孽」與「桐城謬種」始終不肯寬容，也可見出他對自己能提出這樣的口號是深感得意的。

當然，如果僅僅只是「謾罵」〔註112〕，那麼新文學對桐城派和駢文的抨擊還是無以立足的。錢玄同在舊文學中挑出這兩者加以批判，自有其道理所在。從最初提出「選學妖孽」與「桐城謬種」，錢玄同就表示了自己的取向：胡適「斥駢文不通之句，及主張白話體文學說最精闢」。〔註113〕顯而易見，他最爲看重的還是胡適的白話文主張，這也就是劉納所說的，「『文當廢駢』的主張與『以白話爲正宗』構成了一場語言文學變革破壞與建設的兩個相輔相成相呼應的側面」。〔註114〕

表面上，錢玄同的主張似乎與胡適完全一致，但實際情形並非如此，他有著自己的內在思路。首先，胡適攻擊的主要對象是駢文和律詩，而律詩在其他人那裡並沒有受到像胡適這樣的攻擊，駢文則始終成爲受責者。胡適在《文學改良芻議》中也沒有集中批判古文，只是點到了明代的八股文及七子的復古。因爲胡適此文，主要論及「言之有物」和「文法」，強調內容充實、

〔註109〕錢玄同：《贊文藝改良附論中國文學之分期》，《錢玄同文集》（第一卷），中國人民大學出版社1999年，第1頁。
〔註110〕錢玄同屢屢提到「選學妖孽」與「桐城謬種」，即使沒有使用這樣的字眼，他對古文和駢文也往往是一併抨擊。見《錢玄同文集》（第一卷），中國人民大學出版社1999年，第10頁、第31頁、第43頁、第89～90頁、第116頁、第162頁、第190頁，第六卷第99頁等。
〔註111〕參見陳平原：《中國現代學術之建立——以章太炎、胡適之爲中心》，北京大學出版社1998年，第377頁。另見《錢玄同文集》（第六卷），中國人民大學出版社1999年，第81頁注釋②。
〔註112〕錢玄同也承認自己對二者是「謾罵」而非溫和的「不贊成」。見錢玄同：《文字改革及宗教信仰》，《錢玄同文集》（第一卷），中國人民大學出版社1999年，第190頁。
〔註113〕錢玄同：《贊文藝改良附論中國文學之分期》《錢玄同文集》（第一卷），中國人民大學出版社1999年，第1頁。
〔註114〕劉納：《1912～1919：終結與開端》，《中國現代文學研究叢刊》1998年第1期。

文章通順，反而沖淡了提倡白話文學的鋒芒，而古文更是沒有受到集中批判。陳獨秀、錢玄同的文章則彌補了這一不足，抓住了古文而大加撻伐；

其次，胡適在《文學改良芻議》中提出了「八事」，但是他的主張還是顯得較爲寬泛、模糊，削弱了白話文主張的力度。而錢玄同在致陳獨秀的信中，挑出「不用典」一項大加發揮：「胡君『不用典』之論最精，實足袪千年來腐臭文學之積弊」，認爲「用典」爲傳統文學最大的弊端，強調語言運用的自然，而這種自然又是爲情感的眞切表達、境況的眞實描繪服務的：「弟以爲古代文學，最爲樸實眞摯。始壞於東漢，以其浮詞多而眞意少也」。因此他「以爲凡用典者，無論工拙，皆爲行文之疵病」，反對用典不僅是語言運用上的考慮，更是反對崇古復古的需要，這是新文學要掃清的首要的障礙。錢玄同認爲，行文爲這種形式所束縛，特別是將其變成一種癖好，這是必須加以反對的：

> 阮元以孔子《文言》爲駢文之祖，因謂文必駢儷。（近人儀徵某君即篤信其説，行文必取駢儷。嘗見其所撰經解，乃似墓誌。又某君之文，專務改去常用之字，以同訓詁之隱僻字代之，大有「夜夢不祥，開門大吉」改爲「宵寐匪禎，闢牐洪庥」之風，此又與用僻典同病。）則當詰之曰，然則《春秋》一萬八千字之經文，亦孔子所作，何緣不作駢儷？豈文才既竭，有所諱短乎？〔註115〕

錢玄同此論，自然是對《文選》派的重大打擊。在他看來，要眞正袪除用典之習氣，則必須推行白話文：「白話中罕有用典者。胡君主張採用白話，不特以今人操今語，於理爲順，即爲驅除用典計，亦以用白話爲宜。蒙於胡君採用白話之論，固絕對贊同者也。」〔註116〕

錢玄同此論具有重要意義，將胡適的「廢駢」進一步落實到了「廢典」上。胡適在舉出「八事」之時，對於文學形式的認識其實只是從效用出發，求文章之「通」，卻不是從文學自身的需要與特性出發。錢玄同挑出「用典」，才觸及到了問題的實質：用典是一種修辭手法，能賦予文本厚重的歷史感，將世代累積的審美感觸延續下去。但是用典又不僅僅是一種修飾，它同時體

〔註115〕錢玄同：《反對用典及其他》，《錢玄同文集》（第一卷），中國人民大學出版社1999年，第7頁。

〔註116〕錢玄同：《反對用典及其他》，《錢玄同文集》（第一卷），中國人民大學出版社1999年，第5頁。

現出用典者對「古」的認同與理解，但如果只是爲用典而用典，則會顯示出崇古復古的心態，從文學的內部侵蝕文學。因此，錢玄同反對用典，是從反覆古的根基出發，從而使白話文主張具有了鮮明的現代意義。在《論應用文之亟宜改良》中，錢玄同舉出「改革之大綱十三事」，其中第六條爲「絕對不用典」〔註117〕，體現出其主張的一貫性。

但是，錢玄同此文攻擊桐城派與《文選》派，卻並不糾纏於駢散之爭，而是要求廢典、廢律詩，因爲在他看來，「若駢散之事，當一任其自然，如胡君所謂『近於語言之自然而無牽強刻削之跡』者，此等駢句，自在當用之列」。因此，他將當世「桐城鉅子」、「選學名家」之文統統斥爲「高等八股」，意不在駢散，而在其復古擬古。在這樣的基礎上，他標舉白話，以此認定語錄、詞曲爲「今後言文一致之起點」。〔註118〕凡此種種，體現出與胡適主張不小的差異：錢玄同顯然是從文學自身的理路出發，見出「用典」等文學內部存在的弊端與積習對文學的腐蝕與戕害，這恐怕比併不關注文學、只強調「文以載道」的桐城派危害更甚，是必須加以警惕的。

當然，錢玄同思路的眞正展開和系統闡述，還是要等到 1918 年 1 月他爲胡適的《嘗試集》作序的時候。他在此文提到的「言文一致」有兩個方面的意思：一是國語的創制，要折衷白話文言，創造「言文一致」的語言。這裡所謂的「言文一致」可以理解爲文言和白話的合一；二是指語言和文字的一致。錢玄同此文主要是談後一方面，他認爲上古時代（周秦及以前）本是「言文一致」，但是後來言文分離，其中的原因他認爲有兩點：一是「給那些獨夫民賊弄壞的」，二是「給那些文妖弄壞的」。他所說的「文妖」有兩類，第一類就是從揚雄、建安七子到六朝駢文、《文選》直至《文選》派，第二類是從歐陽修到明清以來的「桐城派」。錢玄同「捉妖」的目的，就是要指出：

> 這兩種文妖，是最反對那老實的白話文章的。因爲做了白話文章，則第一種文妖，便不能賣弄他那些垃圾的典故，肉麻的詞藻；第二種文妖，便不能賣弄他那些可笑的義法，無謂的格律。並且若

〔註117〕錢玄同：《論應用文之亟宜改良》，《錢玄同文集》（第一卷），中國人民大學出版社 1999 年，第 27 頁。

〔註118〕錢玄同：《反對用典及其他》，《錢玄同文集》（第一卷），中國人民大學出版社 1999 年，第 7 頁、第 10 頁。

> 用白話做文章，那麼做文章的人必定漸多，這些文妖，就失去了他
> 那會做文章的名貴身份，這是他最不願意的。〔註119〕

錢玄同將用典的「選學妖孽」列為第一種文妖，此前又將「用典」列為傳統文學的最大弊端，足見他對「選學」憎惡之深。而他對白話文的堅持，更能見出他與胡適內在思路的分歧，因為他強調「現在做白話韻文，一定應該全用現在的句調，現在的白話」，古白話發展到如今，也已經成為古語，因而「即使偶然做個曲子，也該用現在的白話，決不該用元朝的白話」〔註120〕。區分出古白話與現代白話，強調以現代白話表達現代思想與情感，可見錢玄同的思考已經達到了相當的深度。

對於「選學」之危害，魯迅同樣有著深切的體會。魯迅對於白話文學的主張，是終生堅持的。直至1933年，他仍提起當年的「選學妖孽」與「桐城謬種」，事件的起因是施蟄存開具了《莊子》、《文選》這樣的書目「為青年文學修養之助」。〔註121〕魯迅由此見到了復古論調的流行，「新式青年的軀殼裏，大可以埋伏下『桐城謬種』或『選學妖孽』的嘍囉」〔註122〕。而施蟄存在《〈莊子〉與〈文選〉》裏卻表示「沒有經過古文學的修養，魯迅先生的新文章決不會寫到現在那樣好」〔註123〕。魯迅對此反駁說從古書裏「去找活字彙，簡直是胡塗蟲，恐怕施先生自己也未必」。〔註124〕不僅如此，魯迅還繼續發表文章，對這種復古主張的流行加以深刻的反思：白話文的提倡者們為了與對手論爭，「往往也做幾句古文，以塞他們的嘴。但自然，因為從舊壁壘中來，積習太深，一時不能擺脫，因此帶著古文氣息的作者，也不能說是沒有的」〔註125〕。

〔註119〕錢玄同：《〈嘗試集〉序》，《錢玄同文集》（第一卷），中國人民大學出版社1999年，第84～90頁。
〔註120〕錢玄同：《〈嘗試集〉序》，《錢玄同文集》（第一卷），中國人民大學出版社1999年，第90～91頁。
〔註121〕施蟄存：《〈莊子〉與〈文選〉》，附於《魯迅全集》（第五卷），人民文學出版社2005年，第348頁。
〔註122〕魯迅：《準風月談·重三感舊》，《魯迅全集》（第五卷），人民文學出版社2005年，第343頁。
〔註123〕施蟄存：《〈莊子〉與〈文選〉》，附《魯迅全集》（第五卷），人民文學出版社2005年，第349頁。
〔註124〕魯迅：《「感舊」以後（上）》，《魯迅全集》（第五卷），人民文學出版社2005年，第348頁。
〔註125〕魯迅：《「感舊」以後（下）》，《魯迅全集》（第五卷），人民文學出版社2005年，第352頁。

這也是魯迅自己的切身體會，他一直爲自己深受古文侵染而感到痛苦，不僅是語言的，更是思想的。但他一直在努力加以抗爭，然而他看到，白話文運動勝利之後，新文化陣營卻出現了分化甚至倒退：

> 當時的白話運動是勝利了，有些戰士，還因此爬了上去，但也因爲爬了上去，就不但不再爲白話戰鬥，並且將它踏在腳下，拿出古字來嘲笑後進的青年了。因爲還正在用古書古字來笑人，有些青年便又以看古書爲必不可省的工夫，以常用文言的作者爲應該模仿的格式，不再從新的道路上去企圖發展，打出新的局面來了。〔註126〕

這一現狀正是魯迅深感痛心的，他抓住施蟄存不放，就此論題大加發揮，正體現出對「五四」白話文運動現代意義的深刻理解，對於炫耀古文古字實則崇古復古的思潮有著高度的警覺。

「選學妖孽」、「桐城謬種」雖被打倒，但是從正面立論，揭示「文學」的特徵，卻還是一件漫長而艱苦的工作。在這一方面，《新青年》上關於文學之文與應用之文的辨析，顯得尤爲重要。

當胡適表達了自己對於文學革命的意見之後，陳獨秀深表同意，但是對胡適所談到的「講求文法之結構」和「須言之有物」表示疑慮：

> 鄙意欲救國文浮誇空泛之弊，只第六項「不作無病之呻吟」一語足矣。若專求「言之有物」，其流弊將毋同於「文以載道」之說？以文學爲手段爲器械，必附於他物以生存。竊以爲文學之作品，與應用文字作用不同。其美感與伎倆，所謂文學、美術自身獨立存在之價值，是否可以輕輕抹殺，豈無研究之餘地？〔註127〕

陳獨秀所擔憂的，是胡適提倡的「言之有物」會重新陷入「文以載道」的泥淖。在他看來，文學應有自己的獨立價值與地位，不必依附他物。由此陳獨秀將文學之文與應用之文區分了開來，劃分的依據則是「美感與伎倆」。自此，《新青年》掀起了「文學之文」與「應用之文」的討論熱潮。

事實上，對於文學自身特性的探究、對文學與文章的區分，早在晚清時

〔註126〕魯迅：《「感舊」以後（下）》，《魯迅全集》（第五卷），人民文學出版社 2005年，第 352 頁。

〔註127〕陳獨秀：《答胡適之（文學革命）》，《陳獨秀著作選》（第一卷），上海人民出版社 1984 年，第 220 頁。

代即已開始。1893 年前後，金天羽〔註 128〕完成了《文學上之美術觀》（發表於 1905 年《國粹學報》）。當時中國學界的文學觀受西方影響，已經普遍視文學爲「美術」之一種（此「美術」之含義當然要比今日之「美術」一詞寬泛得多），金天羽此文也是在西方的影響下寫成的。他開篇即將文學歸入美術：

> 余嘗以爲世界之有文學，所以表人心之美術者也，而文學者之心，實有時含第二之美術性。此其說何也？《左氏傳》曰：「言之無文，行而不遠」。劉彥和曰：「文之爲德大矣。玄黃色雜，方圓體分，日月疊璧，以垂麗天之則；山川煥綺，以鋪理地之形。仰觀吐曜，俯察含章，高卑定位，故兩儀既生矣。惟人參之，性靈所鍾，是謂三才，爲五行之秀，實天地之心。心生而言立，言立而文明，自然之道也。」故夫肺臟欲鳴，言詞斯發。運之煙墨，被之毫素者，人心之美感，發於不自己者也。若夫第二之美術者，則以人之心既以其美術表之於文，而文之爲物，其第一之效用，固在表其心之感，其第二之效用，則以其感之美，將儷乎物之美以傳，此文學者之心所以有時而顯其雙性也。〔註 129〕

之所以大段引錄，是因爲金天羽在此集中表述了他的文學觀念。除了將文學視爲美術之外，還在於他的「第二之美術性」的說法。在引用了《左傳》、《文心雕龍》之後，金天羽實際指出了語言文辭對於文學之美的重要性。他將情感之美、語言之美均列爲文學之美的要素，其認識的深刻、全面，可以說是超越前人的。不僅如此，他還提到了文學之用的問題：「文之精焉，以美術之心，寓乎美術之用而著。彼心者內籥，而用者外籥，內籥爲君，外籥爲輔，君輔合德，文學必王。」〔註 130〕

　　1905 年，王國維強調文學當有「純粹美術上之目的」，他使用了「純文學」一詞：

> 更轉而觀詩歌之方面，則詠史、懷古、感事、贈人之題目彌滿充塞於詩界，而抒情敘事之作什佰不能得一。其有美術上之價值者，

〔註 128〕金天羽（1874～1947）初名懋基，又名天翮，字松岑，號鶴望，別署有麒麟、愛自由者、金一等，吳江（今江蘇蘇州）人。中國近代詩人、學者。
〔註 129〕金天羽：《文學上之美術觀》，鄔國平、黃霖編著：《中國文論選·近代卷》（下冊），江蘇文藝出版社 1996 年，第 367 頁。
〔註 130〕金天羽：《文學上之美術觀》，鄔國平、黃霖編著：《中國文論選·近代卷》（下冊），江蘇文藝出版社 1996 年，第 368 頁。

　　　　僅其寫自然之美之一方面耳。甚至戲曲小說之純文學亦往往以懲勸

　　　　爲旨，其有純粹美術上之目的者，世非惟不知貴，且加貶焉。〔註131〕

在王國維看來，文章內部自有獨具特性的「純文學」，具備「純粹美術上之目的」，所以他也常以「美術」來涵蓋純文學，而且「純粹美術上之目的」實際就是他後來提到的「無用之用」〔註132〕。到 1906 年，王國維發表《文學小言》的時候，他所講的「文學」已經與現代的「文學」內涵相一致了。可見此時，現代意義上的文學觀念就已萌發。

　　王國維以「美」爲純文學的規定性，並且是非功利性的，顯然與他深受康德、叔本華等人的影響有關。可以說，正是在西方非功利性美學思想影響下，「純文學」的思潮深深影響了中國學界，逐步促使文學從文章中分離出來。

　　1907 年魯迅在《摩羅詩力說》中也明確地提出了「純文學」的概念，他將「純文學」歸入無功利的「美術」之中，且認爲文章有「不用之用」〔註133〕，與王國維有著相當的一致：

　　　　由純文學上言之，則以一切美術之本質，皆在使觀聽之人，爲

　　　　之興感怡悅。文章爲美術之一，質當亦然，與個人暨邦國之存，無

　　　　所繫屬，實利離盡，究理弗存。〔註134〕

　　1908 年，周作人撰寫了《論文章之意義暨其使命因及中國近時論文之失》，以「獨應」的筆名發表在《河南》雜誌上。此文同樣是以精神情感爲文學的內核，明確反對文以載道的觀念，認爲「文章者，國民精神之所寄也」。〔註135〕周作人對文學的理解也是在接受西方觀念的基礎上建立起來的，他考察了 Literature 一詞涵義的演變歷程，參考美國人宏德（Hunt）的說法，歸納出文學的四個方面：「其一，文章云者，必形之楮墨者也」，「其二，文章者必

〔註131〕王國維：《論哲學家與美術家之天職》，姚淦銘、王燕編：《王國維文集》（第三卷），中國文史出版社 1997 年，第 7 頁。

〔註132〕王國維：《〈國學叢刊〉序》，姚淦銘、王燕編：《王國維文集》（第四卷），中國文史出版社 1997 年，第 368 頁。

〔註133〕魯迅：《摩羅詩力說》，《魯迅全集》（第一卷），人民文學出版社 2005 年，第 73 頁。

〔註134〕魯迅：《摩羅詩力說》，《魯迅全集》（第一卷），人民文學出版社 2005 年，第 73 頁。

〔註135〕周作人：《論文章之意義暨其使命因及中國近時論文之失》，鄔國平、黃霖編著：《中國文論選·近代卷》（下冊），江蘇文藝出版社 1996 年，第 714 頁。

非學術者也」、「其三，文章者，人生思想之形現也」、「其四，文章中有不可缺者三狀，具神思（ideal）、能感興（impassioned）、有美致（artistic）也」。其中的「美致」，「則所貴在結構」，還包括章句、聲律、藻飾、熔裁。可見周作人也並沒有忽視語言方面的要求。〔註136〕

　　不僅如此，周作人還將文章劃作了「純文章」、「雜文章」兩類：「夫文章一語，雖總括文、詩，而其間實分兩部。」一爲「純文章」，一爲「雜文章」。純文章又稱爲「詩」，分爲兩類：一是「吟式詩」（詩賦、詞曲、傳奇等韻文），二是「讀式詩」（說部之類，散文）。「雜文章」則是「其他書記論狀諸屬」。〔註137〕「純文章」即文學，周作人此論，其實已經開啓了日後的「文學之文」與「應用之文」的論辯。

　　1908 年 8 月，高鳳謙曾在《論偏重文字之害》中已然提及「文字有二：曰應用之文字，曰美術之文字」，強調二者功用不同，必須加以區分。〔註138〕

　　1916 年 12 月，《新青年》2 卷 4 號的「通信」欄發表了常乃悳致陳獨秀的信，他明確提出「吾國於文學著作，通稱文章。文者對質而言，章者經緯相交之謂，則其命名之含有美術意義可知。夷考上古『文』之一字，實專指美術之文而言」。常乃悳其實與阮元、劉師培等人的思路接近，都是從「文」、「文章」的考辨入手，將語言形式之美視爲文學的特性。常乃悳區分了「美術之文」與「紀事說理之文」，推崇《文選》，反對胡適廢駢及禁用典故的主張，他在信中認爲「吾國之駢文，實世界唯一最優美之文」，進而建議「以文言表美術之文，以白話表實用之文」。〔註139〕陳獨秀本是要反對「文以載道」，強調文學的獨立性。但是常乃悳的言論卻正是抓住了這一點，他指出「美術之文雖無直接之用，然其陶鑄高尚之理想，引起美感之興趣，亦何可少者。譬如高文典冊、頌功揚德之文，以駢佳乎，抑以散佳乎，此一言決矣」，恰恰指出了文學之文的獨立性，而且在白話文學仍然匱乏之時，文言的作品無疑

〔註136〕周作人：《論文章之意義暨其使命因及中國近時論文之失》，鄔國平、黃霖編著：《中國文論選・近代卷》（下冊），江蘇文藝出版社 1996 年，第 697～699 頁。

〔註137〕周作人：《論文章之意義暨其使命因及中國近時論文之失》，鄔國平、黃霖編著：《中國文論選・近代卷》（下冊），江蘇文藝出版社 1996 年，第 710～711 頁。

〔註138〕高鳳謙：《論偏重文字之害》，張枬、王忍之編：《辛亥革命前十年間時論選集》（第三卷），三聯書店 1977 年，第 11 頁。

〔註139〕「通信」，《新青年》2 卷 4 號，1916 年 12 月。

佔據了美文的主流，而駢文又被他推舉爲最美之文體，因此不能以實用性爲標準來否定駢文的價值。

對此，陳獨秀承認他與常乃惪都意在區分「文學之文」與「應用之文」，但他認爲「文學美文之爲美，卻不在駢體與用典也」，因爲駢體、用典會「束縛情性、牽強失眞」，「文學美文」之美，就在於「結構之佳，擇詞之麗，（即俗語亦麗，非必駢與典也。）文氣之清新，表情之眞切而動人」這四大要素，「應用之文，以理爲主；文學之文，以情爲主」。〔註140〕

至此，「美感」與「伎倆」爲「情」與「理」所代替，陳獨秀藉此避開了語言形式問題上的爭論，但是問題顯然沒有得到眞正的解決。與金天羽、王國維、魯迅、周作人等人不同的是，此時發生在《新青年》上關於「文學之文」與「應用之文」的爭論，又摻雜進了文言與白話之爭。因爲胡適發起文學革命，反對文言文，但是在常乃惪等人卻認爲如果要講究文學之美，則古典文學語言形式之美就不應該被廢棄，自此文言／白話之爭就同「文學之文」與「應用之文」的爭辨摻雜到了一起，問題變得更加複雜。

在 1917 年 4 月《新青年》3 卷 2 號的「讀者論壇」上，方孝岳發表了《我之改良文學觀》，他認爲中國文學與歐洲文學存在三點差異：一是「中國文學主知見，歐洲文學主情感」，「曾國藩分文學爲三門，曰著述、曰告語、曰記載。著述固純以學爲主，而告語記載，亦皆爲知見之表示，其所以謂美者，以西洋文學眼光觀之，不過文法家、修詞學家所精能者耳。小說詞曲，固主感情。然在中國文學史中不據主要位置」。很明顯，在方孝岳看來，如果以西方重「情感」的觀念來衡量中國作品，則符合「文學」要求的作品極少，而且小說詞曲這樣的作品，又只是邊緣的文體。他實際指出了兩大文化系統之間的不可通約性。

二是「中國文學界廣，歐洲文學界狹」，「文體不一，各極其美，乃我國所特具者。歐洲文學史皆小說詩曲之史，其他論著書疏一切應用之作，皆不闌入」。言外之意，則是在中國具備「美」之特點的文體比西方要廣，如「論著書疏」這樣的應用之作其實也可算做美文。因此，陳獨秀以「情」、「理」區分文學之文與應用之文的做法就站不住腳。

三是「中國文學爲士宦文學，歐洲文學爲國民文學」，國民文學「於自身

〔註140〕陳獨秀：《答常乃惪（古文與孔教）》，《陳獨秀著作選》（第一卷），上海人民出版社 1984 年，第 250 頁。

有獨立之價值,而不假他物(政治學術等)之價值爲價值」。〔註141〕

在方孝岳看來,「凡單表感想之著作,不關他種學術者,謂之文學」,他引西文 Literature 來證明文學實即「美文學」,包括「詩文戲曲小說及文學批評等」。但是,方孝岳將文學批評歸入文學卻是不妥當的,因爲文學批評其實也是學術之一種。但是,方孝岳論述的另一個重點則是國民文學問題。在他看來,中國無國民文學,固然在於自古中國文學無獨立價值,不過爲「士宦文學」,當然言文分離也是一個重要原因,他由此將文言／白話問題與「文學之文」、「應用之文」問題再度掛鈎。方孝岳贊同胡適、陳獨秀的白話文學主張,他考察了言文分離的三點原因:一是「國境內無外種之雜入也」,「士大夫相習成風,文求古而言從俗,言文遂終古不得復合」;二是「無新學術之發明也。我國有述古之學,無發明之學」;三是「文人言復古也」,眞正的文學「必其通於民之至廣者。是文家當從國民之傾向,非欲國民從文家之傾向也」,但中國文人,恰恰是「以模古爲特長」。方孝岳實際點破了白話文學主張的現代意義,即破除崇古復古之風氣與心理,建設現代民族國家的文學。〔註142〕只是他認爲白話文學的推行不可操之過急,應該逐步推行,體現出一種穩健的審愼態度。對此,陳獨秀也表示:「白話文學之推行,有三要件。首當有比較的統一之國語;其次則須創造國語文典;再其次國之聞人多以國語,著書立說」,他也意識到「茲事匪易,本未可一蹴而幾者」。〔註143〕

在新文化陣營內部,對於文學之文與應用之文的問題,意見也並不統一。劉半農在《我之文學改良觀》中,開篇即批駁了兩種文學觀念:「文以載道」和「文章有飾美之意,當作彣彰」。他也明確取法西方,「分一切作物爲文字 Language 與文學 Literature 二類」〔註144〕。

然而,劉半農也發現「文學之文」與「應用之文」這樣的提法本身就是有問題的,在他看來,如此二分,意味著「文學之文不能應用,應用之文不能視爲文學」,他表示「不敢苟同」。不僅如此,歷史傳記按照各國慣例被列

〔註141〕方孝岳:《我之改良文學觀》,鄭振鐸編選:《中國新文學大系·文學論爭集》,上海文藝出版社 2003 年影印本,第 10~11 頁。

〔註142〕方孝岳:《我之改良文學觀》,鄭振鐸編選:《中國新文學大系·文學論爭集》,上海文藝出版社 2003 年影印本,第 11~12 頁。

〔註143〕鄭振鐸編選:《中國新文學大系·文學論爭集》,上海文藝出版社 2003 年影印本,第 12 頁。

〔註144〕劉半農:《我之文學改良觀》,胡適編選:《中國新文學大系·建設理論集》,上海文藝出版社 2003 年影印本,第 63~64 頁。

爲文學，但他認爲應歸入「文字」。而且「新聞紙之通信（如普通紀事可用文字，描寫人情風俗當用文學）、政教實業之評論（如發表意見用文字，推測其安危禍福用文學）、官署之文牘告令（文牘告令，十九宜用文字而不宜用文學。錢君所指清代州縣喜用濫惡之四六，以判婚姻訟事，與某處誥誡軍人文，有『偶合之烏』、『害群之馬』、『血蚨』、『飛蝗』等字樣，即是濫用文學之弊）、私人之日記信箚……雖不能明定其屬於文字範圍，或文學範圍，要惟得已則已。不濫用文學，以侵害文字，斯爲近理耳」。〔註145〕

顯然，劉半農發現，以「文學之文」與「應用之文」區分文學與文章是很困難的，而且即使在所謂「文字」（文章）中，其實也很難截然劃分二者，因爲文章中同樣有文學之作。Language（文字）「只取其傳達意思，不必於傳達意思之外，更用何等工夫也」；Literature（文學）則「惟詩歌戲曲、小說雜文、歷史傳記三種而已」，但是他又認爲「以歷史傳記列入文學，僅就吾國及各國之慣例而言。其實此二種均爲具體的科學，仍以列入文字爲是」，這樣「凡可視爲文學上有永久存在之資格與價值者，只詩歌戲曲、小說雜文二種也」。〔註146〕對此，陳獨秀仍然堅持自己的意見，並認爲劉半農與己見相去不遠。在這篇文章的「附識」中，陳獨秀提出「劉君所定文字與文學之界說，似與鄙見不甚相遠。鄙意凡百文字之共名，皆謂之文」，「文」分兩種：一是應用之文，包括「評論文告日記信箚等」，也就是劉半農所言之「文字」；一是「文學之文」，即「詩歌戲曲小說等」，也就是劉半農所言之「文學」〔註147〕。

1917年4月，陳獨秀在答曾毅的信中依然批評「言之有物」一說：「其流弊雖視『文以載道』之說爲輕，然不善解之，學者亦易於執指遺月，失文學之本義也」。他進而再度正面申說自己的文學觀：「達意狀物，爲其本義。文學之文，特其描寫美妙動人者耳。」〔註148〕

1917年7月，《新青年》3卷5號出版。在這一期的「通信」欄中，署名「沈藻墀」者表示贊同陳獨秀、劉半農分文學爲「應用之文」和「文學之文」，

〔註145〕劉半農：《我之文學改良觀》，胡適編選：《中國新文學大系‧建設理論集》，上海文藝出版社2003年影印本，第64～65頁。

〔註146〕劉半農：《我之文學改良觀》，胡適編選：《中國新文學大系‧建設理論集》，上海文藝出版社2003年影印本，第64～65頁。

〔註147〕陳獨秀：《〈我之文學改良觀〉附識》，胡適編選：《中國新文學大系‧建設理論集》，上海文藝出版社2003年影印本，第73頁。

〔註148〕陳獨秀：《答曾毅（文學革命）》，《陳獨秀著作選》（第一卷），上海人民出版社1984年，第292頁。

擬進一步細分。於是，「記者」的答信指出，「鄙意文章分類略爲二種：一曰應用之文，一曰文學之文。應用之文，大別爲評論紀事二類。文學之文只有詩、詞、小說、戲（無韻者）、曲（有韻者，傳奇亦在此內）五種。五種之中尤以無韻之戲本及詩爲最重要」。〔註149〕

　　至此，所謂純文學、雜文學的區分似乎已告一個段落，文章被割裂了開來，分爲了文學與非文學（狹義的文章，即陳獨秀所說的應用之文），以功能性爲劃分文學與非文學的標準，而捨棄了語言、情感等關鍵要素。這一觀念，其自身的含糊與矛盾其實也不斷遭到質疑。1922 年，胡適在《五十年來中國之文學》中就明確反對這種區分：

> 章氏論文，很多精到的話。他的《文學總略》（《國故論衡》中）推翻古來一切狹陋的「文」論，說「文者，包絡一切著於竹帛者而爲言」。他承認文是起於應用的，是一種代言的工具；一切無句讀的表譜簿錄，和一切有句讀的文辭，並無根本的區別。至於「有韻爲文，無韻爲筆」，和「學說以啓人思，文辭以增人感」的區別，更不能成立了。這種見解，初看去似不重要，其實很有關係。有許多人只爲打不破這種種因襲的區別，故有「應用文」與「美文」的分別；有些人竟說「美文」可以不注重內容；有的人竟說「美文」自成一種高尚不可捉摸，不必求人解的東西，不受常識與倫理的裁制！〔註150〕

胡適此論，首先引用章太炎的言論。但其實章氏的觀點經胡適的解說之後已經變形了。因爲胡適雖然引用了章太炎的寬泛的文之定義，卻完全是從自己的工具論出發來理解文學，這也是他一貫的原則。從工具論出發，胡適否定了文學與非文學的區分，以致無論是從語言形式上所作的區分（「有韻爲文，無韻爲筆」）還是從思想情感上所作的區分（「學說以啓人思，文辭以增人感」），他都一概加以否定，自然也就否認「文學之文」（美文）與「應用之文」的區分，這就又走到了另一個極端。但是他以白話散文的成功論證美文也可用白話，這一點無疑又是正確的。在文言白話之爭中，胡適一直力圖打破文言與美文之間的對應關係。

　　與胡適相比，陳獨秀的主張其實源於他推翻中國舊道德、舊倫理的考

〔註149〕「通信」，《新青年》3 卷 5 號，1917 年 7 月。
〔註150〕胡適：《五十年來中國之文學》，歐陽哲生編：《胡適文集》（3），北京大學出版社 1998 年，第 229 頁。

慮，正如有學者指出的，「在『文學之文』和『應用之文』背後，站著的是對『文以載道』的反動。與顛覆『文以載道』的『文統』同時進行的乃是更爲激烈的打倒孔教運動。陳獨秀不失時機地拿起了西方文學觀念以爲利器，借助純文學觀念把承擔『載道』功能的『應用之文』排除於『文學』之外，由此避開舊政治舊倫理對建設中國新社會的干擾。也只有把佔據中國古代文學中心位置的文章擱置起來，長期壓制於其下的詩歌、小說和戲劇才能獲得解放，進而重新建構中國新文學的格局」。這位論者同時也指出了陳獨秀這一策略所造成的缺失：「當陳獨秀成功地顛覆『文以載道』的傳統時，中國傳統文章本身的問題卻沒有得到有效的解決。由於不再承認應用文的文學價值，不再講究微妙的措辭，不再看重它精緻的一面，應用文章看起來似乎是解放了，其發展前景卻令人堪憂。當應用文寫作成爲按格式填空的複製時，失落的不僅僅是文體的豐富性，中國人那種把日用文章寫得宛轉精緻的真正的藝術情懷也失落了，很難想像一個沒有強大日用文章支撐的文學傳統能夠催生出大量的驚世美文。」〔註 151〕應該說這一反思是異常深刻且有說服力的，這表明，在中國現代思想文化變革進程中，文學問題從來都不是單純的文學問題。

隨著討論與論爭的深入，「五四」一代人對於文學的看法也逐步清晰起來。羅家倫曾對文學下了一個定義：「文學是人生的表現和批評，從最好的思想寫下來的，有想像，有感情，有體裁，有合於藝術的組織；集此眾長，能使人類普遍心理，都覺得他是極明瞭，極有趣的東西。（此處所謂有趣，係指一切美學上的興趣而言。）」〔註 152〕所論很詳細，但是錢玄同對此仍感「莫名其妙」，直至 1920 年仍然如此，對於「純文學」與「雜文學」之分也摸不著頭腦，〔註 153〕可見即使是在「五四」時代，現代文學觀念的萌生也是一個複雜的歷程，同時也是矛盾重重。針對錢玄同的疑問，胡適的回答是「語言文字都是人類達意表情的工具；達意達的好，表情表的妙，便是文學」。他還對「好」與「妙」作了補充說明：「文學有三個要件：第一要明白清楚，第二要

〔註 151〕文韜：《散文的轉換與文章的裂變——關於「文學之文」與「應用之文」的論爭》，《中山大學學報》2009 年第 1 期。
〔註 152〕羅家倫：《駁胡先驌君的中國文學改良論》，鄭振鐸編選：《中國新文學大系·文學論爭集》，上海文藝出版社 2003 年影印本，第 109 頁。
〔註 153〕錢玄同致胡適信（1920 年 10 月），《錢玄同文集》（第六卷），中國人民大學出版社 1999 年，第 96 頁。

有力能動人，第三要美。」〔註154〕胡適此論，自然還是從其語言文字工具論立場出發得出的結論，認爲語言文字是人類表情達意的工具，文學的重心卻是在情感思想即內容上。傅斯年也認爲「文學者，群類精神上之出產品，而表以文字者也」，「文學特精神上出產品之一耳」〔註155〕。「五四」時代對於文學的定義，也的確主要偏向於感情而忽視了語言問題〔註156〕，如羅根澤在《中國文學批評史》的《新版序》中談到「對『載道』和『緣情』的問題，我雖希望不沾沾於一種觀念，但事實上仍接受了『五四』時代認爲文學是感情產物的影響」，又說到「在現代，我舉五四以來，人人都會說『文學是感情的產物』」。〔註157〕

出現這一偏差的原因當然是複雜的，除了語言工具論之外，語言問題受冷落的一個重要原因也在於學界借鑒西方觀念來界定文學時，往往突出了「情感」、「想像」而對「語言」問題重視不夠，甚至乾脆就忽視了。在此不妨列舉一些晚清與「五四」知識分子對「文學」所作之界定，以窺一斑：

王國維：

> 文學者，不外知識與感情交代之結果而已。〔註158〕

> 今專以知言，則學有三大類：曰科學也，史學也，文學也。凡
> 記述事物而求其原因，定其理法者，謂之科學；求事物變遷之跡，
> 而明其因果者謂之史學；而出入於二者間，而兼有玩物適情之效者，
> 謂之文學。……若夫知識、道理之不能表以議論，而但可表以情感

〔註154〕 胡適：《什麼是文學》，胡適編選：《中國新文學大系・建設理論集》，上海文藝出版社 2003 年影印本，第 214 頁。

〔註155〕 傅斯年：《文學革新申議》，《中國新文學大系・建設理論集》，第 111～112 頁。

〔註156〕 馬睿也批評「30 年代文論史家給『文學』提供的定義，一般也只是集中於情緒、美感兩方面的特徵，關於文學形式的思考則付之闕如，丟棄了阮元、劉師培等人已經發掘出來的理論資源、而且，他們對於『何種情緒』、『何爲美感』，也沒有具體的分析和解釋。所以，時至 30 年代，中國文論界關於『文學之美』的認識仍然失之於膚淺，甚至不如傳統文論中一些雖不具理論自覺性的經驗之談」可見當時文論界對傳統文論和西方文論兩者的借鑒均存在問題。參見馬睿：《從經學到美學：中國近代文論知識話語的嬗變》，四川民族出版社 2002 年，第 117 頁。

〔註157〕 羅根澤：《中國文學批評史》（一），上海古籍出版社 1984 年，第 1 頁、第 28 頁。

〔註158〕 王國維：《文學小言》，姚淦銘、王燕編：《王國維文集》（第一卷），中國文史出版社 1997 年，第 26 頁。

者，與夫不能求諸實地，而但可求諸想像者，此則文學之所有事。
〔註159〕

謝無量《中國大文學史》（1918年）考察了「中國古來文學之定義」，又考察了「外國學者論文學之定義」，採納了英國龐科士（Pancoast）《英國文學史》中的說法，提出：

> 文學有二義焉。（甲）兼包字義，統文書之屬，出於拉丁語Litera。首自字母，發為記載，凡可寫錄，號稱書籍，皆此類也，是謂廣義，但有成書，靡不為文學矣。（乙）專為述作之殊名，惟宗主情感，以娛志為歸者，乃足以當之。……文學描寫情感，不專主事實之智識。……此於文學，謂之狹義，如詩歌、歷史、傳記、小說、評論等是也。〔註160〕

胡適：

> 語言文字都是人類達意表情的工具；達意達的好，表情表的妙，便是文學。〔註161〕

鄭振鐸：

> 文學是人們的情緒與最高思想聯合的「想像」的「表現」，而它的本身又是具有永久的藝術的價值與興趣的。〔註162〕

朱自清覺得胡適的定義「最切實用」，但還不夠，他參考了Long在《英國文學》中為文學作的界說，提出了文學的六個要點：

> （一）文學是用真實和美妙的話表現人生的。
>
> （二）文學是記載人們的精神，思想，情緒，熱望：是歷史，是人的靈魂之唯一的歷史。
>
> （三）文學的特色在它的「藝術的」「暗示的」「永久的」等性質。
>
> （四）文學的要素有二：普遍的興味與個人的風格。

〔註159〕王國維：《〈國學叢刊〉序》，姚淦銘、王燕編：《王國維文集》（第四卷），中國文史出版社1997年，第365～366頁。

〔註160〕轉引自趙敏俐、高瑞民：《論「五四」前後文學本質問題探討的價值與意義》，《東北師範大學學報》2000年第5期。

〔註161〕胡適：《什麼是文學》，胡適編選：《中國新文學大系·建設理論集》，上海文藝出版社2003年影印本，第214頁。

〔註162〕鄭振鐸：《文學的定義》，《鄭振鐸全集》（第三卷），花山文藝出版社1998年，第394頁。

（五）文學的目的，除給我們以喜悦而外，更使我們知道人
——不要知道他的行動，而要知他的靈魂。

（六）在文學裏，保存著種族的理想，便是為我們文明基礎的
種種理想。〔註163〕

但是，也有學者注意綜合兩方面的因素加以考察。陳鍾凡從中西語言差異入
手揭示文學的特質，極為深刻：

以遠西學説，持較諸夏，知彼之所言感情，想像，思想，興趣
者，注重內涵。此之所謂採藻，聲律者，注重法式。實則文貴情深
而壯麗，故感情，採藻二者，兩方皆所併重。特中國鮮純粹記事之
詩歌，故不言及想像；遠西非單音節語，不能準聲遣字，使其修短
適宜，故聲律非所專尚。此東西文學義界之所以殊科也。〔註164〕

為兼顧感情與辭藻，陳鍾凡為文學下的定義是「文學者，抒寫人類之想
像，感情，思想，整之以辭藻，聲律，使讀者感其興趣洋溢之作品也」〔註165〕。
錢基博則區分出「廣義的文學」與「狹義的文學」，後者也就是「純文學」，
錢基博稱為「美的文學」：「論內容則情感豐富而不必合義理，論形式則音韻
鏗鏘而或出於整比，可以被弦誦，可以動欣賞。」〔註166〕遺憾的是，這樣一
些圓融的觀念卻沒有產生廣泛的影響。鄭振鐸也提到「文學是一種藝術，……
因此，文學的價值與興趣，不惟在其思想之高超與情感之深微，而且也在於
其表現思想與情緒的文字的美麗與精切。」〔註167〕但是，對於「文字的美麗
與精切」，他並沒有多談，更多地是強調「思想」與「情感」。不僅如此，在
借鑒西方的同時，中國傳統觀念其實也在起作用。《尚書·堯典》已提出「詩
言志」，而陸機的《文賦》更進而提出了「詩緣情而綺靡」的命題，恰好和強
調情感的西方文學觀實現了對接。

但是，也正如方孝岳指出的，中國「古代論文的話，總是注意根本的思
想、情感和作用，很少說到本身構造的技術，所以雖然是論文，實在是重義

〔註163〕朱自清：《文學的一個界説》，《朱自清全集》（第四卷），江蘇教育出版社1990
年，第166～176頁。

〔註164〕陳鍾凡：《中國文學批評史》，江蘇文藝出版社2008年，第4頁。

〔註165〕陳鍾凡：《中國文學批評史》，江蘇文藝出版社2008年，第4頁。

〔註166〕錢基博：《現代中國文學史》，上海書店出版社2007年，第1～2頁。

〔註167〕鄭振鐸：《文學的定義》，《鄭振鐸全集》（第三卷），花山文藝出版社1998年，
第391～392頁。

而不重文」。〔註168〕反映在文論上，一個典型的例證就是後來的學者基本上都
強調了陸機的「詩緣情」而忽視了「綺靡」。魏晉南北朝的「文」的自覺，本
來包括了古人在語言意識上的自覺，但沒能爲世人所重。這一傳統同樣制約
著現代學者對語言與文學關係的認識，他們以語言爲傳達思想情感的工具、
形式，以致於在分析文學之美質時，將語言問題摒除在外。此外，就語言學
來說，中國現代語言學本是借鑒西方語言學而建立；就社會語境而言，多災
多難的現代中國也無法爲知識分子探討文學的形式問題提供寬鬆的環境。先
天不足與後天條件的匱乏，使得依靠語言而發動的變革卻以語言的旁落而告
終。

〔註168〕方孝岳：《中國文學批評　中國散文概論》，三聯書店 2007 年，第 61 頁。

第二章　語言／文字之爭與中國文學的現代轉型

　　晚清與「五四」的言文一致，是中國知識分子在以西方（也涉及到日本）語言文字與文化爲參照，反觀中國語言文字與文化（更準確地說是漢語漢字與漢文化）而提出的語文變革口號，但這一口號很快演變成爲文化變革的組成部分。如引言所述，這場聲勢浩大的變革浪潮實際包含了兩大方面的內容：一是以語言爲取向的漢字革新運動，二是以口語爲取向的白話文運動、國語運動。後者歷來受到文學史家的關注，研究成果可謂汗牛充棟。而作爲這場變革重要組成部分的漢字革新運動，卻沒有得到充分的研究。這一段歷史或者作爲文字改革的史料而留存，成爲語言學史家使用的檔案，或是只是在論及白話文運動、國語運動、文學革命時被附帶提及，除此之外的專門探討很少。

　　事實上，漢字革新運動特別是拼音化運動不僅在這場變革中佔有重要地位，甚至可以說是其中發動最早、態度最爲激進、引起的爭議與反響也是最大的一場運動。從切音字運動、萬國新語之爭到國語羅馬字、拉丁化新文字等，漢字拼音化的影響力一直持續到 20 世紀 40 年代，乃至解放之後，國家的文字改革還以拼音化作爲最後目標。漢字拼音化運動最終歸於失敗，但各種原因卻沒有得到認真總結，學界論及這些運動，分析其原因時多是含糊其辭、語焉不詳，而文學史家對此更少關注，多認爲這一變革與文學無關。〔註1〕凡此種種，都使得漢字革新運動的意義沒有被充分發掘，而當下的簡體字與繁體字之爭、《詩》月刊所發起的「字思維」的討論、漢字文化意義的追尋等，恰恰表明問

〔註 1〕　王楓：《文學革命與國語運動之關係》（《中國現代文學研究叢刊》2001 年第 3 期）是一篇力作。

題是不可迴避的：既然漢文學和漢文化都是借助漢語漢字而建立，那麼漢語漢字的特性必定會對漢文學和漢文化特性的形成起到重要作用，而且相比於西方語文而言，漢字所起的作用可能更甚於漢語。

當然，如果回到「五四」文化語境中，我們可以發現文學革命的發難者們並沒有忽視漢字革新運動，而且他們還將漢字革新、白話文運動、國語運動、文學革命都「打包」納入到新文化運動的宏闊視野中加以考察，視其爲一個整體。如身爲音韻訓詁大家的錢玄同，鼓吹漢字革命，可他同時也是白話文運動、國語運動和文學革命最堅定的支持者；黎錦熙是語言學家，可他也關注國語運動和文學革命的合流，並將晚清以來的漢字革新運動歸入到國語運動的歷史進程中；胡適、陳獨秀是文學革命的發起者，但他們都對漢字、國語和世界語問題發表了重要意見；學生輩的傅斯年則直接將文字和文學問題關聯起來。到編選《中國新文學大系・建設理論集》時，胡適還認眞、細緻地總結了漢字拼音化的歷程，當他回顧文學革命的緣起時，也認爲自己「從文字問題轉到文學問題，這是一個大轉變」〔註2〕。不過如郭紹虞所言，胡適稱古文爲「死文字」，不僅把「文體和表達文體的語言混淆起來了」，「又把文字和語言混淆起來了」〔註3〕。這種混淆，對「言文一致」的推進和深入造成了很大阻礙。但在當時，這樣的混淆卻又是十分普遍的現象，一個突出的表現就是當時的革新者將文字問題置於語言框架內加以探討，使得「國語」、「國音」、「國字」等概念纏雜在一起。對此，他們或是將語言變革置於文字變革之中，將「國語」等同於「國字」，將「語言」、「口語」、「文字」混同起來。如劉半農在響應胡適、陳獨秀、錢玄同的《我之文學改良觀》一文中，借用西文來區分「文字」與「文學」，就是以 Language 來對應「文字」的：

> 欲定文學之界說，當取法於西文，分一切作物爲文字 Language 與文學 Literature 二類。西文釋 Language 一字曰，「Any means of conveyig or communicating ideas」，是只取其傳達意思，不必於傳達意思之外，更用何等工夫也。又 Language 一字，往往可與語言 Speech 口語 Tongue 通用。然明定其各個之訓詁，則「LANGUAGE is generic

---

〔註 2〕 胡適：《逼上梁山》，胡適編選：《中國新文學大系・建設理論集》，上海文藝出版社 2003 年影印本，第 6 頁。

〔註 3〕 郭紹虞：《五四與文學語言》，《照隅室語言文字論集》，上海古籍出版社 2009 年，第 240 頁。

denoting, in its most extended use, any mode of conveying ideas; SPEECH is the language of sounds; and TONGUE is the Anglo－Saxon term for language，especially for snoken language.」是文字之用，本與語言無殊，僅取其人人都能瞭解、可以布諸遠方、以補語言之不足，與吾國所謂「言之無文，行而不遠」正相符合。至如 Literature 則界說中既明明規定為「The class of writings distinguished for beauty of style, as poetry, essays, history, fictions, or belles－lettres.」自與普通僅為語言之代表之文字有別。吾後文之所謂文學，即就此假定之界說立論。（此係一人私見，故稱假定而不稱已定。）〔註4〕

又如朱經農的總結：

> 現在講文字革命的大約可分四種。（第一種）是「改良文言」，並不「廢止文言」；（第二種）「廢止文言」而「改良白話」；（第三種）「保存白話」而以羅馬文拼音代漢字；（第四種）是把「文言」「白話」一概廢了，採用羅馬文字作為國語。〔註5〕

他們又或者乾脆將「國語」的涵義擴大，將文字包容在內，這一意見似乎更占上風。如錢玄同認為「『國語』一詞，涵義甚廣，決非『本國現行標準語』一義所能包括；最重要的有『統一國語，研究方言，製造音字』三義（改古文為白話文亦是一義）。」〔註6〕黎錦熙也堅持「中國文字改革是屬於國語的；是不變更本國各民族的語言，而主要在改革這種表達漢族語言之傳統而繁難的文字符號——漢字」，只是他採用的方法較為折衷：將國語的涵義分為不同層次。他曾據 1931 年《國語周刊創刊號的發刊詞》而對「國語」加以解釋：

> 原來「國語」這個名詞，所包括的內容、範圍有廣狹之不同，
>
> 分述如下：
>
> （一）以本國領土全境各種民族語文為範圍。凡在境內的居民屬於本國國籍的，與本國人僑居國外的，所操語言，都算國語。這

〔註4〕劉半農：《我之文學改良觀》，胡適編選：《中國新文學大系・建設理論集》，上海文藝出版社 2003 年影印本，第 64 頁。

〔註5〕朱經農致胡適信，《新青年》5 卷 2 號「通信」欄「新文學問題之討論」，1918 年 8 月。

〔註6〕錢玄同 1933 年 3 月 14 日致黎錦熙和羅常培的信。見黎錦熙：《國語運動史綱》，黎澤渝、劉慶俄編：《黎錦熙文集》（下卷），黑龍江教育出版社 2007 年，第 84 頁。

是國語的最廣義。（著重號爲原文所有。下同——引者注）

　　（二）於本國各種語言中，以最通行、占人口最多數的爲主要語言，謂之國語。我國的漢語漢文，當然取得這個資格。這還是國語的廣義。

　　（三）將本國主要語言劃清時代，以現代通行的語文爲國語，在我國就是漢語的普通話（不包括東南各種大區域的方言）和用漢字寫出來的語體白話文。這應該是國語的不廣不狹的中和義。

　　（四）與本國現代通行的主要語言中，選擇一種勢力最大、流行最廣的方言爲公用的標準語，其文字的讀音須標準化。在我國就是北京語及其「音系」（叫做「國音」）。這是國語的狹義。

　　（五）在非拼音文字並無字母的語族，須創造或採用一種通用的字母，以範定固有的文字之標準讀音，或徑用爲語言之發表工具。在我國的現階段，這種工具就是國音字母的第一式「注音字母」及印刷上右注國音的「注音漢字」。在具備這種工具和方式的條件之下，就是國語的最狹義。〔註7〕

黎錦熙在爲國語運動分期時曾指出，自 19 世紀末至 20 世紀 30 年代，

　　三十多年以來，國語運動的口號不外兩句話：「國語統一」、「言文一致」。當國語運動的第一期，那些運動家的宗旨，只在「言文一致」，還不甚注意「國語統一」。「國語統一」這個口號才是到了第二期才叫出來的。就說言文一致，也不過是要用一種「切音」的工具，來代替那繁瑣難寫之單個兒的漢字，卻沒注意文體的改變；變文言爲白話，乃是到了第三期才提倡成功的。〔註8〕

因此，「言文一致」最初只是爲了解決語言／文字之間的矛盾而提出的，而三十多年以來的漢字革新運動就這樣被置於國語運動的範圍內加以探討。

　　此外，胡適將錢玄同《中國今後之文字問題》、傅斯年《漢語改用拼音文字的初步談》等文收入，可以見出新文化運動者是將漢語、漢字、文學等作爲新文化工程的組成要素來通盤考慮的。

〔註 7〕 黎錦熙：《文字改革論叢》，黎澤渝、劉慶俄編：《黎錦熙文集》（下卷），黑龍江教育出版社 2007 年，第 426～427 頁。

〔註 8〕 黎錦熙：《國語運動史綱》，黎澤渝、劉慶俄編：《黎錦熙文集》（下卷），黑龍江教育出版社 2007 年，第 87 頁。

如果我們以語言批評的眼光看待言文一致，可以說這一命題對於文學和文化變革來說都具有重要的意義。白話文運動、國語運動都與文學變革密切相關，很難說漢字革新特別是拼音化運動與文學變革毫無關係。到底該如何分析與評價這種關係，就是本章所要探討的重點問題。

第一節　漢字進化論與進化文學觀

中國古人在語言問題上有著豐富的討論和爭辯，儒道釋三家都曾就語言問題發表過看法，言意之辨就是一個典型的例子。而書面語與口語的關係問題也成爲復古／反復古爭論的焦點所在。但是古代關於漢字的爭論則少得多，中國古人在漢字問題上似乎達成了默契，並不認爲這裡面存在什麼問題，質疑和反思很少見。這與漢字本身的特性及中國古人對漢字的看法密切相關。

漢字起於結繩記事，在中華文明史上，中國古人賦予漢字誕生以開闢鴻蒙、文明創生的意義：「昔者倉頡作書，而天雨粟，鬼夜哭」〔註9〕，「世謂蒼頡製字，孫炎作音，沈約撰韻，爲椎輪之始」〔註10〕。之所以如此，是因爲漢字是表意文字，是形音義的結合體，但字形保持了自身的獨立性，並不依賴字音而有表義的功能。在中國古人看來，漢字的這種特質是古聖先賢取法萬物而成的結晶，是天地之道的體現，掌握漢字方可通經，通經之後才能經世治國。許慎的這一段話，最能代表古人對漢字的基本看法：

> 古者庖犧氏之王天下也，仰則觀象於天，俯則觀法於天，視鳥獸之文與地之宜，近取諸身，遠取諸物，於是始作《易》八卦，以垂憲象。及神農氏結繩爲治，而統其事庶業，其繁飾僞萌生。黃帝之史倉頡見鳥獸蹏远之跡，知分理之可相別異也。初造書契，百工以乂，萬品以察，蓋取諸夬夬揚於王庭，言文者宣教明化於王者，朝廷君子所以施祿及下居德則忌也。〔註11〕

中國古代的文字崇拜由此而生。胡適曾經在1928年發表的《名教》一文中，深刻地揭示了這個問題。在他看來，中國是有宗教的，這個宗教就是「名教」，所謂「名」，就是文字，即「寫的字」。「名教」就是「崇拜寫的文字的宗教；

〔註 9〕 何寧：《淮南子集釋》（中冊），中華書局1998年，第571頁。
〔註10〕 王應麟纂：《玉海‧卷四十四小學類》，《玉海》（2），江蘇古籍出版社、上海書店1987年，第834頁。
〔註11〕 許慎：《說文解字》，中華書局1963年，第314頁。

便是信仰寫的字有神力，有魔力的宗教」。胡適認爲這個宗教自古有之，且滲透進中國人的日常生活中，他概括爲三個方面：一是「我們的古代老祖宗深信『名』就是魂」（著重號爲原文所有，下同——引者注），二是「我們的古代老祖宗深信『名』（文字）有不可思議的神力」，三是「我們的古代聖賢也曾提倡一種『理智化』了的『名』的迷信」，這就是古代的「名分」觀。在胡適看來，可悲的是我們至今還沒有擺脫「名教」的影響。〔註12〕

　　中國古代語言學有三個分支——訓詁學、文字學和音韻學，古人是將語言研究和文字研究融爲一體的。但是在現代語言學史家看來，中國古代語言學實際是以文字研究爲中心的，訓詁學、文字學和音韻學可以看作是對漢字字義、字形和字音的研究，而且文字學佔據極爲重要的地位，唐宋和清代的小學就直接被稱爲文字學。語言研究不是沒有，如方言學就是研究語言的，而漢語音韻學也與語言密切相關，但語言研究在中國古代語言學史上始終不占主流地位。〔註13〕1906 年，章太炎提出「語言文字之學」以代替傳統「小學」的名稱，中國語言學才得以命名。而「五四」以後有一段時期，「小學」

〔註12〕胡適：《名教》，歐陽哲生編：《胡適文集》（4），北京大學出版社 1998 年，第52 頁，第 57～58 頁。

〔註13〕王力、濮之珍、何九盈、龔鵬程、姚小平、李娟等人在這一問題上有共識。王力指出：「大致說來，訓詁是研究字義的，字書是研究字形的，韻書是研究字音的。……『小學』是有關文字的學問：古人治『小學』不是以語言爲對象，而是以文字爲對象的。」王力：《中國語言學史·前言》，《中國語言學史》，復旦大學出版社 2007 年，第 2 頁。何九盈也在徵引晁公武的説法後指出，「晁公武把『小學』稱爲『文字之學』，這説明古代的『小學』家並不把語言看作是自己研究的對象，即使在事實上研究的是語言問題，他們也是從文字的角度來看待這種研究的。晁公武所説的三個方面的內容，就是指的字形（體制）、字義（訓詁）、字音（音韻），即通常所説的文字學、訓詁學、音韻學。」何九盈：《中國古代語言學史·1985 年河南版自序》，《中國古代語言學史》（新增訂本），北京大學出版社 2006 年，第 3 頁。龔鵬程的哲學文字學更是建立在文字—文學—文化的基礎上。姚小平認爲，「中國語言學在於歐西語言學發生接觸以前，本有一種植根於漢文字的特殊傳統。傳統的中國語言學稱爲『小學』，分出三大領域：文字學，音韻學，訓詁學；這三個領域分別針對漢字的三個方面：形，音，義」。姚小平：《前言》，姚小平主編：《〈馬氏文通〉與中國語言學史：首屆中國語言學史研討會文集》，外語教學與研究出版社 2003年，第Ⅶ頁。李娟則認爲，「西方傳統語言研究以『句子』爲語言表達的基本單位，語法成爲語言研究的主體。中國傳統的語言研究以『字』爲表達的基本單位，『字』的形、音、義研究成爲語言研究的主體」。李娟：《〈馬氏文通〉與中西語言研究傳統的關聯》，姚小平主編：《〈馬氏文通〉與中國語言學史：首屆中國語言學史研討會文集》，外語教學與研究出版社 2003 年，第 47 頁。

也改稱「文字學」。〔註14〕

　　以漢字爲主的小學，在中國古代是經學的一部分，中國古人視文字爲「道」的體現，自然高度評價漢字：「蓋文字者，經義之本，王政之始。前人所以垂後，後人所以識古，故曰本立而道生，知天下之至嘖而不可亂也。」〔註15〕這一觀點是有一定的代表性的〔註16〕，因此，古人認爲「小學」有通經、致用的功效：「識字爲讀經之始，以窮經爲識義理之途」〔註17〕，反之，「士不通經，不足致用；而訓詁不明，不足以通經」〔註18〕。

　　有意思的是，漢字在中國文化中的地位如此重要，而古人在言說時也往往將語言和文字混而爲一了〔註19〕，或者說在古人那裡，語言與文字、言說與書寫的分別或許並不重要。古人的「言意之辨」，這裡的「言」更可以寬泛地理解爲語言文字。而古人推崇的「三不朽」之一的「立言」，顯然也是涵蓋了言說與書寫在內的，楊乃喬對此有過很清楚的論述：「在『六經』的文本中，『言』雖然是一個普泛意義上的話語表達概念，其既指口語的『言說』（speaking），又指文本的書寫（writing），但是，文字書寫對口語言說的記錄使『言說』與『書寫』共同棲居於『言』的內涵中，使『言』在『六經』經典文本中呈現出重要的意義。」〔註20〕楊乃喬還舉唐代張彥遠《法書要錄》中「文字者總而爲言」，強調這裡的「言」指涉的不是「言說」之「言」——「speaking」，而是言指普泛意義上的「語言」——「language」，他進而認爲「在東方詩學文化傳統那裡，語

<hr>

〔註14〕王力舉例說，「舊《辭海》於『文字學』條注云：『研究文字之形體、音韻、訓詁之起源及變遷之學也。亦稱「小學」。』早年北京大學講義有錢玄同的《文字學音篇》、朱宗萊的《文字學形義篇》。近年『文字學』才專指研究字形的結構和演變的學科。」王力：《中國語言學史・前言》，《中國語言學史》，復旦大學出版社 2007 年，第 2 頁。

〔註15〕許慎：《説文解字》，中華書局 1963 年，第 316 頁。

〔註16〕《冊府元龜》卷六〇八《學校部・小學》也說：「夫文字者，六藝之宗、王教之始。前人所以垂今，今人所以識古，故曰：本立而道生。」見王欽若等編：《冊府元龜》（第二冊），中華書局 1989 年影印本，第 1876 頁。

〔註17〕戴震：《孟子字義疏證》，中華書局 1982 年，第 185 頁。

〔註18〕《清史稿》載桂馥語，趙爾巽等：《清史稿》（第四十三冊），中華書局 1977 年，第 13230 頁。

〔註19〕何九盈提到「在很長一段歷史時期內，在相當數量的著作中，我們的古人是把語言和文字混同在一起的，甚至是把文字當做語言本身來加以研究的。」 何九盈：《中國古代語言學史》（新增訂本），北京大學出版社 2006 年，第 323 頁。

〔註20〕楊乃喬：《東西方比較詩學——悖立與整合》，文化藝術出版社 2006 年，第 54 頁。

言存在的形式本體是作爲書寫的文字」。〔註21〕

因此，我們不難理解中國古人很少談論漢語與漢字之間的關係問題，只有在意識到言說／書寫之間的矛盾時，漢語與漢字之間的差異才閃現於古人的言論或文獻中，其中最爲突出的就是書言矛盾，但也只是瞬間閃現、轉眼即逝，沒有得到持久而深入的關注。如《莊子·天下》：

> 世之所貴道者書也，書不過語，語有貴也。語之所貴者意也，
> 意有所隨。意之所隨者，不可以言傳也。〔註22〕

這一段話常被徵引，但引者多是指出其中涉及的言意矛盾，卻忽視了這一段話整體上揭示出的書——語（言）——意之間的關係：如果說「語」以傳「意」，那麼「書」也不過是「語」的記錄而已。成玄英疏可以爲證：「道者，言說；書者，文字。世俗之人，識見浮淺，或託語以通心，或因書以表意，持誦往來，以爲貴重，不知無足可言也。」又「夫書以載言，言以傳意，而末世之人，心靈暗塞，遂貴言重書，不能忘言求理。故雖貴之，我猶不足貴者，爲言書糟粕，非可貴之物也。故郭注云，其貴恒在意言之表」。〔註23〕由此推斷，如果說言意之間存在矛盾，那麼書語（言）之間、書意之間也是存在矛盾的。

果然，這一推斷在《周易》中得到印證——《周易·繫辭下》：「子曰：書不盡言，言不盡意。然則聖人之意，其不可見乎？」孔穎達正義曰：

> 此一節夫子自發其問，謂聖人之意難見也。所以難見者，書所
> 以記言，言有煩碎，或楚夏不同，有言無字，雖欲書錄，不可盡竭
> 於其言，故云「書不盡言」也。「言不盡意」者，意有深邃委曲，非
> 言可寫，是言不盡意也。聖人之意，意又深遠。若言之不能盡聖人
> 之意，書之又不能盡聖人之言，是聖人之意，其不可見也。〔註24〕

這一段話同樣廣爲徵引，但引者也多是爲了論證言不盡意、立象以盡意，卻忽視了「書不盡言」的問題。如果說《莊子·天下》所言「書不過語」，還表明「書」是對「語」（言）的記錄，盡力達到與「語」一致，那麼「書不盡言」則直接否定了「書」「語」一致的可能性。既然存在矛盾，如何才能解

〔註21〕楊乃喬：《東西方比較詩學——悖立與整合》，文化藝術出版社 2006 年，第 176 頁。

〔註22〕郭慶藩：《莊子集釋》（中），中華書局 2004 年，第 488 頁。

〔註23〕郭慶藩：《莊子集釋》（中），中華書局 2004 年，第 489 頁。

〔註24〕阮元校刻：《十三經注疏·周易正義》，中華書局 1980 年影印本，第 82 頁。

決呢？——「聖人立象以盡意，設卦以盡情僞，繫辭焉以儘其言，變而通之以盡利，鼓之舞之以盡神」。〔註25〕申說、闡發卦象的文辭才能盡言，由此來看，所謂的書言之間的矛盾，涉及的主要是：單純以文字記錄語言，這樣的書面記錄是不能與語言事實完全一致的。袁宗道就發現「口舌代心者也，文章又代口舌者也。展轉隔礙，雖寫得暢顯，已恐不如口舌矣；況能如心之所存乎？」〔註26〕但是爲什麼會不一致？中國古人卻沒有回答，這就將一個異常重要的問題給輕輕放過了。

　　從另一個方面看，漢字是一個異常穩定的系統，並不依附於漢語而有著自身的獨立性。春秋戰國時代雖然各諸侯國「言語異聲，文字異形」，但秦始皇所實行的「書同文」政策，使得漢字基本上形成了一個穩定的體系，在漫長的封建時代始終沒有發生根本性變動。在中外文化交流史上，自漢至清，漢字雖然受到過包括梵文和西方文字的衝擊，但都沒有從根本上動搖根基。古印度文化的輸入對漢語音韻學和漢語書面語的發展變革產生了重大影響，而明清之際西方傳教士以西文拼讀漢字的做法也曾引起中國學者的好奇。1605 年，從意大利來華的利瑪竇在北京出版了《西字奇跡》，這是第一份用拉丁字母拼讀漢字的歷史文獻。1625 年，金尼閣在利瑪竇的基礎上加以改進，完成了用羅馬字注音的漢字字彙《西儒耳目資》。中國學者方以智對西方文字表示出極大的興趣：「字之紛也，即緣通與借耳。若事屬一字，如遠西因事乃合音，因音而成字，不重不共，不尤愈乎？」〔註27〕這大概可以理解爲中國學者在語言／文字關係問題上提出「言文一致」之濫觴。

　　但是，方以智只是對拼音文字表示欣賞與好奇，還沒有上升到對漢字本身的否定。只是傳教士的行爲實際成爲清末民初漢字拼音化潮流的源頭，如陳望道所言，這種行爲「就此引起了漢字可用字母注音或拼音的感想，逐步

〔註25〕阮元校刻：《十三經注疏・周易正義》，中華書局 1980 年影印本，第 82 頁。

〔註26〕袁宗道：《論文・上》，郭紹虞主編：《中國歷代文論選》（第三冊），上海古籍出版社 2001 年，第 196 頁。

〔註27〕方以智：《通雅》卷一。此外，錢玄同在 1933 年 3 月 14 日致黎錦熙和羅常培的信中特意提到了劉繼莊和方以智，主張將劉繼莊的生年作爲「國語紀元」。因爲錢玄同認爲劉繼莊撰寫的《新韻譜》具有重大意義，劉氏的音韻學「著眼於統一國語與調查方音」，而且還會像方以智那樣主張採用音標文字。因此錢玄同認爲國語運動的歷史已有 286 年了。見黎錦熙：《國語運動史綱》，黎澤渝、劉慶俄編：《黎錦熙文集》（下卷），黑龍江教育出版社 2007 年，第 83～84 頁。

演進，形成二百年後製造推行注音字母或拼音字母的潮流」，這個「爲西人自己計劃便於學習漢字的時期」稱得上是「拼音、注音的潮流」的第一階段。〔註28〕但是明清之際漢文化還能以其強大的影響力和包容力頑強地吸收與同化著異質文化，因而漢語漢字的地位也不會改變。

這樣一個傳統，顯然與德里達所發現和建構起來的西方邏各斯中心主義也就是語音中心主義的傳統大相徑庭。在以德里達爲首的解構主義者看來，西方形而上學傳統就是一個言語壓制文字的等級體制，而中國的情況卻正好與之相反，因此，德里達認爲他們「可以掌握在所有邏各斯中心主義之外發展起來的文明的強大運動的證據。文字本質上削弱言語，它將言語納入某個系統」，他提出了發人深思的問題：「我們有什麼權力假定『在古代』、在漢字出現之前言語可能具有我們在西方所看到的那種價值和意義呢？爲什麼在中國言語會因文字的出現而『黯然失色』呢？」〔註29〕

但是到了晚清，情況發生了根本性改觀。在日本與西方的威壓下，中國的政治危機與精神危機日益深重，有識之士認爲只有開啓民智、啓蒙國民才能實現救國保種的目的。既然單純學習西方的軍事、科技、政治經濟制度不足以改變現狀，思想文化上的變革就刻不容緩。而作爲思想文化最基本載體的語言文字就首當其衝，於是「到清季最後幾年，語言文字的至關緊要漸成爲朝野許多人的共識」，只是時人對於語言文字的態度是矛盾的：「一方面，在西來的民族主義思想影響下，語言文字被賦予『立國之本』的重要意義，大大提升了『文以載道』和『因文見道』的傳統觀念」，語言文字被視爲「國粹」的要素之一；「另一方面，由於外患日深，『文字』顯然與『退虜』、『送窮』等當下的需要頗有距離，且過於重文的習慣行爲已被認爲妨礙了實用方面的發展」。〔註30〕在這種矛盾狀態中，圍繞漢語漢字的爭論也逐步升級，而首先受到衝擊的就是漢字。儘管嚴復還是從「書」「言」矛盾的角度指出「古書難讀……書言不合（導致）故訓漸失」〔註31〕，但是此時中國學界對漢字

〔註28〕陳望道：《陳望道文集》（第三卷），上海人民出版社 1981 年，第 157～159 頁。
參見汪暉：《汪暉自選集》，廣西師範大學出版社 1997 年，第 362 頁。

〔註29〕〔法〕雅克·德里達：《論文字學》，汪堂家譯，上海譯文出版社 1999 年，第 135～136 頁。

〔註30〕羅志田：《國家與學術：清末民初關於「國學」的思想論爭》，三聯書店 2003 年，第 146～149 頁。

〔註31〕嚴復：《赫胥黎治功天演論序（手稿）》，王栻主編：《嚴復集》（第 5 冊），中華書局 1986 年，第 1412 頁。

的反思，已不再僅僅局限於古人所說的「書」「言」矛盾了。

　　漢字受到批評和指責，首先是因爲人們認爲漢字單字和同音字極多，筆法繁雜，難寫難認難學，造成中國民眾識字率低下，教育難以普及，國民愚昧。頗有諷刺意味的是，這種觀念最初是西方人特別是來華傳教士對漢字的印象，其中包含的西方中心主義和殖民心態是不言而喻的。但是面對先進的西方，不少中國人對此表示了自覺的認同；其次是在時人看來，漢字與漢語脫節，漢字不是西方式的拼音文字，不能由字形直接讀出字音，這也造成識字之難。

　　這種觀念意味著中國人的語文觀念已經發生了根本性的變革：以西方語文爲參照，將漢語漢字作爲反思的對象，中國古人的那種漢語漢字一體化的感知至此終結，漢語和漢字被分離開來了。但同時這種反思又是在強勢的西方的陰影下開展的，因而從一開始就注定了這種反思不可能是在純學理意義上對中西語文進行客觀的研究。在晚清至「五四」，語言文字工具論佔據著主導的位置，視語言爲工具，而文字又是記錄語言的工具即工具的工具，這樣的觀念在當時極爲流行。如勞乃宣宣稱「字之爲用，所以存其言之跡焉爾」；〔註32〕王照就批評「文字既不足當語言之符契」，所以要製作注音字母；〔註33〕裘廷梁認爲「因音生話，因話生文字。文字者，天下人公用之留聲器也」〔註34〕；吳稚暉則認爲「文字有二職：一爲志別，一爲記音」，「文字爲語言之代表，語言又爲事理之代表」〔註35〕；甚至與吳稚暉論辯的章太炎，也認爲「文字者，語言之符，語言者，心思之幟」〔註36〕；傅斯年則指出「語言是表現思想的器具，文字又是表現語言的器具。惟其都是器具，所以都要求個方便，都不要因陋就簡，安於不方便。」〔註37〕

〔註32〕轉引自胡適：《中國新文學大系・建設理論集導言》，胡適編選：《中國新文學大系・建設理論集》，上海文藝出版社 2003 年影印本，第 11 頁。

〔註33〕王照：《〈官話合聲字母〉序》，《清末文字改革文集》，文字改革出版社 1958 年，第 20 頁。

〔註34〕裘廷梁：《論白話爲維新之本》，郭國平、黃霖編著：《中國文論選・近代卷》（下），江蘇文藝出版社 1996 年，第 26 頁。

〔註35〕轉引自羅志田：《國家與學術：清末民初關於「國學」的思想論爭》，三聯書店 2003 年，第 176 頁、第 196 頁。

〔註36〕轉引自羅志田：《國家與學術：清末民初關於「國學」的思想論爭》，三聯書店 2003 年，第 206 頁。

〔註37〕傅斯年：《漢語改用拼音文字的初步談》，胡適編選：《中國新文學大系・建設理論集》，上海文藝出版社 2003 年影印本，第 148 頁。

在時人看來，西方的拼音文字僅用數十個字母即可拼合出無數的單詞，簡單易學，而且拼音文字又是直接拼寫語音的，因音見義，言文合一，故而使用和傳播也很廣泛。西文的這種特點不是無足輕重的，正是言文合一方使西方教育普及、國富民強，日本也是效法西方，廢漢字用假名，發起「言文一致」運動，從此走上獨立自強的道路。因此，想要救國救民，就必須改革漢字，落實爲實際行動，就是簡化漢字甚至是使用拼音文字而廢棄漢字（後者無疑是更爲激進的）。清末民初出現的數量眾多的漢字改革方案，基本上都是在這一指導思想下出臺的。

晚清的「言文一致」運動，首先是效法日本「言文一致」運動的產物。日本在明治維新之後，急於脫亞入歐，深受西學影響，不少知識分子在將日本和西方加以比較後認爲，語文的弊病是日本落後的根源所在，這就是日本「言文一致」運動的由來：「在西方文化的衝擊和強烈的啓蒙意識推動下，國語改良問題開始受到重視。接觸了西方文化的啓蒙學者，在追溯日本與西方文明程度的差異時發現：西方基本是言文一致，而日本則是語言和文字相脫離。他們認爲，這就是日本文明落後的病根。」〔註 38〕日本的「言文一致」運動由此興起，各家各派的根本目的都是一樣，即實現語言文字的合一，以此達到發展教育、開啓民智的作用。而且由於日本文字深受漢字影響，因而日本的「言文一致」運動，明顯帶有擺脫漢字影響、向西方語文靠攏的趨勢，這是日本由學習中國轉而學習西方在語文領域的折射，帶有複雜的文化意味。但是隨之出現的各種方案，在主張上並不一致，有的主張廢除假名和漢字、採用羅馬字拼寫，成立了「羅馬字會」；有的主張廢除漢字、只用假名，成立了「假名之會」，此外，還有較爲穩健的，主張限用漢字，而最爲激進的則主張廢除日語，直接採用英語或別種外語。〔註 39〕

中國晚清的「言文一致」運動，也是集中於文字改革，也是深受日本影響，也是爲了普及教育、開啓民智。最早提出這一設想的黃遵憲，是在研究了日本語文之後，在《日本國志》中提出「言文合一」的設想。1891 年俞樾的學生宋恕最早提出造「切音文字」，他曾到過日本並考察了日本的「言文一致」運動。他在所著《六齋卑議》（1891）中說：「今日本小學教法，先授

〔註 38〕夏曉虹：《覺世與傳世——梁啓超的文學道路》，中華書局 2006 年，第 225 頁。
〔註 39〕參見夏曉虹：《覺世與傳世——梁啓超的文學道路》，中華書局 2006 年，第 226 頁。

和文，後授漢文；若師其意，江淮以南，須造切音文字多種，以便幼學。」
〔註40〕1892 年，盧戇章《一目了然初階》出版，提出了第一個拼音方案。盧
戇章的「中國第一快切音新字」本是類似於羅馬字的字母，但是在戊戌變法
之後，他「應了日本臺灣總督兒玉氏之聘，辦理總督府學務課事三年，故對
於切音新字的形式，意見大變，以爲羅馬字母不如漢字點畫易於推行」，於
是他的切音新字「改用簡單點畫，頗似日本片假名」。〔註41〕康有爲早年有
意識地收集了一批日本的教育學及語言文字學書籍，從而產生了設計「幼學
捷字」的想法，這種文字也類似於拼音文字：「因喉齶脣齒舌之開闔，以點
撇波磔之長短大小闊窄，代以成極簡之字，緯以字母，而童子之作字易矣」
〔註42〕。他提出：要改變中國言文分離、「爲學極難」的現狀，「宜多製小學
書，多採俗字以便民。變法自治，此爲第一事矣。」〔註43〕

　　到辛亥革命前，共有 28 種切音字方案問世，其中以王照的「官話合聲字
母」和勞乃宣的「合聲簡字」影響最大。王照就是在日本假名的啓發下創制
官話字母，以北京音爲標準音，拼寫白話；勞乃宣則在王照的基礎上加入南
方方言，進而普及教育，實現言文一致、國語統一的目的〔註44〕。這時國內
甚至出現了改用日文的要求，更體現出日本對晚清知識界的影響，但這一方
案顯然不可行：「頃更有妄人，欲改用日本文法，與其天遒遠波，及五十一字
母者，日人笑之。」〔註45〕甚至吳稚暉在倡導萬國新語的同時也依然以日本
語文爲榜樣，由此與章太炎發生了激烈的爭論。

〔註40〕　轉引自倪海曙：《清末漢語拼音運動編年史》，上海人民出版社 1959 年，第 18
　　　　頁。
〔註41〕　黎錦熙：《國語運動史綱》，黎澤渝、劉慶俄編：《黎錦熙文集》（下卷），黑龍
　　　　江教育出版社 2007 年，第 90 頁。
〔註42〕　康有爲：《日本書目志‧卷十》，《康有爲全集》（第三集），中國人民大學出版
　　　　社 2007 年，第 410 頁。
〔註43〕　康有爲：《日本書目志‧卷十》，《康有爲全集》（第三集），中國人民大學出版
　　　　社 2007 年，第 419 頁。
〔註44〕　黎錦熙指出，「言文一致」是國語運動第一期的口號，「國語統一」是第二期
　　　　的口號，吳汝綸在日本影響下首先提出「國語統一」的口號，而勞乃宣則提
　　　　出了「言文一致」和「國語統一」的口號。在黎錦熙看來，「言文一致」，爲
　　　　的是普及國民的教育；「國語統一」，爲的是便利國民的交流。參見黎錦熙：《國
　　　　語運動史綱》，黎澤渝、劉慶俄編：《黎錦熙文集》（下卷），黑龍江教育出版
　　　　社 2007 年，第 87 頁、第 97 頁、第 100 頁。
〔註45〕　湯志鈞編：《康有爲政論集》（下冊），中華書局 1981 年，第 909 頁。

正如有的學者指出的那樣,「現代民族—國家的形成與以方言爲基礎創造書寫語言的過程明顯地具有歷史聯繫,這一點已經爲許多學者所關注」,「柄谷行人在討論德里達《書寫語言學》(Of Grammatology)(即《論文字學》——引者注)一書時反覆強調的是,語音中心主義(phonocentrism)並不僅僅是『西方的』問題,而是在民族國家形成過程中『世界各地無一例外地出現了同樣的問題』」〔註46〕。但是中國的言文一致運動與日本不同:

> 中國言文一致運動與日本、韓國的言文一致運動在方向上是相似的,即創造出新的民族語言。但是,中國的語言運動,特別是白話文運動不存在擺脫漢字符號的問題,也不存在以語音爲中心重新創制書面語系統的問題。(試圖擺脫漢字的努力,如下文將要論及的國語羅馬字運動和拉丁化運動均告失敗)由於不存在用「民族語言」(「民間語言」)取代帝國語言的問題,白話文運動並不是在本土語言/帝國語言的對峙關係中提出問題,而是在貧民/貴族、俗/雅的對峙關係中建立自己的價值取向。〔註47〕

這位論者在此沒有專門論述漢字改革運動,一是他認爲這一運動失敗了,二是他將言文一致中的語言/文字合一與口語/書面語合一混而爲一了。實際上晚清和「五四」的「言文一致」運動,在文字改革這一方面恰恰存在「擺脫漢字符號的問題」。而且日本的言文一致運動包含了以民族文字取代漢字的要求,體現出強烈的本土認同和民族主義色彩。但是在中國,這一運動卻恰恰是要逐步擺脫乃至最終抛棄民族文字(漢字),採用以西方爲標準的拼音文字,其中的國語羅馬字其實已經帶有中西折中的色彩甚至是將西方拼音文字本土化的努力,但無論是純粹採用西方文字或萬國新語還是採用國語羅馬字或拉丁化新文字的方案,最終都歸於失敗。在這一過程中,以西方爲取向的世界主義與立足本土特色的民族主義共存於這一時期的改革運動中,中國/世界、本土/西方、傳統/現代、古/今、雅/俗一系列的二元對立在此得以凸顯,這也是中國近現代以來文化變革的一大特色。

黎錦熙將 1900 年以前的國語運動階段稱爲「切音運動時期」,作爲國語運動的第一期,認爲此時的宗旨只在「言文一致」,而且此時的「言文一致,

---

〔註46〕汪暉:《現代中國思想的興起》(下卷第二部),三聯書店 2004 年,第 1493 頁。

〔註47〕汪暉:《地方形式、方言土語與抗日戰爭時期「民族形式」的論爭》,《現代中國思想的興起》(下卷第二部),三聯書店 2004 年,第 1511 頁。

也不過是要用一種「切音」的工具，來代替那繁瑣難寫之單個兒的漢字」，〔註48〕也就是說，晚清時期的「言文一致」運動集中於漢字革新運動，這一點我們可以通過考察一些具有代表性的人物及其主張來求證。

作爲「從事切音運動的第一人」〔註49〕，盧戇章發現，福建一帶的西方傳教士用羅馬字母創制了一種「話音字」，用字母拼切方言土語，刊行聖經。這件事給予他極大啓發，1892 年，他在「話音字」的基礎上，選定了五十五個記號製成一套羅馬式字母，定名爲「中國第一快切音新字」。在序言中，他闡明了自己創制切音新字的宗旨就是「字話一律」，也就是文字與語言合一，便於民衆學習，使之皆能習格致之學，從而實現國家富強：

> 竊謂國之富強，基於格致；格致之興，基於男婦老幼皆好學識
> 理。其所以能好學識理者，基於切音爲字，則字母與切法習完，凡
> 字無師能自讀；其於字話一律，則讀於口遂即達於心；又基於字畫
> 簡易，則易於習認，亦即易於著筆，省費十餘載之光陰，將此光陰
> 專攻於算學、格致、化學，以及種種之實學，何患國不富強也哉？
>
> 〔註50〕

這也是他在《頒行切音字之益》中說到的「語言文字合一，以普及教育也」。〔註51〕後來盧戇章的同鄉林略存也是出於同樣的考慮，呈請都察院代奏，其中提到當時創制切音字者「大旨以音求字，字即成文，文即爲言，無煩講解，人人皆能」〔註52〕。1906 年，盧戇章又向朝廷進呈《中國切音字母》，因受日本影響，將字母改爲點畫，類似日本片假名。只是此時的切音字還處於草創階段，而且拼切的是閩粵方言，還存在很多不足，難以推廣。

此後王照和勞乃宣的簡字影響更大，也同樣受日文影響。勞乃宣的簡字是在王照拼寫北音官話的基礎上加入南音，他於 1908 年得慈禧太后召見，奏

〔註48〕黎錦熙：《國語運動史綱》，黎澤渝、劉慶俄編：《黎錦熙文集》（下卷），黑龍江教育出版社 2007 年，第 87 頁。

〔註49〕這是黎錦熙對盧戇章的評價，見黎錦熙：《國語運動史綱》，黎澤渝、劉慶俄編：《黎錦熙文集》（下卷），黑龍江教育出版社 2007 年，第 87 頁。

〔註50〕黎錦熙：《國語運動史綱》，黎澤渝、劉慶俄編：《黎錦熙文集》（下卷），黑龍江教育出版社 2007 年，第 88 頁。

〔註51〕盧戇章：《頒行切音字之益》，轉引自曠新年：《胡適與白話文運動》，《中國現代文學研究叢刊》1999 年第 2 期。

〔註52〕黎錦熙：《國語運動史綱》，黎澤渝、劉慶俄編：《黎錦熙文集》（下卷），黑龍江教育出版社 2007 年，第 89 頁。

明簡字的價值，他強調製定和推行「簡字」實爲啓蒙、救國之根本：「今日欲救中國，非教育普及不可；欲教育普及，非有易識之字不可；欲爲易識之字，非用拼音之法不可」〔註53〕，「言文一致爲教育普及之大原，此寰宇之通理也」〔註54〕。不僅如此，勞乃宣還見出了「文字簡易」與「語言統一」的辯證關係：「夫文字簡易與語言統一，皆爲今日中國當務之急。然欲文字簡易，不能遽求語言之統一；欲語言統一，則必先求文字之簡易。」〔註55〕

王照創制出「官話合聲字母」，仿照日本片假名，得 62 個字母以拼寫京音官話。當時王照獲得了吳汝綸和袁世凱等人的支持，官話合聲字母傳播面達十三省，影響極大。王照推行官話合聲字母，也是出於「言文一致」的追求，並以此爲世界通行的準則，而中國由於言文分離，帶來的危害就異常深重：

> 世界各國之文字，皆本國人人通曉，乃其言文一致，拼音簡便……吾國古人造字，以便民用，所命之音必與當時語言無異，此一定之理也。而語言代有變遷，文亦隨之，故孔子之文較之夏殷之文，則改變句法，增添新字，顯然大異，可知就當時俗言肖聲而出，著之於簡，欲婦孺聞而即曉，凡也已焉乎等助詞爲夏殷之書所無者，實不啻今日之白話文增入呀麼哪咧等字，孔子不避其鄙俚，固聖人之心專以便民爲務無文之見存也。後世文人欲借文以飾智驚愚，於是以摩古爲高，文字不隨語言，二者日趨日遠，文字既不足當語言之符契，其口音即遷流愈速，百里或歲不相通，千里或世不相通，異者不可復同，而同國漸如異域，妨害多端，誤盡蒼生，無人覺悟矣。〔註56〕

〔註53〕 勞乃宣：《進呈簡字譜錄摺》，轉引自胡適：《中國新文學大系·建設理論集導言》，上海文藝出版社 2003 年影印本，第 8 頁。

〔註54〕 勞乃宣：《增訂合聲簡字譜序》，光緒丙午年江寧刊本，第 1 頁。

〔註55〕 轉引自黎錦熙：《國語運動史綱·序》，黎澤渝、劉慶俄編：《黎錦熙文集》（下卷），黑龍江教育出版社 2007 年，第 12 頁。

〔註56〕 王照：《〈官話合聲字母〉序》，《清末文字改革文集》，文字改革出版社 1958 年，第 20 頁。王照的《官話合聲字母》一書 1901 年在日本出版，1903 年在北京修訂重印，名爲《重刊官話合聲字母序例及關係論說》，在序言中王照重申：「各國文字雖淺，而同國人人通曉，因文言一致，字母簡便，雖極鈍之童，能言之年，即爲通文之年。」《官話合聲字母原序》，郭紹虞主編：《中國歷代文論選》（第四冊），上海古籍出版社 2001 年，第 177 頁。

　　王照同樣將普及教育、開啟民智作爲「言文一致」的意義：「今歐美各國，教育大盛，政藝日興，以及日本號令之一，改變之速，固各有由，而初等教育言文爲一容易普及實其至要之原，余今奉告當道者，富強之理，在各精其業各擴其識各知其分之齊氓，不在少數之英雋也」。〔註57〕

　　19 世紀末齣現的這些拼音方案，主要都是民間有識之士創制的，他們以漢字繁難、民智未開爲中國落後的根源，希望改革文字以實現救國救民的宏願，具體措施是以注音字母拼讀漢字，以此普及教育、開啟民智。這些方案基本上都是自發創制的，並沒有創造出一種成熟的、可代替漢字的拼音文字，還屬於草創階段，加以力量較爲分散，各地方音差異又大，因而切音字運動的確沒有造成太大的影響，而且與文學變革之間也的確沒有直接關係。但它畢竟已開啟了漢字革新特別是拼音化的序幕，而且取法域外文字（開始以日本爲主，後來則以西方爲主）的原則在此後也一直被貫徹了下去。另一方面，人們對漢字的認識也與古代有了重大的區別：開始以域外文字爲參照反思和批判漢字，認爲漢字象形，西方文字表音，在象形／表音的背後是中／西、傳統／現代、落後／先進的二元對立式價值評判。這意味著中國人對漢字的理解更爲深入了，但同時又因爲這種理解是建立在早已存在的中／西文字優劣論的基礎上，其中的偏頗與不足也是顯而易見。

　　漢字顯然不僅僅只是「象形」文字。黃侃曾指出：「小學分形、音、義三部」，「三者之中，又以聲爲最先，義次之，形爲最後。凡聲之起，非以表情感，即以寫物音，由是而義傳焉。聲、義具而造形以表之，然後文字萌生。昔結繩之世，無字而有聲與義；書契之興，依聲義而構字形」〔註58〕，實際指出漢字爲形音義的結合體。現代語言學之父索緒爾更明確地指出漢字就是表意文字：

　　　　只有兩種文字的體系：

　　　　（1）表意體系。一個詞只用一個符號表示，而這個符號卻與詞賴以構成的聲音無關。這個符號和整個詞發生關係，因此也就間接地和它所表達的觀念發生關係。這種體系的典範例子就是漢字。

　　　　（2）通常所説的「表音」體系。

〔註57〕王照：《〈官話合聲字母〉序》，《清末文字改革文集》，文字改革出版社 1958
　　　　年，第 18 頁。
〔註58〕黃侃：《聲韻略說》，《黃侃論學雜著》，上海古籍出版社 1980 年，第 93 頁。

　　……

　　　我們說過，書寫的詞在我們的心目中有代替口說的詞的傾向，
對這兩種文字的體系來說，情況都是這樣，但是在頭一種體系裏，
這傾向更爲強烈。對漢人來說，表意字和口說的詞都是觀念的符號；
在他們看來，文字就是第二語言。在談話中，如果有兩個口說的詞
發音相同，他們有時就求助於書寫的詞來說明他們的思想。但是這
種代替因爲可能是絕對的，所以不致像在我們的文字裏那樣引起令
人煩惱的後果。〔註59〕

但是，索緒爾所關心和探討的，仍是表音文字，以此建立自己的語言學體系。
對此，德里達批評說：「索緒爾將言語系統與表音文字（甚至與拼音文字）系
統相對照，就像把它與文字的目標相對照一樣。這種目的論導致將非表音方
式在文字中的氾濫解釋成暫時的危機和中途的變故。我們有理由把它視爲西
方人種中心主義，視爲前數學的蒙昧主義，視爲預成論的直覺主義。」〔註60〕

　　對於晚清和「五四」時代的中國人而言，漢字重形、西文重音，這是一
個更容易接受的觀念，這也是中國人在對比中西文後很容易得出的結論。
只是需要指出的是，認爲漢字具備象形的特點，這一觀念並不起於晚清，許
愼早就揭示出了這一點：「蓋依類象形，故謂之文；其後形聲相益，即謂之
字，……著於竹帛謂之書。」許愼還指出，周代已有「六書」：「周禮八歲入
小學，保氏教國子先以六書：一曰指事，……二曰象形，……三曰形聲……
四曰會意……五曰轉注……六曰假借。」〔註61〕雖然象形排在指事之後，但
是「依類象形」作爲漢字的首要特徵，卻得到後世的認可並一直傳承下去，
因爲它體現了仰觀天文俯察萬物的東方式思維方式和文化觀念。直至晚清，
創立了中國文法學的馬建忠也指出：「昔古聖開物成務，廢結繩而造書契，於
是文字興焉。夫依類象形之謂文，形聲相益之謂字。」〔註62〕

　　但是晚清以降，「象形」的漢字就受到了猛烈抨擊。維新派主將譚嗣同就
認爲：「語言文字，萬有不齊，越國即不相通，愚賤尤難遍曉；更若中國之象

〔註59〕〔瑞士〕費爾迪南·德·索緒爾：《普通語言學教程》，高名凱譯，商務印書
　　　　館1980年，第50～51頁。
〔註60〕〔法〕雅克·德里達：《論文字學》，汪堂家譯，上海譯文出版社1999年，第
　　　　55頁。
〔註61〕許愼：《說文解字》，中華書局1963年，第314頁。
〔註62〕馬建忠：《馬氏文通序》，《馬氏文通》，商務印書館1983年，第9頁。

形字，尤爲之梗也。」〔註63〕在他看來，要實現語言文字合一，就是要把象形的漢字改爲「諧聲」之字：「故盡改象形字爲諧聲，各用土語，互譯其意，朝授而夕解，彼作而此述，則地球之學，可合而爲一」〔註64〕，他又說「文字即語言、聲音，非有二物矣。今中國語言、聲音，變既數千年，而猶誦寫二千年以上之文字，合者由是離，易者由是難，顯者由是晦，淺者由是深……而讀書識字者所以戛戛而落落焉。求文字還合乎語言聲音，必改象形字體爲諧聲，易高文典冊爲通俗。」〔註65〕

　　有意思的是，清廷也接受了中國文字與西方文字爲象形、切音之別的觀念。1906 年，盧戇章進呈《中國切音字母》，但是譯學館文典處卻對其加以批駁，起首便講：

> 現今世界文字，大別爲二：一爲象形字，一爲切音字。除中國
> 獨用象形字外，餘如國書之字頭，泰西各國之字母，皆切音也。日
> 本朝鮮雖亦沿用漢字，然日本則有假名，朝鮮則有諺文，用以補漢
> 字之不逮，假名，諺文，亦切音字也。象形切音二法雖各有長短得
> 失，然論其難易，二者實有霄壤之別：切音得數十筆十餘筆而有餘
> 者，象形累數千字數萬字而未足。而文字之難易，又與教化之廣狹
> 相爲比例：識字難，則遊惰不得不多；識字易，則教育自然普及。
> 近來日本教育會屢有改良國字之議，至欲盡廢漢字，專用假名或羅
> 馬字以代之，蓋爲此也。〔註66〕

即使是清廷，在強勢的日本及西方面前，也不得不承認漢字繁難與中國教育的落後有關係。但是接下來的話，卻又透露出了另一種心態：「夫漢字爲我國國粹之源泉，一切文物之根本，在日本因襲既久，尚難一旦更張；在我國累代相傳，豈可反行廢棄？」〔註67〕

〔註63〕譚嗣同：《仁學》，蔡尚思、方行編：《譚嗣同全集》（增訂本·下冊），中華書局 1981 年，第 352 頁。

〔註64〕譚嗣同：《仁學》，蔡尚思、方行編：《譚嗣同全集》（增訂本·下冊），中華書局 1981 年，第 352 頁。

〔註65〕譚嗣同：《〈莞音表〉自敘》，蔡尚思、方行編：《譚嗣同全集》（增訂本·上冊），中華書局 1981 年，第 253 頁。

〔註66〕黎錦熙：《國語運動史綱》，黎澤渝、劉慶俄編：《黎錦熙文集》（下卷），黑龍江教育出版社 2007 年，第 90 頁。

〔註67〕黎錦熙：《國語運動史綱》，黎澤渝、劉慶俄編：《黎錦熙文集》（下卷），黑龍江教育出版社 2007 年，第 90～91 頁。

　　一方面承認中西文字的二元對立及漢字之不足，另一方面卻又以「國粹」視之，折射出清廷在語文問題上的矛盾心態，並且表明清廷其實已經無力解決這一矛盾，最多是以切音字輔助漢字。所有這些問題，在日後知識界關於萬國新語與漢字問題上的大論爭中都再度被提出。

　　在這一歷史進程中，梁啓超無疑是一位舉足輕重的人物〔註68〕。雖然徘徊於政治與學術之間，但他對於建立一個新型民族國家及其文化事業的執著熱情卻一以貫之。他興趣廣泛，力圖推進中國文化的全面轉型，因此語言文字問題進入梁啓超的視野並逐漸成爲其學術研究的重要組成部分就不足爲奇。

　　梁啓超最初是以其變法主張而備受關注，他注意到語言文字問題也是源於變法需要，最早的相關論述見於 1896 年所作之《變法通議》。他宣揚變法，堅持以育人才、開發民智爲要義。但是當時中國的教育卻存在極大的弊端，其中一項即是「未嘗識字，而即授之以經；未嘗辨訓，未嘗造句，而即強之爲文。」〔註69〕梁啓超認爲古代是言文一致的，「古代之言即文也，文即言也，自後世語言文字分，始有離言而以文稱者，然必言之能達，而後文之能成。」〔註70〕「古人文字與語言合，今人文字與語言離，其利病既總言之矣。今人出話，皆用今語。而下筆必效古言，故婦孺農氓，靡不以讀書爲難事」〔註71〕。梁啓超由此發現了小說的價值並提倡以俚語著書，但是他此處所談的「文字」，顯然是指文章，他這裡所講的「言」「文」是口語與書面語的關係問題。

　　但是，梁啓超已經指出言文分離不僅僅意味著言語與文章的分離，還涉及到語言與文字的分離，他首先是將中西文字加以對比：「西人之文，以聲爲主，故字雖多而識字易；中國之文，以形爲主，故字雖少而識字難。」〔註72〕他還認爲英法德俄等國的語文脫胎於拉丁文：「蓋拉丁文者，英法俄德諸文之所從出。」〔註73〕應該指出的是，這些觀點在當時及日後都是得到普遍認可的。既然中國語言文字分離，那在漢字不敷使用的情況下，就必須要多造新

〔註68〕黎錦熙的《國語運動史綱》以 1897 年爲國語運動的開始，其中特別提到時務學堂及前一年上海《時務報》的出版，而且《時務報》上登載了梁啓超的《沈氏音書序》。可見黎氏對梁啓超的重視。事實上，梁啓超的相關研究與觀念在晚清與「五四」時代的語言批評中也的確產生過巨大的影響和爭議。

〔註69〕梁啓超：《變法通議》，《飲冰室合集》文集之一，中華書局 1989 年，第 45 頁。

〔註70〕梁啓超：《變法通議》，《飲冰室合集》文集之一，中華書局 1989 年，第 48 頁。

〔註71〕梁啓超：《變法通議》，《飲冰室合集》文集之一，中華書局 1989 年，第 54 頁。

〔註72〕梁啓超：《變法通議》，《飲冰室合集》文集之一，中華書局 1989 年，第 51 頁。

〔註73〕梁啓超：《變法通議》，《飲冰室合集》文集之一，中華書局 1989 年，第 56 頁。

字了：「西人惟文字與語言合也，故既有一物，則有一音有一字有一名；中國惟文字與語言分也，故古有今無之物。古人造一字以名之者，今其物既已無存，則其字亦爲無用；其今有之物，既無其字，則不得不借古有之字而強名之，此假借之例，所以孳乳益多也。然以虛字假實字，沿用已久，尙無不可；以實物而復假他實字以爲用，則鮮不眩矣。且新出之事物日多，豈能悉假古字，故爲今之計，必以造新字爲第一義。」〔註74〕

在《〈沈氏音書〉序》中，梁啓超的觀點得到了延伸。他以「文質」之道論中西文的分別：「中國文字畸於形，宜於通人博士，箋注詞章，文家言也。外國文字畸於聲，宜於婦人孺子，日用飲食，質家言也。」他雖然表示「二端對待，不能相非，不能相勝」，卻承認言文分離是中國落後、衰弱的重要原因：「稽古今之所由變，識離合之所由興審，中外之異，知強弱之原。於是通人志士，汲汲焉以諧聲增文爲世界一大事。」不僅如此，梁啓超還論述了中國語言文字從合一到分離的變遷歷程，分析其中原因：「抑今之文字，沿自數千年以前，未嘗一變，而今之語言，則自數千年以來，不啻萬百千變，而不可以數計。以多變者與不變者相遇，此文言分離之所由起也。」〔註75〕

在《新民說》（1902年）中，梁啓超系統地論述了「言文合」的益處和「言文分」的害處，著眼點還是在於開啓民智，但與此前倡議變法維新有了根本的區別：他已經是在建設現代民族國家思想文化的高度來認識問題〔註76〕。梁啓超分析「吾中國人保守性質，何以獨強」時，認爲除了天然的原因外，人事上的原因有三個，第一個就是「言文分而人智局也」。具體說來，「文字爲發明道器第一要件，其繁簡難易，常與民族文明程度之高下爲比例差。列國文字，皆起於衍形。及其進也，則變而衍聲。夫人類之語言，遞相差異，經千數百年後，而必大遠於其朔者，勢使然也。故衍聲之國，言文常可以相合；衍形之國，言文必日以相離」。也就是說，文字與民族文明的發展是密切相關的，而各國文字都是從低級的衍形文字進化到衍聲文字的，而語言又是隨時變遷，所以衍形之國言文分離就是必然的了，而衍聲之國才能實現言文

〔註74〕梁啓超：《變法通議》，《飲冰室合集》文集之一，中華書局1989年，第74頁。

〔註75〕梁啓超：《〈沈氏音書〉序》，《飲冰室合集》文集之二，中華書局1989年，第1～2頁。

〔註76〕張灝指出，「群治」觀念對梁啓超來說「已經明確地指民族國家思想」。〔美〕張灝：《梁啓超與中國思想的過渡》，崔志海、葛夫平譯，江蘇人民出版社1995年，第110頁。

一致。梁啓超還從三個方面論述了言文分離之害處：

> 言文合，則言增而文與之俱增；一新名物新意境出，而即有一
> 新文字以應之，新新相引而日進焉；言文分，則言日增而文不增，
> 或受其新者而不能解，或解矣而不能達，故雖有方新之機，亦不得
> 不窒，其爲害一也。言文合，則但能通今文者，已可得普通之智識。
> 其古文之學，（如泰西之希臘羅馬文字）待諸專門名家者之討求而
> 已。故能操語言者，即能讀書，人生必需之常識，可以普及。言文
> 分則非多讀古書通古義，不足以語於學問。故近數百年來，學者往
> 往瘁畢生精力於說文爾雅之學，無餘裕以從事於實用。夫亦有不得
> 不然者也。其爲害二也。且言文合而主衍聲者，識其二三十之字母，
> 通其連綴之法，則望文而可得其音，聞音而可解其義。言文分而主
> 衍形者，則倉頡篇三千字，斯爲字母者三千。說文九千字，斯爲字
> 母者九千。康熙字典四萬字，斯爲字母者四萬。夫學二三十之字母，
> 與學三千、九千、四萬之字母，其難易相去何如？故泰西日本，婦
> 孺可以操筆箚，車夫可以讀新聞。而吾中國或有就學十年，而冬烘
> 之頭腦如故也。其爲害三也。〔註77〕

在此梁啓超的語言文字工具論觀念表現得十分突出。裘廷梁認爲「中文也，
西文也，橫直不同，而爲用同。文言也，白話也，繁簡不同，而爲用同」。〔註
78〕如果只就功用而言，這一看法與梁啓超其實是同一論調之兩面而已。但是
通過以上論述，可以看出梁啓超對言文問題的思考已經達到了相當的思想深
度，非一般的文字改革論者所能及，即他的言文一致論已經是在民族國家建
構的框架內思考，而且他已經初步將語言文字與思維、思想文化聯繫起來：「我
國民既不得不疲精力以學難學之文字，學成者固不及什一。即成矣，而猶於
當世應用之新事物新學理，多所隔閡，此性靈之瀹發所以不銳，而思想之傳
播所以獨遲也。」〔註79〕

　　此時的漢字革新，已經透露出一個重要信息，即國人在將漢字與漢語加
以分離並以言文一致爲旨歸時，體現出將語言置於文字之上的傾向，所謂的

〔註77〕梁啓超：《新民說》，《飲冰室合集》專集之四，中華書局1989年，第56～58
　　　　頁。

〔註78〕裘廷梁：《論白話爲維新之本》，鄔國平、黃霖編著：《中國文論選・近代卷》
　　　　（下），江蘇文藝出版社1996年，第28頁。

〔註79〕梁啓超：《新民說》，《飲冰室合集》專集之四，中華書局1989年，第58頁。

言文一致，不是語言向文字靠攏或二者相互接近，而是要求文字合於語言（文字成為語音的直接記錄）。這已經體現出重語言而輕文字進一步講就是重語音而輕文字的態勢了。

中國古人其實也認為文字有記言的功能，如王充說：「口言以明志，言恐滅遺，故著之文字。文字與言同趨，何為猶當隱閉指意？」〔註80〕王充所言「文字」其實是指文章，但文章本是以文字著成，所以二者之間也存在相通之處。段玉裁注《說文解字》提出「文即書契也」，也是將文與書寫勾連起來。但是中國古人並沒有將文字降為語言的附屬品，作為語言（語音）的單純記錄而存在。

這樣一種觀念自晚清之後終於被打破。世人的文字觀至此發生了裂變，文字的神聖光環消失了，跌落為語言的書面記錄。如盧戇章提出的「字話一律」、王照對後世文字「不足當語言之符契」〔註81〕的批評以及勞乃宣提出的「字之為用，所以存其言之跡焉爾」〔註82〕，都是典型的例證。

20世紀初，漢字革新運動開始進入一個新的階段。這一時期以西方傳入的進化論為理論根基，並且是以西方文字或萬國新語（世界語）替代漢字以實現現代化和世界大同還是保留漢字、強調種性，成為這一時期學界爭論的焦點。雖然當時已有人提出使用一種全新的語言文字以替代漢語漢字，其實是在語言和文字兩方面都實現革命，但從當時的爭論及設計來看，焦點還是落實在文字而非語言上——也就是說，對於改革設計者而言，他們最主要的目的是尋找一種新的文字來拼讀漢語，至於說連漢語都徹底放棄，採用全新的外語（無論是哪一種外語或世界語）作為民族共同語，這就意味著完全放棄了民族文化；而對於中國廣大民眾來說，從語言到文字都重新學習，這是至為艱難也是根本不可能完成的事情。世界語運動在中國的失敗就很能說明問題。〔註83〕

〔註80〕王充：《論衡・自紀篇》，黃暉：《論衡校釋》（第四冊），中華書局 1990 年，第 1196 頁。

〔註81〕王照：《〈官話合聲字母〉序》，《清末文字改革文集》，文字改革出版社 1958 年，第 20 頁。

〔註82〕轉引自胡適：《中國新文學大系・建設理論集導言》，胡適編選：《中國新文學大系・建設理論集》，上海文藝出版社 2003 年影印本，第 11 頁。

〔註83〕1949 年 10 月黎錦熙在北京「中國文字改革協會」發表講話，特別指出「向來一般人對於中國文字改革運動，曾經有過一種很大的誤解，以為是在中語以外，另行採用一種語文，作為中國的新文字；因此，理想家就有主張用『世界語』來代替國語的，主張就用『世界語』來作為中國的新文字。這在現階段當

　　1904 年 2 月，蔡元培在《俄事警聞》上發表了小說《新年夢》。小說從一個「中國一民」的見聞寫起，實際寫的是一個夢，設想在未來社會裏「一國的語言統統畫一了；那時候造了一種新字，又可拼音，又可會意，一學就會；又用著言文一致的文體著書印報」。這樣的文字「幾乎沒有一個人不學的。從文字上養成思想，又從思想上發到實事」，最終實現世界大同。〔註 84〕蔡元培的設想，涵蓋了「言文一致」的兩大方面：文字改革與語言革新（「言文一致」的文體其實就指向了書面語的變革，在晚清與「五四」時代就表現爲白話文運動），同時也預示著此後的爭論將會在民族國家與世界大同的對立中展開。這是在時代思潮日趨激進、革命熱情與無政府主義日益高漲的背景下必然出現的。

　　有意思的是，康有爲此時也在設想人類的大同之世，「全地語言文字皆當同，不得有異言異文」〔註 85〕，但在國界、種界尚存的情況下，這一設想難以猝行：「各國並立，國界未除，則各國教育，當存其本國語言文字，以教其愛國心，爲立國之根本也。故一時慮未能廢去，但當定一萬國通行之語言文字，令全地各國人人皆學此一種以爲交通，則人人但學本國語言文字及全地通行語言文字二種而已」，待到「國界已除、種界已除後」，則各國之語言文字皆可廢棄，實現語言文字的大同。〔註 86〕

　　但是，也有不少人對「大同」表示了懷疑：因爲在強勢的西方面前，「大同」只能意味著「歐化」。以犧牲民族國家文化爲代價換來的大同只能是全盤西化，只會是國將不國了。因而此時以吳稚暉爲代表的無政府主義《新世紀》同人與以章太炎爲代表的國粹學派之間關於萬國新語的論爭最爲引人注目，論爭也深化了人們對漢字的認識，將漢字革新運動提升到一個新的高度。此前的漢字革新，的確很難說與文學有多麼密切的關係，而此時的漢字革新則與文學變革緊密相關，因爲雙方的論爭都已經從文字、教育領域擴大到對整

然是行不通的；而一般民眾對於文字改革仍多誤會是整個地改用別國的語文，這也應當加以解釋。我們現在聲明：中國文字改革是屬於國語的；是不變更本國各民族的語言，而主要在改革這種表達漢族語言之傳統而繁難的文字符號——漢字，因爲國語是民族的，它正在獨立的發展；但漢字若不加以改革，它就常在阻礙文化的普及和前進」。黎錦熙：《文字改革論叢》，黎澤渝、劉慶俄編：《黎錦熙文集》（下卷），黑龍江教育出版社 2007 年，第 425～426 頁。

〔註 84〕蔡元培：《新年夢》，《蔡元培全集》（第一卷），浙江教育出版社 1997 年，第 422～436 頁。

〔註 85〕康有爲：《大同書》，遼寧人民出版社 1994 年，第 102 頁。

〔註 86〕康有爲：《大同書》，遼寧人民出版社 1994 年，第 96 頁。

個中國傳統思想文化學術的反思，文學自然也成為其中的一個重要議題。

1907 年 6 月，無政府主義刊物《新世紀》創刊於巴黎。在 11 月 2 日《新世紀》第 20 期上，李石曾率先發難，以「眞」的筆名發表了《進化與革命》一文，提出了「文字進化與文字革命」的問題，主張「文字革命」、「語言文字同革命」，態度至爲激烈。在這篇文章中，李石曾提出廢棄漢字改用萬國新語，他以進化論作爲自己的理論根據。

首先是「文字之根源與文字之進化」。上古之時，古人「畫地而爲之記，此即文字之一根原也」。此後古人結繩爲識，是「文字之進化矣。更有竹、帛、紙、板，文字因之以興。」因此，文字進化需要兩方面的條件：一是「直接之聰明，即造文字」，二是「間接之聰明，即造器具也。如繩、竹、帛、紙、板以及各種印機等是」；

其次是「文字直接之進化與革命」即文字革命的直接原因——文字進化之次序與生物進化同理，都是從簡單進化到高級：最初爲象形（埃及古文與中國文之小部分），進而爲表意（中國文之大部分），進而爲合聲（西文）：「文字所尚者，惟在便利而已，故當以其便利與否，定其程度之高下。……象形表意之字，不若合聲之字爲良。於進化淘汰之理言之，惟良者存。由此可斷言曰：象形表意之字，必代以合聲之字，此之謂文字革命。」從進化角度看，西文「較支那文自大善」，「然亦尚多缺點」，但畢竟是最高級的文字，必將「日趨於便」以「合世界之文字而爲一」。若是「直以西文或萬國文代中文」，這才是「語言文字同革命」；

再次是印刷方式的進化：人工鏤刻法是「東西文皆可用之，此法漸廢」，活字版則「西文較東方文簡而易排」，到機器鑄字，則「惟西文可用」。「機器愈良，支那文愈不能用。從進化淘汰之理，則劣器當廢；欲廢劣器，必先廢漢字」。這是文字革命的間接原因；

最終，要實現這種革命，就要破除「保國粹」的成見。此論顯然是針對國粹派而發。〔註 87〕

李石曾認爲「文字與思想進化所關亦最要」〔註 88〕，可見，即使是文字

〔註 87〕眞：《進化與革命》，張枬、王忍之編：《辛亥革命前十年間時論選集》（第二卷下冊），三聯書店 1963 年，第 1042～1044 頁。

〔註 88〕眞：《進化與革命》，張枬、王忍之編：《辛亥革命前十年間時論選集》（第二卷下冊），三聯書店 1963 年，第 1042 頁。

工具論，《新世紀》派也還是注意到了語言文字與思想的關聯，這使得他們的論述有時又能溢出工具論的範圍。在此後的論爭中，「語言文字同革命」並沒有得到廣泛響應，但是「文字革命」卻激起了極大反響，直到「五四」之後的 1923 年，錢玄同還提出了「漢字革命」的口號，只是《新世紀》同人更多地或者說是更願意將漢字僅視爲工具，而錢玄同則更側重漢字的文化內涵。

繼李石曾之後，吳稚暉等人繼續就文字革命做文章。他們在文字革命的具體主張、程序、舉措上雖然意見還不完全一致，但都是以進化論爲依據，強調文字也遵循進化之「公理」，西方拼音文字進化程度高，故而是文明事物；中國的「象形」文字程度低級，是野蠻事物，故最理想、最徹底的方式就是廢棄漢字，改用萬國新語，這樣自然可使中國進入文明行列。

以拼音文字爲文明事物而排斥、輕視非拼音文字，本是西方中心主義的體現。在柏拉圖、亞里士多德到盧梭、黑格爾等人的著述中，以語言爲心靈、思想的符號，以文字爲語言的符號，文字就成爲符號的符號、工具的工具，這樣的言論在西方形而上學史上隨處可見。而在德里達看來，這種觀念其實也是人種中心主義——邏各斯中心主義——語音中心主義的體現，這是德里達解構西方兩千多年形而上學傳統的起點。

在《論文字學》中，德里達首先寫下了三條題記：

1. 在文字學方面成就超群的人將如日中天。

一個文書。（EP，第 87 頁）

啊，薩瑪斯（太陽神），你將陽光撒遍大地，每塊土地有如楔形符號。（同上）

2. 這三種書寫方式與人類據此組成民族的三種不同狀態完全對應。描畫物體適合於野蠻民族；使用字句式的符號適合於原始民族；使用字母適合於文明民族。（J.～J.盧梭《語言起源論》）

3. 拼音文字自在自爲地最具智慧。（黑格爾《哲學全書》）

這三條題記不僅旨在關注時時處處支配著文字概念的人種中心主義（I'ethnocentrisme），也不僅旨在關注我們所說的邏各斯中心主義（Logocentrisme）即表音文字（如，拼音文字）的形而上學。這種形而上學由於對單純的歷史相對主義無法把握的、令人費解而又十分關鍵的原因，在將自身強加於當今世界並且支配著同一種秩序

時，基本上不過是最原始和最強烈的人種中心主義。〔註89〕
錢鍾書曾批評黑格爾「鄙薄吾國語文，以爲不宜思辯」，又誇耀德語富含思想，「其不知漢語，不必責也；無知而掉以輕心，發爲高論，又老師鉅子之常態慣技，無足怪也」〔註90〕。以黑格爾爲代表的以西方拼音文字爲最高等，對其他語言文字包括漢語漢字的鄙薄，是西方人常見的態度。

但除此之外，德里達還指出了對待漢字的另外一種態度，即在表面的讚美背後潛藏著誤解，這同樣是一種偏見。德里達指出，從笛卡爾到基歇爾、威爾金斯和萊布尼茲，他們都「鼓勵人們在新近發現的漢字中發現一種被排除在歷史之外的哲學語言模式」。對萊布尼茲來說，「漢字與發音的分離意味著通過發明技巧隨意使它偏離歷史，使它適合哲學研究」。這也就是從笛卡爾到萊布尼茲等人所設想的「普遍文字」。由於認識到了漢字的非表音性質，萊布尼茲認爲漢字似乎是「聾子創造的」，它可以脫離漢語而保持獨立。在致白晉（Bouvet）神父的信（1703 年）中，他把埃及的、通俗的、感性的隱喻性文字，與中國的、哲學的、理性的文字區分開來：「漢字也許更具有哲學特點，且似乎基於更多的理性考慮，它是由數、秩序和關係決定的。故只存在不與某種物體相似的孤零零的筆劃。」〔註91〕

對此，德里達認爲，萊布尼茲對漢字的理解只是一種幻覺，他的「普遍文字（本質上是非表音文字）計劃絲毫不會中斷邏各斯中心主義。恰恰相反，它證明了邏各斯中心主義」，「邏各斯中心主義是人種中心主義的形而上學。它與西方歷史相關聯。在萊布尼茲爲傳授普遍文字論而談到邏各斯中心主義時，中文模式反而明顯地打破了邏各斯中心主義」〔註92〕。由此，德里達宣佈「表音文字」或者說拼音文字也是一種幻覺：「由於結構上或本質上的原因，純表音文字是不可能的，而且它從未徹底減少非表音文字」，「『表音』與『非表音』決非某些文字系統的純粹性質，在所有一般指稱系統中，它們是或多或少常見的並且起支配作用的典型概念的抽象特徵」，「事實上，每種書寫符

〔註89〕〔法〕雅克‧德里達：《論文字學》，汪堂家譯，上海譯文出版社 1999 年，第 3 頁。
〔註90〕錢鍾書：《管錐編》（第一冊），中華書局 1986 年，第 1～2 頁。
〔註91〕〔法〕雅克‧德里達：《論文字學》，汪堂家譯，上海譯文出版社 1999 年，第 109～116 頁。
〔註92〕〔法〕雅克‧德里達：《論文字學》，汪堂家譯，上海譯文出版社 1999 年，第 114～115 頁。

號形式都有雙重價值，即：表意價值與表音價值」〔註93〕。德里達的分析，對於我們更好地理解西方文字和漢字，提供了重要參考。

語言學家帕默爾在文字問題上也是西方中心主義者。在他看來，文字的早期階段，「圖形符號直接表示概念。它還沒有和語言的聲音符號——詞發生聯繫。事實上，這個階段的文字和言語仍然是兩套獨立的代表概念的符號系統。這個事實可以用圖十一（下圖——引者注）的圖解來表示。當三角形的第三邊完成，即圖形符號不是用來代表概念而是用來代表相應的詞的聲音時，文字史上最有意義的一步就邁出去了。這時的文字便不再是一個表意系統，而是一個表音系統了」。〔註94〕

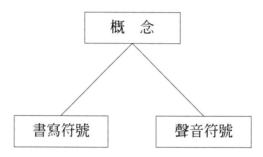

由此，帕默爾認為漢字就好比圖畫：「在中國，一如在埃及，文字不過是一種程序化了的、簡化了的圖畫的系統。就是說，視覺符號直接表示概念，而不是通過口頭的詞再去表示概念。」但是，他又認為漢字並不簡單，中國的「書面語言是獨立於口頭語言的各種變化之外的。它意味著，一個學生學了 4000 個左右的視覺符號之後，四千年的文獻就立刻展現在他面前了。對於他不存在學習中古漢語和上古漢語的負擔。也沒有學習古希臘文獻的學生碰到的那種複雜的方言問題」。帕默爾反而對漢字作出了高度的評價：「漢字是中國通用的唯一交際工具，唯其如此，它是中國文化的脊樑。如果中國人屈從西方國家的再三要求，引進一種字母文字，充其量不過為小學生（和歐洲人）省出一兩年學習時間。但是為了這點微小的收穫，中國人就會失掉他們對持續了四千年的豐富的文化典籍的繼承權」，在這個意義上，他贊同高本漢的說法：「中國不廢除自己的特殊文字而採用我們的拼音文字，並非出於任何愚蠢的或頑固的保守

〔註93〕〔法〕雅克·德里達：《論文字學》，汪堂家譯，上海譯文出版社 1999 年，第 132 頁。
〔註94〕L.R.帕默爾：《語言學概論》，李榮等譯，商務印書館 1983 年，第 95～96 頁。

性。……中國人拋棄漢字之日，就是他們放棄自己的文化基礎之時。」〔註95〕

由此再來反觀 20 世紀初的這場圍繞漢字存廢問題的論爭，或許我們能夠從中得到更大的收穫。如果說西方傳統形而上學架構起的是文字—語言—思想的等級結構，這一結構也爲中國知識分子所採用，如吳稚暉：「文字爲語言之代表，語言又爲事理之代表」〔註96〕；章太炎：「文字者，語言之符，語言者，心思之幟」〔註97〕；傅斯年：「自思想轉爲言語，經一度之翻譯，思想之失者，不知其幾何矣。文辭本以代言語，其用乃不能恰如言語之情。自言語轉爲文辭，經二度之翻譯，思想之失者，更不知其幾何矣。」〔註98〕

因此，《新世紀》諸人在文字問題上的看法很有代表性，以當時最有影響力的進化論爲武器，以文明、富強、進步作爲許諾，的確很富有鼓動性。但是其中的問題也不容忽視：

首先，文字但求便利，這樣的觀念是典型的文字工具論。既然視文字爲工具，則改用別種文字而產生的種種問題，《新世紀》派是無暇考慮的。吳稚暉認爲「語言文字之爲用，無他，供人與人相互者也」，「語言文字止爲理道之筌蹄、象數之符號」〔註99〕。康有爲在《大同書》中的觀念，同樣如此：「夫語言文字，出於人爲耳，無體不可，但取易簡，便於交通者足矣。」〔註100〕故木山英雄認爲，吳稚暉「亦視語言爲工具，與康有爲共有著同類型的思考態度」〔註101〕。

其次，從文字工具論出發，《新世紀》派認爲野蠻的漢字所記載、承載的中國文學與文化也是野蠻、落後、不如西方，只有廢棄漢字，中國文學與文化才有希望。這又在一定的意義上超越了工具論。從某種意義上講，這一思路竟然與後來的《新青年》同人達到了某種程度的一致，如張全之所揭示的：

〔註95〕 L.R.帕默爾：《語言學概論》，李榮等譯，商務印書館 1983 年，第 99 頁。
〔註96〕 轉引自羅志田：《國家與學術：清末民初關於「國學」的思想論爭》，三聯書店 2003 年，第 196 頁。
〔註97〕 轉引自羅志田：《國家與學術：清末民初關於「國學」的思想論爭》，三聯書店 2003 年，第 206 頁。
〔註98〕 傅斯年：《文學革新申議》，胡適編選：《中國新文學大系‧建設理論集》，上海文藝出版社 2003 年影印本，第 117 頁。
〔註99〕 燃料（吳稚暉）：《書〈駁中國用萬國新語〉後》，張枬、王忍之編：《辛亥革命前十年間時論選集》（第三卷），三聯書店 1977 年，第 209 頁。
〔註100〕 康有爲：《大同書》，遼寧人民出版社 1994 年，第 96 頁。
〔註101〕 〔日〕木山英雄：《文學復古與文學革命——木山英雄中國現代文學思想論集》，趙京華編譯，北京大學出版社 2004 年，第 217 頁。

　　　　吳稚暉意識到了文學在改造「舊種性」中的重要性，使其啓蒙主
義思想與文學變革發生了關聯。他指出，藝術都帶有鮮明的「種性」，
就文學而言，這種「種性」充溢於文字中，「故欲保持何種民族之種
性，必先保持其美術」，「故自今以後，如欲擴大文學之範圍，先當廢
除代表單純舊種性之文字，（舊種性者，本於文字外充溢於精神。）
而後自由雜習他種文字之文學。以世界各種之良種性，配合於我舊種
性之良者，共成世界之新文學，以造世界之新種性。」（燃：《續書蘇
格蘭君〈廢除漢文議〉後》，《新世紀》71 號，1908 年 10 月。）

　　　　《新世紀》在開啓民智方面重教育輕文學，但吳稚暉此番議論，
仍顯現出他的基本思路：由文字革命到借助文學改造中國之「種
性」，這與五四文學革命的基本思路是一致的。他呼籲「雜習他種文
字之文學」即是引進國外文學，以達到改良「種性」的目的，這一
要求到五四時期，成爲激進知識分子的共識。因此，「新世紀派」固
然不是一個文學社團，但他們對文學問題的看法，顯示出企圖借助
文學改造國民性的熱切渴望。〔註 102〕

再次，《新世紀》派雖然以進化論爲依據，但將生物進化的原則與規律簡單套
用到人類社會，這種做法是不可取的。何況他們也還不是嚴格地進行學理上
的論證，而是在事先已經設定的中／西、傳統／現代、象形／合聲的二元對
立框架中展開，中國既然不如西方，就成爲野蠻、落後的代表，一切傳統就
應被拋棄；西方則是先進、文明的象徵，於是西方的一切都罩上了迷人而神
聖的光環。可見這樣的觀念，並不是客觀的學術研究，而是帶有鮮明的意識
形態色彩，學理上的漏洞與缺陷比比皆是。

　　　對於《新世紀》派的主張，章太炎給予了有力反擊，以他的《駁中國用
萬國新語說》、《規新世紀》爲代表。

　　　首先，他對進化論表示了異議，對於各種語言文字，他從其自身的特性
入手加以剖析。《新世紀》派以進化論爲武器，以日本和西方爲典範，目的
是與之齊一。但是從齊物思想出發，章太炎反對以同一的模式強求整齊劃
一，特別是進化論本來是闡述自然界優勝劣汰之理的，不能簡單照搬於人類
社會。章太炎與國粹學派諸人抱有文化相對主義和多元主義的態度，認爲各

〔註 102〕張全之：《從〈新世紀〉到〈新青年〉：無政府主義與五四文學革命》，《中國
　　　　現代文學研究叢刊》2005 年第 5 期。

－106－

種文化沒有優劣之分，都有自身的合理性，各種文化之間需要相互借鑒和學習。

　　就語言文字本身而論，所謂「萬國新語者，本以歐洲爲準，取其最普通易曉者，糅合以成一種，於他洲未有所取也」，故「漢語之異於萬國新語，視萬國新語之異於希臘、羅甸，其遠彌甚」。至於象形字、表音字，它們各有所長：「象形、合音之別，優劣所在，未可質言」，所以所謂漢字繁難，「在強迫教育之有無，不在象形、合音之分也」。日本雖用漢字，但是音讀訓讀、和書漢書羼雜不清，「夫語言文字，出於一本，獨日本則爲二本，欲無淩雜，其可得乎？」即使漢語方言差異極大，「抑以萬國新語易漢語，視以漢語南北互輸，孰難孰易？」所以不論是「盡用其語」還是「但用其音」，皆不可行。不過，他也提出輔助學習漢字的兩條途徑：一是「人人當兼知章草」，二是「略知小篆，稍見本原」；〔註103〕

　　其次，章太炎批評了文字工具論，對文字問題發表了自己的看法。在他的眼中，語言文字不是純粹的工具，而是「國粹」的要素之一。1906年，章太炎在《東京留學生歡迎會演說詞》中提到，國粹分爲三項：「一是語言文字，二是典章制度，三是人物事蹟」。〔註104〕語言文字已經成爲國家存於天地之間的重要保證了。國粹學派的鄧實等人也認識到古今滅國的方式已經不同，古代是武力征伐，「今之滅人國也，不過變易其國語，擾亂其國文，無聲無臭，不戰而已墮人國圮人種矣，此歐美列強所以多滅國之新法也」〔註105〕。黃節也發現，滅國「必滅其種族而後可；滅其種族，則必滅其國學而後可」，英國滅印度、俄國分波蘭，「皆先變亂其言語文學，而後其種族乃淩遲衰微焉」〔註106〕。

〔註103〕章太炎：《駁中國用萬國新語說》，張枬、王忍之編：《辛亥革命前十年間時論選集》（第三卷），三聯書店1977年，第19～26頁。需要補充說明的是，後來的胡適，起初也是不贊同廢除漢字的，他在「文學科學研究部」文學股年會上，他的論文題目是「如何可使吾國文言易於教授」，其中第二點談到「漢文所以不易普及者，其故不在漢文，而在教之之術不完」。至少在這一點上，他與章太炎有共識。見胡適：《逼上梁山》，胡適編選：《中國新文學大系・建設理論集》，上海文藝出版社2003年影印本，第4頁。
〔註104〕章太炎：《東京留學生歡迎會演說詞》，湯志均編：《章太炎政論選集》（上冊），中華書局1977年，第276頁。
〔註105〕轉引自羅志田：《國家與學術：清末民初關於「國學」的思想論爭》，三聯書店2003年，第145～146頁。
〔註106〕黃節：《「國粹學報」敘》，張枬、王忍之編：《辛亥革命前十年間時論選集》（第二卷上冊），三聯書店1963年，第43頁。

鄧實認爲，「一國之立，必有其所以自立之精神焉，以爲一國之粹；精神不滅，故其國亦不滅」，何況「自有世界以來，以文學立國於大地之上者，以中華爲第一；立國之久而文學相傳不絕者，亦以中華爲第一」，故而文言實爲「國粹」：「文言者，吾國所以立國之精神而當寶之以爲國粹者也。滅其國粹，是不啻自滅其國。」〔註107〕

　　值得注意的是，國粹學派並非是簡單的守舊派或保守主義者。晚清的國粹學派其實深受日本國粹思潮影響，並且也一度接受了西方的進化論與社會學，思想中也有激進之處。「國粹」這個晚清時期曾經一度風行的流行語、新名詞，卻是來自於日本，但這個詞也非日本人所創，而是由他們譯自英文Nationality。日本的國粹思潮出現於明治中期，最初是明治政府片面推行「歐化」政策的反撥。日本人所強調的「國粹」，是其特有的民族性與民族精神，這是民族認同和建設現代民族國家必不可缺的條件。日本的國粹思潮，對中國產生過極大影響。甲午戰爭後，大批中國留學生赴日，梁啓超就曾使用了國粹一詞：「中國民族固守國粹之性質，欲強使改用耶穌紀年，終屬空言耳。」〔註108〕而清廷也在1903年11月頒佈的《學務政綱》中使用了這個新名詞：「外國學堂最重保存國粹，此即保存國粹之一大端。」〔註109〕1905年，鄧實、黃節等人在上海成立國學保存會，以「研究國學，保存國粹」爲宗旨，至此，朝野上下對於保存國粹達成了共識。國粹派文化思想的核心是民族主義，強調民族性與民族精神，這一點與日本的國粹派是一致的。但是，中國國粹派的思想，經歷了一個發展變化的過程。在1904年以前，國粹派普遍接受了進化論，熱衷於從生物進化的觀點評說中西文化，強調中國文化落後於西方乃是進化程度上的滯後，因而是整體的、根本性的。但在此之後，國粹派則認爲「無用者君學也，而非國學」〔註110〕，認爲中國的落後，不是國學造成的，而恰恰是國學不昌明的後果，故他們轉而重新審視中西文化及

〔註107〕轉引自羅志田：《國家與學術：清末民初關於「國學」的思想論爭》，三聯書店2003年，第146頁。

〔註108〕梁啓超：《中國史敍論》，《飲冰室合集》文集之六，中華書局1989年，第8頁。

〔註109〕舒新城：《中國近代教育史資料》（上冊），人民教育出版社1980年，第204頁。

〔註110〕鄧實：《國學無用辨》，張枬、王忍之編：《辛亥革命前十年間時論選集》（第二卷下冊），三聯書店1963年，第632頁。

其關係。〔註111〕因此，梁啓超闡發的「新民」論，其實也適用於國粹學派：

> 新民云者，非欲吾民盡棄其舊以從人也。新之義有二：一曰，
> 淬厲其所本有而新之；二曰，採補其所本無而新之。二者缺一，時
> 乃無功。先哲之立教也，不外因材而篤與變化氣質之兩途。斯即吾
> 淬厲所固有採補所本無之說也。一人如是，眾民亦然。

> 凡一國之能立於世界，必有其國民獨具之特質。上自道德法律，
> 下至風俗習慣文學美術，皆有一種獨立之精神。祖父傳之，子孫繼
> 之，然後群乃結，國乃成。斯實民族主義之根柢源泉也。……吾所
> 患不在守舊，而患無真能守舊者。真能守舊者何？即吾所謂淬厲其
> 固有而已。〔註112〕

可見，歐化與國粹，本來就是國粹學派內在固有的兩面，但《新世紀》派的廢棄漢字、改用萬國新語的主張，無疑在歐化的道路上走到了極端，國粹學派是無法容忍的，因而「在清季最後幾年本來對歐化持開放態度的國粹學派、特別是章太炎等人針對棄國粹而歐化的主張進行了激烈的鬥爭，其核心則在語言文字之上」。〔註113〕既然將語言文字視為國粹，章太炎就突破了語言工具論和文字工具論，從民族文化特性的高度來認識漢字的價值，而且「人事有不齊，故言語文字亦可不齊」〔註114〕，不可強求齊一。

以這樣的觀念看待中、日、西文字，太炎先生就有自己的洞見了。他承認中西文字各有優長也各有不足，漢字可用通過借鑒西文而改進，但他反對以日文為參照，因他認為日文本是在借鑒漢字的基礎上才得以形成，而且存在著假名、漢字混用的毛病，無論是從歷史的角度還是從文字自身的特性來看，漢字革新都沒有必要向日文學習。至於西文，章太炎認為漢字表義而難知其音，西文則知其音而難知其義，各有優長，也各有不足，「漢土所闕者在術語，至於恒言則完；歐洲所完者在術語，至於恒言則闕」，「今漢字於恒言則得用，於術語則得麗；歐洲之文，術語不待麗，誠善；而恒言不給用，則

〔註111〕鄭師渠對晚清國粹派的研究十分系統而深入，本段論述即參考鄭師渠：《晚清國粹派：文化思想研究》，北京師範大學出版社 1997 年，第 1～9 頁、第 61 頁、第 129 頁、第 293 頁等。

〔註112〕梁啓超：《新民說》，《飲冰室合集》專集之四，中華書局 1989 年，第 6 頁。

〔註113〕羅志田：《國家與學術：清末民初關於「國學」的思想論爭》，三聯書店 2003 年，第 142 頁。

〔註114〕轉引自羅志田：《國家與學術：清末民初關於「國學」的思想論爭》，三聯書店 2003 年，第 206 頁。

不可以是更我」。〔註115〕

由此來看，漢字可以在簡化、表音的方向上改進，章太炎據此擬出36聲母、22韻母，爲後來的國語運動所採用。可見章太炎並非是一味復古守舊，其態度其實是很開明的。

但是，章太炎在語言文字問題上也並非純然立足於學理，其主張與排滿革命密切結合在一起，體現出鮮明的意識形態色彩。章太炎講求以古爲新，追尋古音古義，重視小學，這一做法正是排滿革命的需要。在他看來，從字之古義可以探知華夏文明的眞義；至於字音，章太炎認爲古音存留於各地的方言中，故需返歸方言而正字音，他的《新方言》正是本此而作。劉師培爲《新方言》所寫跋語道破了章太炎的心思：「昔歐洲希、意諸國，受制非種；故老遺民，保持舊語，而思舊之念沛然以生，……今諸華彝禍，與希、意同；欲革彝言而從夏聲，又必以此書爲嚆矢。」〔註116〕

以華語夏聲爲正以激發民眾的排滿熱情，達到種族革命的目的，章太炎在語言文字問題上的政治立場立刻得以顯現出來。如此一來也就不難理解在當時及後來，章太炎都旗幟鮮明地反對以京音爲標準音或國音。可見在章太炎這裡，語言文字問題也非單純的學術問題。

這裡更值得關注的是章太炎既反對以進化論用於文字，則其文學觀也就不是進化文學觀了。既然中西文字各有優勝，自然不能說西方文學就勝過中國。

但是，章太炎與吳稚暉在一些問題上實際也有共識：〔註117〕

一是一國之語言文字應當統一；

二是他們都反對以北京音來統一全國語音，章太炎認爲「今虜雖建宅宛平，宛平之語未可爲萬方準則」〔註118〕，包含了排滿革命的情緒在內。而吳稚暉同樣傾向於排滿革命，在他看來，「以通用而言，即以今人南腔北調多數

〔註115〕轉引自羅志田：《國家與學術：清末民初關於「國學」的思想論爭》，三聯書店2003年，第180頁。

〔註116〕轉引自羅志田：《國家與學術：清末民初關於「國學」的思想論爭》，三聯書店2003年，第184～185頁。

〔註117〕參考羅志田：《國家與學術：清末民初關於「國學」的思想論爭》，三聯書店2003年，第187～188頁。

〔註118〕章太炎：《駁中國用萬國新語說》，張枬、王忍之編：《辛亥革命前十年間時論選集》（第三卷），三聯書店1977年，第32頁。

人通解之音爲最當。其聲和平，語近典則，即可以爲雅正之據」〔註119〕；

　　三是他們都贊成改良中國文字，只是在取向上有所不同。章太炎主張「人人當兼知章草」，以「速與疏寫」。這是因「草書之作，導源先漢」，章太炎的立場仍是中國文化傳統。〔註120〕吳稚暉也提出了兩條改良的法子，一是「限制字數，凡較僻之字，皆棄而不用。有如日本之限制漢文」；二是「手寫之字，皆用草書。無論函牘證憑，凡手寫者，無不爲行草、有如西國通行之法」〔註121〕。章太炎固然不同意吳稚暉取法日本、西方，也反對限制字數，但於用草書一條還是贊同的；

　　四是他們對當時的「簡字」都持保留意見。吳稚暉認爲「今日所謂簡字、切音字等，忘其苟簡之術不足爲別於文字之間，故離舊文字而獨立，歆於作倉頡第二，遂失信用於社會」〔註122〕。章太炎也批評創制簡字諸人想以簡字「直代正文，自以爲新倉頡，……是則析辭擅名以亂正」〔註123〕。吳稚暉後來重申自己的觀點，認爲創制簡字諸人「不過各有倉頡自負之野心，故各換其面目，以表神奇。其實諸公休矣，說穿了竟不值一笑也。以西文字母切土音，乃耶教徒之慣法。……所謂字母能切字音，本狗屁不值一錢之天然現成法」。自根本上講，切音字之虛妄在於野蠻爲漢字之根性，「以苟簡切音，直截代之，真夢囈耳」，簡字之妄在於「自忘其有統一語言、利便婦孺之功用，而乃以之爲反切之小用」〔註124〕。

　　總之，以吳稚暉爲代表的《新世紀》派和以章太炎爲代表的國粹學派圍繞萬國新語問題展開了激烈的論爭，涉及到語言文字的方方面面，更進而上昇到思想文化的高度。正如羅志田所概括的，「雙方最基本的學理分歧所在，即語言文字是否『工具』（或是否僅爲工具）」，而雙方最核心的實質性爭端「並

〔註119〕燃（吳稚暉）：《書〈神州日報〉〈東學西漸〉篇後》，張枬、王忍之編：《辛亥革命前十年間時論選集》（第三卷），三聯書店1977年，第470頁。

〔註120〕章太炎：《駁中國用萬國新語説》，張枬、王忍之編：《辛亥革命前十年間時論選集》（第三卷），三聯書店1977年，第26頁。

〔註121〕轉引自羅志田：《國家與學術：清末民初關於「國學」的思想論爭》，三聯書店2003年，第173頁。

〔註122〕燃料（吳稚暉）：《書〈駁中國用萬國新語〉後》，張枬、王忍之編：《辛亥革命前十年間時論選集》（第三卷），三聯書店1977年，第210頁。

〔註123〕轉引自羅志田：《國家與學術：清末民初關於「國學」的思想論爭》，三聯書店2003年，第188頁。

〔註124〕燃（吳稚暉）：《書〈神州日報〉〈東學西漸〉篇後》，張枬、王忍之編：《辛亥革命前十年間時論選集》（第三卷），三聯書店1977年，第469～472頁。

不在萬國新語本身,而在於中文是否當廢,以及與此相關的『國粹』是否當保」,雙方在時間立場和空間立場上都存在差異:就前者言,《新世紀》派著眼於「現在」(實際更多是面向未來),國粹學派則強調「歷史」;就後者言,《新世紀》派強調「世界」(實爲「西方」),國粹學派強調的則是「中國」。《新世紀》派側重「學理」而國粹學派更重「種界」。故章太炎斥責吳稚暉爲「西方牛馬走」,而吳稚暉罵章太炎「野蠻」,背後潛藏的,是兩種價值觀念和立場的鬥爭。〔註125〕

在這場爭論中還有一個人物的言論值得關注,那就是劉師培。劉師培早年思想異常激進,對排滿革命極爲熱心,他以「光漢」爲號就是一個顯著的標誌。他接受了無政府主義思想的影響,鼓吹暗殺,對傳統文化加以抨擊和批判。1903年,劉師培發表《中國文字流弊論》,指出了漢字的五大弊病:「一、字形遞變,而舊意不可考也」;「二、一字數義,而丐詞生也」;「三、假借多,而本意失也」;「四、由數字一義也」;「五、由點畫之繁也」。相比之下,「西人之文字,有古文及本國文之分。古者希臘、拉丁文也,修古者始習之,而本國之文,則無人不習。此識字者所由多也。若中國所習之文,以典雅爲主,而世俗之語,直以淺陋斥之。此中國文字致弊之第一原因也」。〔註126〕

但5年之後,劉師培卻轉變了態度,寫下了《論中土文字有益於世》的文章,爲漢字辯護。劉師培此舉並非倒退復古,相反他是將小學與社會學勾連起來,認爲要避免社會學的穿鑿附會,「必以中土文字爲根據」,其舊作《小學發微》,「以爲文字繁簡,足窺治化之淺深,而中土之文,以形爲綱,察其偏旁,而往古民群之狀況,昭然畢呈。故治小學者,必與社會學相證明」〔註127〕。

前後對比,可以發現劉師培態度的轉變不是沒有原因的。《中國文字流弊論》中對漢字的指謫與黃遵憲有一致之處,都是從啓蒙民眾、開啓民智的角度考慮問題,抨擊漢字。但是到1904年發表《論中國並不保存國粹》一文時,

---

〔註125〕羅志田的《國家與學術:清末民初關於「國學」的思想論爭》一書,在第四章《種界與學理:抵制東瀛文體與萬國新語之爭》中,細緻而深刻地分析了這一場論爭。筆者的論述,即參考了這一部分。見羅志田:《國家與學術:清末民初關於「國學」的思想論爭》,三聯書店2003年,第170~213頁。

〔註126〕劉師培:《中國文字流弊論》,《劉師培辛亥前文選》,三聯書店1998年,第181~182頁。

〔註127〕劉師培:《論中土文字有益於世》,《劉師培辛亥前文選》,三聯書店1998年,第457~458頁。

他已發出「今日之中國，豈猶有國粹之存耶」的悲歎〔註128〕，而《論中土文字有益於世》則是力證漢字爲國粹且有益於世，又是專門從學術角度加以論證。角度不同，哪怕面對的是同樣的對象，自然也會得出不同的結論。因此，在漢語漢字問題上，劉師培採用的是二元折衷的態度：

> 蓋文言合一，則識字者日益多。以通俗之文，推行書報，凡世之稍識字者，皆可家置一編，以助覺民之用，此誠近今中國之急務也。

> 然古代文詞，豈宜驟廢？故近日文詞，宜區二派：一修俗語，以啓淪齊民；一用古文，以保存國學，庶前賢矩範，賴以僅存。〔註129〕

這裡劉師培的論述有一點混亂，他所說的「文字」，顯然包含了漢字與文章兩層意思，但又都與書面語相關，因而當他論述漢字問題時，不自覺地走到口語／書面語、俗語／古文的關係問題上去了。但從這裡表述的觀點看，劉師培保存國學的努力也還是值得肯定的。

如果進一步探究，劉師培的轉變一方面與國粹派的總體轉變有關：國粹派在 1904 年以前思想激進，鼓吹歐化，但在時代風潮日趨激進之時，國粹派則開始對此前言論與思想進行反思，認識到保存國粹的重要性；另一方面，劉師培對進化論的理解也走向深入。他不像《新世紀》派那樣對社會進化充滿了樂觀，以工具理性和實用主義來談論文化問題，而是將小學與社會學聯繫起來，作出自己的解答。

劉師培對語言與文字的關係提出了新的看法。他以進化論爲據提出文字起於語言：「上古之時，未有字形，先有字聲，故有語言而無文字……及有文字時，乃各本方言造文字」，「文字者，基於聲音者也」。〔註130〕這一觀念與章太炎十分接近，章氏即認爲「文字初興，本以代聲氣，乃其功用有勝於言者」〔註131〕。在劉師培看來，「上古之初，言與字分，以字爲文」，〔註132〕

〔註128〕劉師培：《論中國並不保存國粹》，《劉師培辛亥前文選》，三聯書店 1998 年，第 197 頁。

〔註129〕劉師培：《論文雜記》，《劉師培辛亥前文選》，三聯書店 1998 年，第 319 頁。

〔註130〕劉師培：《文章源始》，陳引馳編校：《劉師培中古文學論集》，中國社會科學出版社 1997 年，第 211 頁。

〔註131〕章炳麟：《國故論衡·文學總略》，郭紹虞主編：《中國歷代文論選》（第四冊），上海古籍出版社 2001 年，第 308 頁。

〔註132〕劉師培：《文章源始》，陳引馳編校：《劉師培中古文學論集》，中國社會科學出版社 1997 年，第 212 頁。

文字又基於聲音，這對文學而言就具有特別的意義：「上古之時，先有語言，後有文字。有聲音，然後有點畫；有謠諺，然後有詩歌」〔註133〕，「古人之文，以音爲主」〔註134〕，文字既進化、變遷，文學也隨之發展並生成自己的審美特質。由此來看，「積字成句，積句成文，欲溯文章之緣起，先窮造字之源流」〔註135〕，將漢字變遷與中國文學的發展聯繫起來，從文字上指明中國文學的特性，這是劉師培的獨到之處。

　　至「五四」時代，文字進化論及與之相關的進化文學觀被新一代知識分子所繼承。胡適是一個典型的代表。1915 年夏，胡適在美國把「中國文字的問題」作爲當年文學股的論題，胡適寫了一篇論文，題爲「如何可使吾國文言易於教授」，抨擊「舊法」的四個弊端，第一條就是

　　　　漢文乃是半死之文字，不當以教活文字之法教之。（活文字者，
　　日用話言之文字，如英法文是也，如吾國之白話是也。死文字者，
　　如希臘拉丁，非日用之語言，已陳死矣。半死文字者，以其中尚有
　　日用之分子在也。……）〔註136〕

也就是在當年夏天，胡適「從中國文字問題轉到中國文學問題」。正是由於堅信「『文字形式』往往是可以妨礙束縛文學的本質的」，「一部中國文學史只是一部文字形式（工具）新陳代謝的歷史，只是『活文學』隨時起來替代了『死文學』的歷史」，「歐洲各國的文學革命只是文學工具的革命。中國文學史上幾番革命也都是文學工具的革命」，故而今日中國所需之文學革命也必定是文學工具的革命。〔註137〕

　　這裡有一點需要注意的是，胡適是從西方爲中國文學的變革尋找依據，在語言文字上就是以希臘拉丁文／英法文與漢文／白話相比附。胡適以是否在日常言說中得到應用來區分死文字與活文字，這是他的標準。但是這裡存在著邏輯上的混亂：胡適所言「漢文」，從語境來看，當指漢字，但是白話卻

〔註133〕劉師培：《論文雜記》，《劉師培辛亥前文選》，三聯書店 1998 年，第 320 頁。
〔註134〕劉師培：《文說》，陳引馳編校：《劉師培中古文學論集》，中國社會科學出版社 1997 年，第 195 頁。
〔註135〕劉師培：《文章源始》，陳引馳編校：《劉師培中古文學論集》，中國社會科學出版社 1997 年，第 210 頁。
〔註136〕胡適：《逼上梁山》，胡適編選：《中國新文學大系·建設理論集》，上海文藝出版社 2003 年影印本，第 4～5 頁。
〔註137〕胡適：《逼上梁山》，胡適編選：《中國新文學大系·建設理論集》，上海文藝出版社 2003 年影印本，第 6～10 頁。

是語言而非文字，二者不在一個層面，顯然無法構成真正的對立。故而胡適後來將「漢文」替換爲「古文」（在他那裡也就是指文言）。

　　胡適就這樣找到了中國文字問題與中國文學問題的連接點，死文字／活文字的劃分，不僅是胡適在中國語言文字問題上的立足點，同樣也是他在中國文學乃至中國文化問題上的立足點。從語言文字工具論入手，按進化的原則區分爲死文字／活文字，進而認爲死文字承載的文學與文化已過時，必須用活文字來創造新文學和新文化，這是胡適一生堅持的一個根本性原則，是他發動並終生維護文學革命的最主要原因。

第二節　文法問題與文學語言的科學化〔註138〕

　　在中國語法學興起之初，中國知識分子一般都是使用「文法」一詞。「文法」「語法」之爭出現後，有人認爲，「文法」是針對書面語而言，「語法」是針對口語而言。郭紹虞認爲，就這一爭論本身而言，「可說只是名稱上的問題，沒有多大意義」。不過，郭紹虞認爲，爭論雖無必要，但是對二者加以區分還是有意義的，從而發現其中存在「與中西文化有關的大問題」。也就是說，這是一個「與人生日常有關，涉及到文化上種種問題，牽涉到語言學、文學以及其它文化藝術都有關係的問題」。就文學而言，郭紹虞曾將中國文學按照語言和文字的離合劃分爲六個不同的時代，提出了「語言型的文學」與「文字型的文學」，進而提出，將「語言型」和「文字型」應用到語言文字之學上，就可以區分出文法和語法，可以把「偏於文字的稱之爲文法，偏於語言的稱之爲語法」。〔註139〕

　　陳望道提出，「文法是語文的組織規律」，存在於口語中，也存在於書面語之中，統括了語、文雙方。這一術語的涵義經歷了兩個時期的演變：第一個時期，「文法」是一個一般用語，指規則、法律而言。這種用法，最早見於《史記》、《漢書》。第二個時期，「文法」演變爲語文用語，指語文的規律而

〔註138〕「文法」與「語法」的區別曾被著意指出，即論者強調文法是針對書面語、文章，而語法是針對口語。但是這一區別逐漸消除，後來學界統一隻使用「語法」這一術語。但是這一部分的論述爲照顧歷史語境，還是使用「文法」一詞。

〔註139〕郭紹虞：《從文法語法之爭談到文法語法之分》，《照隅室語言文字論集》，上海古籍出版社 2009 年，第 353～357 頁。

言。在這一時期，第一個時期的用法繼續流行。而第二個時期又可以分爲兩個階段：

第一階段，「文法」是廣義的，指語言文字的一切規律而言，相當於文理、文勢、作文、修辭等，這種廣義用法，是自唐宋以後通行的。第二階段出現了狹義用法，專指語文的組織規律。而這兩種用法又長期並存，如章學誠《章氏遺書》卷九：

> 「與邵二雲」：故深於文法者，必有無形與聲而復至當不易之法，所謂文心是也；精於治獄者，必有非典非故而自協天理人情之勘，所謂律意是也。

> 「答周永清辯論文法」：文有顚倒一字，意義懸絕，不可不辨別也。

在同一著作中，章學誠使用的「文法」在例一中是廣義的，在例二中是狹義。自《馬氏文通》以後，「文法」已向狹義用法發展，這是文法學的專門用法。

陳望道還談到，「文法」和「語法」這兩個術語都經歷了一個發展演變的過程，都是從概指語文的一般規律而發展爲專指語文的組織規律，都是統括語文雙方，因而可以互換。〔註140〕

對「文法」這一概念作簡要的梳理之後，再來看文法學的建立對於中國語言學和語言批評的意義。中國自古就有語言學，到晚清與「五四」時代中國現代語言學得以建立。濮之珍認爲，1906年章太炎提出的「語言文字之學」這一名稱統合了傳統的文字學、音韻學和訓詁學，而且也在思想上、理論上促進了語言學的現代化，「標誌著中國現代語言學的開始」。〔註141〕但也有學者認爲，是《馬氏文通》「使中國語言學開始從語文學中獨立出來，開創了中國語言學的新篇章」。〔註142〕姚小平強調，《馬氏文通》是「中國語言學從傳統邁向現代的轉折點」。〔註143〕何九盈也認爲，「把《馬氏文通》作爲古代語

〔註140〕陳望道：《文法簡論》，《陳望道文集》（第二卷），上海人民出版社1980年，第531～536頁。

〔註141〕濮之珍：《中國語言學史》，上海古籍出版社1987年，第476頁。

〔註142〕「二十世紀中國語言學叢書」編纂出版委員會：《二十世紀中國語言學叢書・總序》，陳昌來：《二十世紀的漢語語法學》，書海出版社2002年，第1頁。

〔註143〕姚小平：《「中國語言學史研討會」述略——兼談語言學史學的建設》，姚小平主編：《〈馬氏文通〉與中國語言學史：首屆中國語言學史研討會文集》，外語教學與研究出版社2003年，第329頁。

言學和現代語言學分水嶺的原則是正確的，是不可動搖的」。〔註144〕此外還有一種較爲折衷的意見：

> 《文通》（即《馬氏文通》──引者注）在中國語言研究中的獨特地位還在於它帶來的影響不僅限於漢語語法研究，而是帶來了把握漢語的新視角，開闢了新的研究領域，改變了中國傳統漢語言研究的整個格局。此後，它所開闢的領域成爲中國漢語言研究的主體。《文通》這種對中國傳統語言研究整體的影響力在很大程度上得益於對西方語言研究思想的接受。中國的語言研究從此不斷引進西方語言學思想，開始了現代語言學的研究歷程。由此看來，從時間上講，《文通》處在中國傳統語言研究與現代語言研究的轉折處，從空間上講，《文通》又處在中國傳統語言研究與西方傳統語言研究的交匯處。〔註145〕

以中國語法學的建立作爲中國現代語言學誕生的標誌，這確實有一定道理，但如此一來就引發了兩個問題：一是中國古代有沒有語法學？二是爲何中國語法學的建立可以成爲中國現代語言學誕生的標誌？這兩個問題其實不僅僅是語言學領域的，在更深層面關涉到中國思想學術文化的現代轉型。

　　對於前一個問題，一些著名的語言學家和語言學史家如王力、濮之珍、何九盈都曾作出了深入的辨析。他們都承認中國古代沒有專門的語法學，但語法學卻正是古印度和西方古代語言學的強項。中國古人雖然注意到一些語法現象，又對虛詞進行了一定的研究，但始終不曾建立系統的語法學。古印度文化傳入中國時，中國語言學發生的重大變革就是反切的興起及其後四聲說的提出，漢語音韻學取得了革命性的進步，但是漢語語法學卻沒有隨之建立。明清之際的中西文化交流也沒有實現這一目標。直到《馬氏文通》出版，漢語語法學才得以創立。馬建忠是模仿拉丁文法而建構漢語語法體系，並且是以「詞本位」探尋文言文的語法結構。黎錦熙的《新著國語文法》則是以英語語法爲模板分析白話文的語法體系，確立了「句本位」的觀念。

　　一些學者進一步探求了中西語言研究之所以存在差異的內在原因，將其

〔註144〕何九盈：《中國古代語言學史》（新增訂本），北京大學出版社2006年，第23頁。

〔註145〕李娟：《〈馬氏文通〉與中西語言研究傳統的關聯》，姚小平主編：《〈馬氏文通〉與中國語言學史：首屆中國語言學史研討會文集》，外語教學與研究出版社2003年，第48頁。

上昇到東西方思維方式和思想文化差異的高度。李娟認爲，這種語言研究關注點的差異，可以一直上溯到古典時期哲學家對語言的最初的理性認識，並與對正確的思想方法的探求結合在一起。在古希臘，邏各斯（logos，句子，命題）是思想陳述的基本形式，思想的正確與否取決於邏各斯的眞與假，而這種眞與假直接取決於聯結名字（onoma）與謂字（rhema）的判斷。早期希臘哲人把握語言的基點——句子，其核心是主謂關係和定式動詞。巴門尼德在其論述中，就用希臘語的係動詞 eimi 的主動語態、單數、第三人稱、陳述式 estin（是）表示「存在」，即絕對、普遍、永恆的眞理。而中國先秦時期關於語言和知性的思考，集中體現在所謂「名辯」上，即通過確定正確的名實關係達到思想的正確。在先秦哲人看來，語言活動直接體現在「以名舉實」上。先秦哲人對語言表達的基本點的把握與後來「小學」研究的立足點不無關聯。先秦的「名」基本等同於後來的「字」。先秦哲人在許多「正名」論述中涉及到具體的名物釋義，其中的方法原則大多爲後來的「訓詁」著作吸納，其中最重要的是，聲訓和形訓成爲解讀字義的兩條主要途徑，此後出現文字、音韻兩個「小學」研究的重要分支。〔註146〕

龔鵬程更進一步將中國古人的這種思維方式稱爲哲學文字學，他認爲「深察名號、考索字義，成了中國哲學最基本的方法。論者不僅要『察制名之樞要』，要核正名實，更須通過名的探究，構建一套哲學即文字學的體系」，故而古人不須注意文法，而只需要探討字義，不談句子。「不談句子，文法學自然就很難談了」。但是西方哲學不同。西方的傳統邏輯是以「命題」來展開的，傳統的存有論也奠基於句子的討論上。而且在亞里士多德那裡，句子也是主述式語句（subject-predicate sentence）。如此一來，才可以判斷。〔註147〕

至此，前一問題基本得到解決。但是後一個問題，即爲何中國語法學的建立成爲中國現代語言學誕生的標誌，這一問題卻還沒有得到充分的注意。中國語言學發展至今，其實已經形成了以語法學爲中心的語言學體系，語法學成爲最爲重要的分支。但是，語法學的建立並不是一個簡單的語言學事件，它實際意味著崇尚科學的中國知識分子找到了中西之間一個極爲重要的契合

〔註146〕李娟：《〈馬氏文通〉與中西語言研究傳統的關聯》，姚小平主編《〈馬氏文通〉與中國語言學史：首屆中國語言學史研討會文集》，外語教學與研究出版社2003年，第50～51頁。
〔註147〕龔鵬程：《文化符號學：中國社會的肌理與文化法則》，上海人民出版社，2009年，第121～122頁、第132～133頁。

點，注重邏輯、理性的西方語言文字和西方語法學意味著「科學」，因此，中國知識分子才會將語法學置於如此重要的地位並以西方爲參照努力建構中國的語法學。這一思維模式不僅限於語言學，實際也涵蓋了文學研究領域。〔註148〕在這個意義上甚至可以說，中國語法學的建立爲「科學的」中國現代語言批評和中國現代文學批評的確立提供了重要條件。〔註149〕

　　這裡一個典型的例證就是晚清知識分子和「五四」知識分子對「文法」問題的關心，最爲突出的就是梁啓超和胡適。早在 1896 年的《變法通議》中，梁啓超在論幼學之改革時，提出要編寫文法書：「中國以文采名於天下，而教文法之書，乃無傳焉。意者古人語言與文字合，……蓋學言即學文也，後世

〔註148〕汪暉曾指出「在中國現代思想研究中，科學共同體及其文化實踐是經常被忽略的部分，以致按照通常的歷史構圖，現代啓蒙運動似乎僅僅是一些人文知識分子的活動的產物」。爲此，他在「科學文化」與「社會文化」之外，提出了「科學話語共同體」的概念，是指「這樣一個群體，他們使用與人們的日常語言不同的科學語言，並相互交流，進而形成了一種話語共同體」。他進而指出，「中國現代的知識體系和不同學科話語——不僅是自然科學的學科話語，而且還包括中國社會科學和人文學科的話語——最初都是在科學共同體對科學語言的試驗和改造中形成的」，因而文化運動也不過是以科學話語爲自己的核心內容。汪暉：《現代中國思想的興起》（下卷第二部），三聯書店 2004 年，第 1107～1125 頁。汪暉認爲科學期刊、現代教育都是科學話語共同體興起的條件。在筆者看來，中國語法學的建立及其內蘊的話語模式，也是體現科學話語在文化運動中的地位的一個例證。汪暉以中國科學社爲例加以分析，從中我們可以看到，當時的眾多社會名流如蔡元培、馬君武、徐世昌、黎元洪、范源濂、張騫、梁啓超都加入了中國科學社，而他們本身倒多是政治家和文化名流。汪暉認爲這體現出『『科學』本身是社會體制建構的原理」。同書，第 1130～1131 頁。而且當時中國的人文學者從事的文學、哲學、歷史學工作也都是科學工作，因而在中國現代初期的文化語境中，科學話語不僅不是人文話語的他者，反而是人文話語的基礎。同書，第 1144 頁。

〔註149〕汪暉認爲，就語言而言，中國科學社的科學實踐產生了異常深遠的影響，漢語開始經歷它的技術化過程，如制定和審查科學名詞、橫排印刷和採用新式標點等。他還認爲「早期科學語言與日常語言或文學語言在形式上沒有截然的區分，也正由於此，科學語言的變革能夠成爲新的日常語言和文學語言的創新源泉。儘管漢字及其書寫是一個古老傳統的產物，但中國現代語言、特別是中國現代語言的書寫形式也是以科學語言爲元形式的。值得注意的是，有關現代漢語的討論，除了普通話問題外，最爲重要的研究和討論集中於現代漢語的語法問題上，而『語法』問題的特點就是用一種元語言的形式對現存語言進行規範和改造，使之在單義的、明確的方向上展示意義。橫排、新式標點的使用爲現代語法研究提供了極爲重要的內容和工具。在這個語法學的框架內，語言可以被理解爲純粹的形式、工具、手段」。汪暉：《現代中國思想的興起》（下卷第二部），三聯書店 2004 年，第 1138 頁。

兩事既分,而斯義不講。自魏文帝劉彥和始有論文之作。然率爲工文者說法,非爲學文者問津。……西人於識字以後,即有文法專書,若何聯數字而成句,若何綴數句而成筆,深淺先後,條理秩然。余所見者,馬眉叔近著中國文法書未成也。……若其條理,則俟馬氏書成,可得而論次焉。」〔註150〕

梁啓超對馬建忠的文法書抱有很高期望,《馬氏文通》成書之前,梁啓超就已經瞭解到書中的內容:馬建忠「著書的時候是光緒二十二年,他住在上海的昌壽里,和我比鄰而居,每成一條,我便先睹爲快,有時還承他虛心商榷」〔註151〕。書成之後,梁啓超給予了極高的讚譽:「近世俞蔭甫(樾)爲《古書疑義舉例》,稟高郵學,而分別部居之。而最近則馬眉叔(建忠)著《文通》,亦憑藉高郵(眉叔著書時,余在上海,居相鄰,往往有所商榷,知其取材於《經傳釋詞》、《古書疑義舉例》者獨多也),創前古未有之業。中國之有文典,自馬氏始。」〔註152〕在梁啓超的眼中,馬建忠既「深通歐文」,又有傳統學術功底,「把王、俞之學融會貫通之後,仿歐人的文法書把語詞詳密分類組織而成的」〔註153〕,學貫中西,其價值自不待言。

梁啓超指出《馬氏文通》是會通中西的產物,這一點很有創見。但是,梁啓超最初對於文法問題的重視,還是源於他對作文之法的關注,即聯字成句,綴句成篇。對於馬建忠的良苦用心——揭示語法規律——體會還不夠深切,對於文法學創立的革命性意義,自然也沒有充分認識到。頗具諷刺意味的是,清廷反倒是將文法問題上昇到思想學術的高度來認識,在 1903 年左右制定的《奏定學堂章程》的《學務綱要》第 12 條特別提出「外國文法,或虛實字義倒裝、或敘說繁複曲折,令人費解,亦所當戒。倘中外文法參用雜糅,久之必漸將中國文法字義盡行改變,恐中國之學術風教亦將隨以俱亡矣」〔註154〕。清廷學部是從防範西方文法的角度來立論,而從正面加以引

〔註150〕梁啓超:《變法通議》,《飲冰室合集》文集之一,中華書局 1989 年,第 52 頁。

〔註151〕梁啓超:《中國近三百年學術史》,《飲冰室合集》專集之七十五,中華書局 1989 年,第 214 頁。

〔註152〕梁啓超:《論中國學術思想變遷之大勢》,《飲冰室合集》文集之七,中華書局 1989 年,第 93 頁。

〔註153〕梁啓超:《中國近三百年學術史》,《飲冰室合集》專集之七十五,中華書局 1989 年,第 214 頁。

〔註154〕轉引自羅志田:《國家與學術:清末民初關於「國學」的思想論爭》,三聯書店 2003 年,第 155 頁。

進、大力倡導的，則是「五四」知識分子。

在 1916 年致朱經農和陳獨秀的信中，胡適就提出「須講求文法」是文學革命的一個重要事項〔註155〕。在 1917 年正式發表的《文學改良芻議》中，這一意見依然如初，成為文學改良「八事」中的重要一項。1922 年，白話文已經大獲全勝，胡適作《中學作文教學法》的講演，依然將文法列為最重要的議題之一。胡適如此有意關注並強調文法，顯然有其深層用意。

1915 年，在美國的中國學生會成立了「文學科學研究部」，胡適與趙元任把「中國文字的問題」作為當年文學股的論題。胡適為此專門寫了一篇論文，談論的是「如何可使吾國文言易於教授」，文中有四個要點，第三、四點都與文法有關：「(3) 吾國文本有文法。文法乃教文字語言之捷徑，今當鼓勵文法學，列為必須之學科。(4) 吾國向不用文字符號，致文字不易普及；而文法之不講，亦未始不由於此，今當力求採用一種規定值符號，以求文法之明顯易解，及意義之確定不易。」胡適自己解釋「第三條講求文法是我崇拜《馬氏文通》的結果，也是我學習英文的經驗的教訓。第四條講標點符號的重要也是學外國文得來的教訓；我那幾年想出了種種標點的符號，一九一五年六月為《科學》作了一篇《論句讀及文字符號》的長文，約有一萬字，凡規定符號十種，在引論中我討論沒有文字符號的三大弊：一為意義不能確定，容易誤解，二為無以表示文法上的關係，三為教育不能普及」。〔註156〕胡適對文法的關注，顯然與《馬氏文通》及中國科學社的科學活動有關〔註157〕，也與西方語文帶給他的衝擊相關。

同年夏，胡適的思想起了一個大轉變：從中國文字問題轉到中國文學問題，提出了「文學革命」的口號，但是「文法」仍是他關注的對象：在與梅光迪、任鴻雋的爭論中胡適提出了「三事」——第一項是「言之有物」，第二項是「須

〔註155〕胡適：《逼上梁山》，《中國新文學大系·建設理論集》，上海文藝出版社 2003 年影印本，第 24～25 頁。

〔註156〕胡適：《逼上梁山》，胡適編選：《中國新文學大系·建設理論集》，上海文藝出版社 2003 年影印本，第 6 頁。

〔註157〕汪暉認為，「1916 年，就在《新青年》雜誌孕育白話文運動之前，胡適在《科學》月刊第二卷第二期發表了他寫於 1915 年 6 月的長文《論句讀及文字符號》及兩篇附錄《論無引語符號之害》和《論第十一種附號（破號）》，這些文章不僅發表於首用橫排、標點的《科學》月刊，而且在某種意義上也是對於《科學》月刊的形式的一種說明」。汪暉：《現代中國思想的興起》（下卷第二部），三聯書店 2004 年，第 1139 頁。

講求文法」，第三項是當用「文之文字」時，不可避之。〔註158〕1916 年 8 月 19 日在致朱經農的信中，胡適提出「新文學之要點」的八事，「須講求文法」作爲形式要求之一列於其中，這與他致陳獨秀的信是一致的。後來在《新青年》上正式發表的《文學改良芻議》，「須講求文法」列爲其中的第三點。

胡適不僅在文學革命上大力倡導文法，而且將他對文法問題的關注帶入中學國文教育領域。1919 年後，胡適做過三次關於中學國文教育的演講，有意思的是，對文法教學的重視不僅一以貫之，而且還在不斷加強。〔註159〕1920 年 3 月，胡適在北京高師附中作了題爲「中學國文的教授」的講演，9 月，《新青年》8 卷 1 號發表；1922 年 7 月，胡適又在中華教育改進社濟南年會上作了題爲「中學的國文教育」的講演，後發表於《晨報副鐫》（1922 年 8 月 28 日），並以《再論中學的國文教學》爲題收入《胡適文存二集》；1932 年 8 月，胡適應北平中等教育暑期講演會的邀請，以「中學國文教學法」爲題作了第三次講演。

胡適第一次講演，提出「中學國文的理想標準」，首要標準就是「人人能用國語（白話）自由發表思想——作文、演說、談話——都能明白曉暢，沒有文法上的錯誤」。胡適對國語的重視自不待言，因爲文學革命就是要以國語爲工具推翻文言文的正統地位。而以國語自由發表思想和沒有文法錯誤爲胡適所看重，則是否暗示出，注重文法是自由發表思想的保障？「五四」的追求是人人能以國語這種現代工具傳達出現代思想，這才符合現代人的要求。不僅如此，他還要求「人人能看平易的古文書籍」，「人人能作文法通順的古文」。不僅要掌握國語文法，還要掌握文言的文法，能夠寫作古文，胡適對中學生國文水平的要求未免過高，卻折射出他對文法問題的極度重視——無論是國語文法還是文言文法，中學生均應掌握。

爲此，胡適將文法的教授放在十分突出的位置，不但在課時分配上規定每一學期都要講授文法，「第一年，專講國語的文法。要在一年之內，把白話文法的要旨都講完」，「第二三年，講古文的文法」，並「應該處處同國語的文法對照比較」，甚至要求「以後中學堂的國文教員應該有文法學的知識，不懂文法的，

〔註158〕 胡適：《逼上梁山》，胡適編選：《中國新文學大系‧建設理論集》，上海文藝出版社 2003 年影印本，第 8 頁。

〔註159〕 參見錢理群：《五四新文化運動與中小學國文教育改革》，《中國現代文學研究叢刊》2003 年第 3 期；梁心：《胡適關於中學國文教育的三次講演——側重第三次講演》，《社會科學研究》2009 年第 1 期。

決不配做國文教員。所以我把文法與作文並歸一個人教授。」〔註160〕因此，胡適將文法的教授歸入到「文法與作文」這一課程中，但他也承認文法教材還很匱乏，他當時正在著手編《國語文法草案》（後成《國語文法概論》一文）。

在古文文法方面，胡適認為「現在還沒有好文法書。最好的書自然還要算《馬氏文通》。《文通》有一些錯誤矛盾的地方，不可盲從；《文通》又太繁了，不合中學堂教本之用。但是《文通》究竟是一部空前的奇書，古文文法學的寶庫。教員應該把《文通》仔細研究一遍，懂得了，然後可以另編一部更有條理、更簡明易曉的文法書。」〔註161〕在文法問題上如此堅持，正折射出胡適對文學語言「科學性」的追求，如同堅持白話文學為文學之正宗一樣，講求文法，也是胡適一生的原則。此舉對中學國文（語文）教育的影響異常深遠，正如錢理群所指出的，「中國的國文教育，包括 1949 年以後的語文教育，一直突出文法（語法）教育，並越來越強調文法（語法）的知識體系，把語文教學變成語法、修辭、字句的操練，顯然是延續了胡適的思路」。〔註162〕

或許意識到自己對中學生要求過高，胡適在兩年之後的《再論中學的國文教學》裏，就對前述說法作了一定的修訂：首先是強調「我們認定一個中學生至少要有一個自由發表思想的工具，故用『能作國語文』為第一標準」，「國語文通順之後，方可添授古文，使學生漸漸能看古書，能用古書」，「作古體文但看做實習文法的工具，不看做中學國文的目的」。在課程設計上也做了相應調整，規定「在小學未受過充分的國語教育的」，「宜先求國語文的知識和能力」，「繼續授國語文至二三學年，第三四學年內，始得兼授古文，但鐘點不得過多」，「四學年內，作文均應以國語文為主」，「國語文已通暢的」則「宜注重國語文學與國語文法學」，「作文則仍應以國語文為主」〔註163〕。為此，他特意在國語文教材中增加了「國語文的文法」。〔註164〕

〔註160〕胡適：《中學國文的教授》，歐陽哲生編：《胡適文集》（第 2 冊），北京大學出版社 1998 年，第 153 頁、第 154 頁、第 160 頁。

〔註161〕胡適：《中學國文的教授》，歐陽哲生編：《胡適文集》（第 2 冊），北京大學出版社 1998 年，第 160 頁。

〔註162〕錢理群：《五四新文化運動與中小學國文教育改革》，《中國現代文學研究叢刊》2003 年第 3 期。

〔註163〕胡適：《再論中學的國文教學》，歐陽哲生編：《胡適文集》（第 3 冊），北京大學出版社 1998 年，第 601～603 頁。

〔註164〕胡適：《再論中學的國文教學》，歐陽哲生編：《胡適文集》（第 3 冊），北京大學出版社 1998 年，第 603 頁。

　　1932 年，胡適發表了第三次講演，所提標準又有變化，在文法上的要求又有所提高：「能懂古文國語在文法上之大致同異，而交互翻譯」，「有天才高且熟於文法者，宜鼓勵古文作文」〔註165〕。在教材方面，胡適提出要將國語文法教材和古文文法教材分別開來，一是「關於國語文法之材料，應使學生明瞭國語文法上之知識」，二是「古文文法，使教授及學者明白古文與白話文文法上之區別」。〔註166〕

　　胡適的三次演講，都將「人人能用國語自由發表思想——作文，演說——都能明白曉暢，沒有文法上的錯誤」作爲首要標準，這一點不難理解，而且也多少透露出他對國語與現代思想之間關聯的認知。此外值得注意的是，就文法的教授方法而言，胡適在第三次講演中提出了「要學生同時在外國文上努力，以補正中國文法上之缺點」。胡適此前的演講一直都強調「講古文的文法，應該處處同國語的文法對照比較」。〔註167〕在第三次講演中，他也提到區分國語文法教材和古文文法教材，以利於比較參考。此外，「在現代國文教學法上，最重要的，就是提倡翻譯，這樣可以使學生瞭解古文與國語文文法上之同異的關係，然後才能實際運用自如呢」。在古文教學中，要求「讀未標點的書籍，練習學生自己標點、分章、分段的能力，以便瞭解文法重要之處，如有錯誤，教師再加以糾正」，「精讀、熟讀一些名著，澈底瞭解死文字的文法構造，文體感觸，並不完全背誦，至少須每學期應背誦韻文、散文之最精者幾篇，中學生尤其應多背誦」，「將古散文韻文，譯成白話，可訓練學生在字義上及文法上之瞭解」「試作古文，最好乃將白話文譯成古文」。〔註168〕

　　但在第三次演講中，胡適擴大到了中西比較，而且明顯是中不如西（儘管胡適所說的有缺點的「中國文法」更應該是指「舊白話文」之文法〔註169〕）。

〔註165〕轉引自梁心：《胡適關於中學國文教育的三次講演——側重第三次講演》，《社會科學研究》2009 年第 1 期。

〔註166〕轉引自梁心：《胡適關於中學國文教育的三次講演——側重第三次講演》，《社會科學研究》2009 年第 1 期。

〔註167〕胡適：《中學國文的教授》，歐陽哲生編：《胡適文集》（第 2 冊），北京大學出版社 1998 年，第 160 頁。

〔註168〕轉引自梁心：《胡適關於中學國文教育的三次講演——側重第三次講演》，《社會科學研究》2009 年第 1 期。

〔註169〕胡適講：「白話文教學可以應用下列幾種方法」，其中第三種是「教員隨時指出舊白話文中文法上之缺點。教員除了答覆學生問難以外，還要隨時指出舊白話文在文法〔上〕不嚴密的地方，並且要學生同時在外國文上努力，以補正中國文法上之缺點。因爲一個通曉外國文的人，再做國文〔，〕文法上比

胡適曾指出「馬建忠的大缺點在於缺乏歷史進化的觀念」，但他認爲「馬建忠得力之處全在他懂得西洋的古今文字，用西洋的文法作比較參考的材料」，由此肯定《馬氏文通》的價值。〔註170〕可見他對中西文法的比較其實是極爲在意的：通過中西比較，見出中國文法之不足還是次要的，關鍵的是顯出西方文法之「精密」、「謹嚴」：「教員除了答覆學生問難以外，還要隨時指出舊白話文在文法上不嚴密的地方，並且要學生同時在外國文上努力，以補正中國文法上之缺點。因爲一個通曉外國文的人，再做國文，文法上比較謹嚴多了。」〔註171〕講求文法，進而追求「精密」、「謹嚴」的文法，體現出胡適的一貫思路：以「科學」標準要求現代白話，從而使「國語的文學」、「文學的國語」眞正具有一個確定的標準，使文學創作和文學批評都符合「科學」的要求，並且講求文法也就能使文章的寫作者掌握一整套具體的方法、技巧，按照規定好的程序來作文，從而寫出通順的文章。這正是胡適思路的關鍵所在。因此他提出寫文章需要

> （一）文法通。如文法不通曉，文章則永遠做不好。（二）論理正確。並不一定要用三段論法，必須使文章組織有條例，避免名詞濫用。（三）錬字錬句。白話文易作，而不易好，白話文最通順最好的，也只能做到「簡單「明瞭」而已，最好的文章能做到全篇每字不能減，也不能增，也不能易。（四）搜集及運用材料。與其做些空泛的論説，不如搜集歷史上的材料，或者實際統計的材料，作辯論或者實際論文比較，有價值的多。〔註172〕

胡適的這種觀念並非到 30 年代才有，事實上在 1918 年的《建設的文學革命論》中提出「國語的文學、文學的國語」十字綱領時，胡適已經明確指出要實現這一主張，約有三步「（一）工具，（二）方法，（三）創造」：工具就是白話——這是胡適的一貫主張，語言文字工具論在他身上體現得很鮮明。方法主要是「(1) 集收材料的方法」、「(2) 結構的方法」、「(3) 描寫的方法」（著重號爲文中原有——引者注）。從胡適的這些說法可以看出，他基本上是按照

較謹嚴多了。」轉引自梁心：《胡適關於中學國文教育的三次講演——側重第三次講演》，《社會科學研究》2009 年第 1 期。

〔註170〕胡適：《國語文法概論》，歐陽哲生編：《胡適文集》（第 2 冊），北京大學出版社 1998 年，第 334 頁。

〔註171〕轉引自梁心：《胡適關於中學國文教育的三次講演——側重第三次講演》，《社會科學研究》2009 年第 1 期。

〔註172〕轉引自梁心：《胡適關於中學國文教育的三次講演——側重第三次講演》，《社會科學研究》2009 年第 1 期。

科學的標準來要求文學的，這與他接受的實證主義訓練有著密切的關係。而西方無疑又是科學的代表，因爲當胡適用他的這些理論來衡量中西文學時，他發現「中國文學的方法實在不完備，不夠作我們的模範」，而「西洋的文學方法，比我們的文學，是在完備得多，高明得多，不可不取例」。〔註173〕文學批評的科學取向，在當時的學界產生了極大影響，眾多學者於是紛紛從事「文學之科學的研究」〔註174〕。

胡適雖然是從文學工具的革新切入文學革命，標舉白話，但是他心目中理想的白話文學，卻又是按照西方標準而提出的，是用西方的結構、描寫等來限定的。因此不難理解當胡適標舉白話時，他能舉出中國文學史上的眾多白話文學作品，以此證明白話文學爲正宗、文學革命淵源有自；但一論及作品的價值時，能得到他稱讚的作品卻少之又少。胡適批評《儒林外史》，認爲它的「壞處在於題材結構太不緊嚴，全篇是雜湊起來的。……分出來，可成無數札記小說；接下去，可長至無窮無極。《官場現形記》便是這樣。如今的章回小說，大都犯這個沒有結構，沒有布局的懶病」。〔註175〕而深諳中國古典小說特性的魯迅卻持有不同的觀點，魯迅在《中國小說史略》中即指出《儒林外史》「秉持公心，指擿時弊，機鋒所嚮，尤在士林；其文又慼而能諧，婉而多諷：於是說部中乃始有足稱諷刺之書」，「雖云長篇，頗同短製；但如集諸碎錦，合爲帖子，雖非巨幅，而時見珍異，因亦娛心，使人刮目矣」。〔註176〕爲此，魯迅感歎「《儒林外史》作者的手段何嘗在羅貫中下，然而留學生漫天塞地以來，這部書就好像不永久，也不偉大了。偉大也要有人懂」。〔註177〕

但是有意思的是，胡適後來卻又強調了中國文法的地位，見於1923年《國語月刊》「漢字改革號」的卷頭言。胡適表示，他在研究語言文字的歷史中，發現了一條「通則」：「在語言文字的沿革史上，往往小百姓是革新家而學者

〔註173〕胡適：《建設的文學革命論》，胡適編選：《中國新文學大系·建設理論集》，上海文藝出版社2003年影印本，第138～139頁。

〔註174〕鄭振鐸：《研究中國文學的新途徑》，《鄭振鐸全集》（第五卷），花山文藝出版社1998年，第285頁。

〔註175〕胡適：《建設的文學革命論》，胡適編選：《中國新文學大系·建設理論集》，上海文藝出版社2003年影印本，第135頁。

〔註176〕魯迅：《中國小說史略》，《魯迅全集》（第9卷），人民文學出版社2005年，第228～229頁。

〔註177〕魯迅：《葉紫作〈豐收〉序》，《魯迅全集》（第6卷），人民文學出版社2005年，第228頁。

文人卻是頑固黨」，由此又得一條「附則」：「促進語言文字的革新，須要學者文人明白他們的職務是觀察百姓語言的趨勢，選擇他們的改革案，給他們正式的承認。」胡適接著就兩個方面展開了論述：

> 小百姓二千年中，不知不覺的把中國語的文法修改完善了，然而文人學士總不肯正式承認他；直到最近五年中，才有一部分的學者文人正式對這二千年無名的文法革新家表示相當的敬意。俗話說，「有禮不在遲」。這句話果然是不錯的！

> 然而這二千年的中國的小百姓不但做了很驚人的文法革新，他們還做了一樣同樣驚人的革新事業：就是漢字形體上的大改革，就是「破體字」的創造與提倡。

> ……

> 這些驚人的大改革，處處都合於「經濟」的一個大原則。我曾說過：

> 改變的動機是實用上的困難；改變的目的是要補救這種實用上的困難；改革的結果是應用能力的增加。

> 那幾句話雖是爲白話文法說的，但我現在用來襃揚破體字的改革，似乎也是很適當的。〔註178〕

1925 年 9 月，在武昌大學做《新文學運動之意義》的演講時，胡適再度讚揚了「小百姓」爲中國語言文字改革和文法革新所做的貢獻：「我們要曉得在二千年之中，那時候的小百姓，我們的老祖宗，就已經把我們的語言改良了不少，我們的語言，照今日的文法論理上講起來，最簡單最精明，無一點不合文法，無一處不合論理，這是世界上學者所公認的。不是我一個人恭維我們自己。中國的語言，今日在世界上，爲進化之最高者，因爲在二千年裏頭，那般文人學士，不去干涉匹夫匹婦的說話，語言改革，與小百姓有最大的關係，那般文人碩士，反是語言改革上最大的障礙物」，「在這二千年中，上等的人以及文人學士，去埋頭他們的古文，小百姓就改造他們的語言。語言中有太繁了的，就省簡一些，有太簡了的就增加一點。……由此看來，老百姓實在是語言學家，文法學家，當補的他們就補上去，當刪的就刪去了，把中國語言變成世界進化最

〔註178〕胡適：《〈國語月刊〉「漢字改革號」卷頭言》，歐陽哲生編：《胡適文集》（3），北京大學出版社 1998 年，第 651～652 頁。

高之語言，首功要算小百姓，這是因爲那般文人學士沒有管的原因」。〔註 179〕在《國語文學史》中胡適還提到，「國語經過二千年的自由進化，不曾受文人學者的干涉，不曾受太早熟的寫定與規定，故國語的文法越變越簡單，越變越方便，就成了一種全世界最簡易最有理的文法」〔註 180〕。

胡適似乎有些前後矛盾，在論中學國文教育時批評舊白話文文法不嚴密，國語文法還在建設中，要求中學生用心學習外國文以彌補中國文法之不足；此時的胡適卻將中國文法、語言視爲世界上進化程度最高者。看似前後矛盾，其實有著內在的原因：胡適批評舊白話文文法，是爲了推進國語的建設和國語文法的建構。在國語文法研究還顯不足、國語文學精品嚴重短缺時，胡適注意的自然是西方。但是胡適對中國文法、語言的褒揚，卻是爲國語和國語文學尋找歷史的依據，而且他的雅／俗、貴族／平民、文言／白話、死文字／活文字一一對應的思路，使得他自然要將「古文」作爲貴族階級、文人學士的專利，將其打倒以樹立白話文學的地位，而具體策略就是從民眾中去尋找資源，因而他所找到的白話文學例證，又是平民文學的例證。但是胡適的眞正用意顯然不在褒揚「小百姓」和歷史上的白話和白話文學，如果白話和白話文學已達完美境地，那發動國語運動和文學革命還有什麼意義呢？說到底胡適還是爲了凸顯文學革命的意義，爲自身的合法性尋找歷史的根據。胡適所說的進化最高等的中國語和最簡單實用的中國文法，是從二千年來立論的，著眼的顯然不是歷史而是當下和未來，是理想中的國語和國語文法。不僅如此，「最簡單最有理的文法」也突出體現了胡適實用主義的指導思想，這恰恰是在西方影響下而形成的。而且胡適也承認，傅斯年的主張對他啓發很大，而其中極爲重要的一點就是「歐化」〔註 181〕——「歐化」恰恰無

〔註 179〕 胡適：《新文學運動之意義》，歐陽哲生編：《胡適文集》(12)，北京大學出版社 1998 年，第 24〜25 頁。

〔註 180〕 胡適：《國語文學史》，姜義華主編：《胡適學術文集·中國文學史》(上冊)，中華書局 1998 年，第 21〜22 頁。胡適後來在《白話文學史》中仍重申這一觀點，並表示自己的這一想法在《國語文法概論》中即已存在。見胡適：《白話文學史》，姜義華主編：《胡適學術文集·中國文學史》(上冊)，中華書局 1998 年，第 152 頁。

〔註 181〕 胡適提到，「直到《新潮》出版之後，傅斯年先生在他的《怎麼做白話文》裏，才提出兩條最重要的修正案。他主張：第一，白話文必須根據我們說的活語言，必須先講究說話。話說好了，自然能做好白話文。第二，白話文必不能避免『歐化』，只有歐化的白話方才能夠應付新時代的新需要。歐化的白話文就是充分吸收西洋語言的細密的結構，使我們的文字能夠傳達複雜的思想，

法避免對西方文法的借鑒。

　　胡適注意到中國長期沒有文法學，在論中學國文教育的第一次講演中他就認爲「從前教作文的人大概都不懂文法，他們改文章全無標準，只靠機械的讀下去，讀得順口便是，不順口便不是，總講不出爲什麼要這樣做，爲什麼不可那樣做」〔註182〕胡適認爲，「一種語言儘管有文法，卻未必一定有文法學」，古印度和古歐洲的文法學很早就建立了，但是「中國的文法學發生最遲」〔註183〕。對於其中的原因，胡適也作過探究：

> 第一，中國的文法本來很容易，故人不覺得文法學的必要。……
> 第二，中國的教育本限於很少數的人，故無人注意大多數人的不便
> 利，故沒有研究文法學的需要。第三，中國語言文字孤立幾千年，
> 不曾有和他種高等語言文字相比較的機會。……沒有比較，故中國
> 人從來不曾發生文法學的觀念。〔註184〕

胡適的說法，顯然牽強附會，難以立足。倒是一些精通語言學的文史學者如黃侃、郭紹虞等人從中國古人文章寫作中總結出了一些規律。如黃侃在《文心雕龍札記》中評析《章句》篇：「彥和此篇，言句者聯字以分疆。又曰：因字而生句。又曰：句之精英，字不妄也。又曰：句司數字，待相接以爲用。其於造句之術，言之哲矣。然字之所由相聯而不妄者，固宜有共循之途轍焉。前人未暇言者，則以積字成句，一字之義果明，則數字之義亦必無不明，是以中土但有訓詁之書，初無文法之作」〔註185〕；與黃侃不同，郭紹虞認爲中國古代沒有語法學（更不用說修辭學了），是因爲古代的文體學極爲發達，「文體分類之學可以代替修辭學的功能；而且比現在的修辭學更切實用一些」。〔註186〕

　　曲折的理論」。胡適：《中國新文學大系‧建設理論集導言》，胡適編選：《中國新文學大系‧建設理論集》，上海文藝出版社2003年影印本，第24頁。
〔註182〕胡適：《中學國文的教授》，歐陽哲生編：《胡適文集》（第2冊），北京大學出版社1998年，第160頁。
〔註183〕胡適：《國語文法概論》，歐陽哲生編：《胡適文集》（第2冊），北京大學出版社1998年，第333頁。
〔註184〕胡適：《國語文法概論》，歐陽哲生編：《胡適文集》（第2冊），北京大學出版社1998年，第333～334頁。
〔註185〕黃侃：《文心雕龍札記》，上海古籍出版社2000年，第127～128頁。
〔註186〕郭紹虞：《提倡一些文體分類學》，《照隅室古典文學論集》（下冊），上海古籍出版社2009年，第548頁。

　　因此，西方人最初無法理解何以漢語的語法如此特殊。早在 1826 年，洪堡特就在《論漢語的語法結構》中指出：「漢語語法最根本的特性我認爲在於這樣一點，即，漢語不是根據語法範疇來確定詞與詞的關係，其語法並非基於詞的分類」〔註187〕。因此，他認爲「這種語言不同於幾乎所有已知的語言」，「在漢語裏，所有的詞都用來直接表達概念，而不指明語法關係」，「由於漢語不具屈折變化，在理解漢語的句子時往往只能依靠詞序」。〔註188〕即使到了清代，西方人來到中國，依然爲無從找到漢語語法的規律而頭疼：「中文句法即使有法，也是最模糊不清的規則。沒有足夠的詞綴或虛詞來表示單複數、詞格、語態、時態，通常只能通過詞在句子中的位置來判斷。同一個字詞可以從名詞變成動詞，從動詞變成副詞，諸如此類，但沒有任何書面標示可以加以區分。」〔註189〕

　　中國古人不治語法之學，當然不只是語言學上的問題，更體現了中華民族自古以來思維方式的特點，與中國文學、文化都有著異常深刻的內在聯繫。漢字是形音義的統一體，單字可成詞，聯句即成章，不是依靠字形變化等表現字與字之間的關係，而且古人通過對字義的解析即可分析出句中字的關係，所以建立在句子分析基礎上的西方文法學自然不適用於中國。西方的語法學是建立在句子分析基礎上的，而西方哲學也是通過語句、命題的形式來展開，因而西方語法學與哲學之間形成了一體化的內在關係。

　　但是在中國古人那裡，「他們討論的全部是單個的字，並以字來構建一套世界秩序」，「先用字解字」，「再即字言義、即事言理的模式。不僅是針對具體所指之事，更要就此名事講出一番抽象的理。所釋之義，事實上便是該書作者的哲學思想」。龔鵬程將這樣一種思維方式稱爲「哲學文字學」也就是「正名之學」，他認爲「深察名號、考索字義，成了中國哲學最基本的方法。論者不僅要『察制名之樞要』，要核正名實，更須通過名的探究，構建一套哲學即文字學的體系」，哲學文字學與句子分析決定了「中國哲學偏向文字性思考，西洋哲學偏於語言性思考」。〔註190〕

〔註187〕〔德〕洪堡特：《洪堡特語言哲學文集》，姚小平譯，湖南教育出版社 2001年，第 105 頁。

〔註188〕〔德〕洪堡特：《洪堡特語言哲學文集》，姚小平譯，湖南教育出版社 2001年，第 123 頁、第 132 頁、第 147 頁。

〔註189〕〔法〕老尼克：《開放的中華：一個番鬼在大清國》，錢林森、蔡宏寧譯，山東畫報出版社 2004 年，第 161 頁。

〔註190〕龔鵬程：《文化符號學：中國社會的肌理與文化法則》，上海人民出版社 2009年，第 126～134 頁。

由此，不難理解中國古代語言學爲何會分爲文字學、音韻學和訓詁學三部分，且中國古人更注重的是具體的語言材料的分析，卻並不將這種分析上昇爲邏輯化、系統化的理論體系，這也是中國古代始終沒有普通語言學的一個重要原因。正如徐復觀所言，「自從嚴復以『名學』一詞作爲西方邏輯的譯名以後，便容易引起許多的附會。實則兩者的性格並不相同。邏輯是要抽掉經驗的具體事實，以發現純思維的推理形式。而我國名學則是要扣緊經驗的具體事實，或扣緊意指的價值要求，以求人的言行一致」。〔註191〕因此，中國古代雖有荀子的語言學理論，也有墨家的語言學說，還有名家的語言分析，但是這些傳統並沒有延續下來。當中國文化、學術由古典向現代轉型時，古代語言學的不足便顯示了出來，因爲它不能從理論上提出對語言問題的一般看法，更不用說立足於中國語言文字的特性而建立起一套符合科學規範要求的理論體系了。因此直到 20 世紀 50 年代，王力先生依然認爲「中國語言學的落後，主要是由於我們普通語言學的落後。這一個薄弱的環節不加強，中國語言學的發展前途就會遭受很大的障礙」。〔註192〕爲此，王力在撰寫《中國語言學史》時，特意將「語法學的興起及其發展」劃分爲兩個時期：1898～1935 年爲興起時期，以馬建忠、楊樹達、黎錦熙爲代表；1936～1948 年爲發展時期，以他本人、呂叔湘和高名凱爲代表。之所以如此劃分，是因爲他認爲他本人、呂叔湘和高名凱三家的語法體系「有一個很大的共同點：都是以普通語言學爲理論指導來進行研究工作的。這是這個時期和語法初期的明顯分野。在語法初期，馬建忠固然絕口不提普通語言學，楊樹達等偶然提到了一些語言學理論，也都只是作爲一種點綴品，黏附在上面，很不調和。惟有這個時期的語法學家們才眞正研究了普通語言學，眞正運用了普通語言學。漢語語法學到這個時期之所以發展爲一個新的階段，原因也在於此」。〔註193〕

1906 年，章太炎提出合文字學、訓詁學和音韻學三者「乃成語言文字之學。此固非兒童占畢所能盡者，然猶名爲小學，則以襲用古稱，便於指示，其實當名語言文字之學，方爲愜切」。〔註194〕濮之珍認爲，這「標誌著中國現

〔註191〕徐復觀：《公孫龍子講疏》，轉引自龔鵬程：《文化符號學：中國社會的肌理與文化法則》，上海人民出版社 2009 年，第 122 頁。
〔註192〕王力：《中國語言學的現狀及其存在的問題》，《中國語文》1957 年第 3 期。
〔註193〕王力：《中國語言學史》，復旦大學出版社 2007 年，第 143 頁、第 151 頁。
〔註194〕轉引自濮之珍：《中國語言學史》，上海古籍出版社 1987 年，第 476 頁。

代語言學的開始」。〔註195〕章太炎這一觀念的發生,與他對普通語言學的關注是分不開的。正如濮之珍指出的,「西方普通語言學中,關於語言起源於摹聲和語言起源於感歎的論點,在章炳麟、劉師培以及後來的一些的文章中,都有所反映。如章炳麟《國故論衡》中有『語言緣起說』,劉師培的《正名隅論》一文中也寫了有關語言起源問題」。〔註196〕

中國普通語言學的建立一般是以胡以魯的《國語學草創》為標誌,這部著作完成於 1913 年,但直到 1923 年才由商務印書館出版。對於晚清和「五四」的知識分子而言,這一成果的出現實在是太晚了。此後,樂嗣炳、王古魯、沈步洲、張世祿、雷通群等人相繼撰寫或翻譯了普通語言學著作,王力、方光燾、岑麒祥等人也在大學開設過「語言學」課程。中國現代語言學者受西方近代語言學影響最深,探討的問題涉及語言的起源、分類等。索緒爾的語言學則是經日本傳入中國,1928 年日本人小林英夫將《普通語言學教程》譯為日文,書名改為《語言學原理》。王古魯的《言語學通論》將此書列為參考文獻,將索緒爾譯為「蘇秀爾」。1938 年,陳望道在《說語言》一文中介紹了 Langage、Langue 和 Parole 三個概念。30 年代上海的文法革新討論,也對索緒爾的理論進行過片段介紹。〔註197〕

歐洲漢學家的漢語研究,自二三十年代起也取得了一些成果,「他們都經過了普通語言學和比較語言學的訓練,懂得語言是一個系統,懂得古音可以『重建』等等。拿西洋的語言學理論來指導漢語的研究,是開闢了一個新園地」,但是他們的研究也集中於漢語音韻學,以其中最具影響力的高本漢(B.Karlgren)為例,他對中國學者影響最大的就在漢語音韻學上,《中國音韻學研究》是一部有重要影響的著作,但「在漢語語法方面,高本漢的成績最差」。〔註198〕

雖然章太炎和劉師培等人已經從理論的層面對語言文字問題作過一些探討,但是對於知識界而言,這顯然是遠遠不夠的,索緒爾的語言學也沒有引

〔註195〕濮之珍:《中國語言學史》,上海古籍出版社 1987 年,第 476 頁。
〔註196〕濮之珍:《中國語言學史》,上海古籍出版社 1987 年,第 477 頁。何九盈也認為,中國「現代語言學與古代語言學有一個明顯不同的地方,就是現代語言學是在西方普通語言學的影響之下發展起來的。」何九盈:《中國現代語言學史》,廣東教育出版社 2000 年,第 61 頁。
〔註197〕參考何九盈:《中國現代語言學史》,廣東教育出版社 2000 年,第 62~71 頁。
〔註198〕王力:《中國語言學史》,復旦大學出版社 2007 年,第 152~159 頁。

起中國語言學者的充分關注。當然，此時的知識分子對中國文法問題的研究畢竟有著篳路藍縷的開拓之功。胡適強調文法，已經初步將文法問題與文字問題聯繫起來。而傅斯年卻特別指出了這一點。在《漢語改用拼音文字的初步談》一文中，他提到了「拼音文字和文法的關係」：

> 漢文本有文法，但是和漢字不發生關係。至於漢語的文法，卻是未來的拼音文字所依賴了。一切語助的變化，都是製作拼音文字的人所應當前知的。一句話說來，未來的拼音文字，當是基於文法而製作的，或者那拼音文字上應當帶上幾個表示文法上的作用的符號，亦未可知。……現在我們總覺著中國語言的文法裏實沒有一條不破的例。這不能說是中國語短缺文法，不過是說，中國語的文法，沒有例外，不能整嚴罷了。……拼音文字的造就，靠著國語文法的發明，國語文法的齊一，又靠著拼音文字的效力；這兩件事是互相為用的了。〔註199〕

從文字著眼，認為西方文法精密、謹嚴，進而承認西方文學與文化的優勢，可以說是「五四」一代知識分子的共識。因此，漢字拼音化不僅僅只是漢字的革新，也同時涉及到文法的研究，而這些又內在地與國語運動、現代白話文的建設相關，實際上已經決定了國語運動必然是以一種新的書面語系統取代另一種書面語系統。只是對於文法問題，新文化陣營內部的看法並不一致。胡適重視西方文法，其實是著眼於簡單、實用，他以語言文字為工具，作為研究語言文字運用規律和規範的文法則同樣不過是一種工具。在這一點上，黎錦熙倒是與他一致。只是胡適和黎錦熙又多少注意到了語言文字與思維、思想之間的關聯。〔註200〕而且胡適無疑又是以準確、精密這些科學化的標準

〔註199〕 傅斯年：《漢語改用拼音文字的初步談》，胡適編選：《中國新文學大系·建設理論集》，上海文藝出版社 2003 年影印本，第 161～162 頁。

〔註200〕 1933 年，黎錦熙的《訂正〈新著國語文法〉新序》回憶起一件事情：他的一個朋友來訪，提到使用他的《新著國語文法》為教材，朋友特別提到「在學校時聽你講過：『語言文字不過是學問底一種工具，文法更不過是一種工具底工具。』」見黎錦熙：《新著國語文法》，黎澤渝、劉慶俄編：《黎錦熙文集》（上卷），黑龍江教育出版社 2007 年，第 9 頁。黎錦熙雖然強調語言文字是工具，但又承認「語文（工具）和它的內容意識（思想），在討論時雖不妨分開來說，但實際上是整個的，要前進則同時俱進」。黎錦熙：《國語運動史綱》，黎澤渝、劉慶俄編：《黎錦熙文集》（下卷），黑龍江教育出版社 2007 年，第 11 頁。至於胡適就更是如此了。

來要求的，對中國語文科學性的要求對文學創作和批評產生了異常深遠的影響。然而錢玄同、魯迅、周作人、傅斯年對文法問題的關注，卻超出了實用的目的，他們以語言文字學的功底和文學創作的切身體會出發，將文法問題與中西思維方式、文化差異聯繫了起來，從而將這一問題的探究推進到了前所未有的深度。

在漢字革新運動中，錢玄同無疑是最爲激進的急先鋒。他在給陳獨秀的信中說：「中國文字，論其字形，則非拼音而爲象形文字之末流，不便於識，不便於寫；論其字義，則意義含糊，文法極不精密；論其在今日學問上之應用，則新理、新事、新物之名詞，一無所有；論其過去之歷史，則千分之九百九十九爲記載孔門學說及道教妖言之記號。此種文字，斷斷不能適用於二十世紀之新時代。」〔註201〕在新文化陣營中，錢玄同在以白話文取代文言文、漢字改革問題上，表現出的熱情最高、態度也最爲堅決，而且錢玄同要求「廢漢文」而以「世界語」代之，「就是從思想革命的要求出發的」〔註202〕。錢玄同作爲語言文字學家，不僅倡議漢字改革，還提出了種種切實的方案，如《簡省漢字的筆劃案》、提倡世界語、國語羅馬字等，涵蓋了漢字改革的一切方面。而魯迅、周作人兄弟對文法問題的思考，雖然同樣深入到思想革命的深度，但他們是以文學爲立足點的，突出地表現在他們對「歐化」的提倡上，而這一點落實爲他們的「硬譯」主張與實踐。事實上，周氏兄弟《域外小說集》的直譯，就是遵循「硬譯」的原則的。

嚴復、林紓的翻譯在晚清時代有著巨大的影響，但是周作人認爲，他們翻譯的弊病「就止在『有自己無別人』，抱定老本領舊思想，絲毫不肯融通：所以把外國異教的著作，都變作班馬文章，孔孟道德」〔註203〕。這種翻譯，是「以中化西」，語言層面既固守古文，思想文化層面也就難以撼動。

周氏兄弟的直譯主張，曾經引起了極大的爭議，既有周作人對張壽朋的反駁，又有魯迅與梁實秋之間的論戰。周氏兄弟最初也是從事「意譯」的，到翻譯《域外小說集》時，態度發生了轉變，強調「誠」的翻譯原則，在「信、達、雅」中以「信」爲第一原則，他們的翻譯幾乎就是逐字逐句式的對譯。

〔註201〕錢玄同：《中國今後之文字問題》，胡適編選：《中國新文學大系·建設理論集》，上海文藝出版社2003年影印本，第144頁。

〔註202〕陳方競：《多重對話：中國新文學的發生》，人民文學出版社2003年，第374頁。

〔註203〕周作人：《安得森的〈十之九〉》，《新青年》5卷3號，1918年9月。

後來，魯迅正式提出了「硬譯」這一概念，而周作人則主張「眞翻譯」。

1929 年，魯迅在《〈文藝與批評〉譯者附記》中，提到了「硬譯」：

> 因爲譯者的能力不夠和中國文本來的缺點，譯完一看，晦澀，甚而至於難解之處也眞多；倘將仂句拆下來呢，又失了原來的精悍的語氣。在我，是除了還是這樣的硬譯之外，只有「束手」這一條路——就是所謂「沒有出路」——了，所餘的惟一的希望，只在讀者還肯硬著頭皮看下去而已。〔註204〕

因此，在魯迅看來，要彌補「中國文本來的缺點」，有效途徑莫過於「翻譯」，甚至是「硬譯」。1931 年，趙景深發表《論翻譯》一文，爲誤譯辯解說：「譯得錯不錯是第二個問題，最要緊的是譯得順不順。」魯迅將其歸納爲「與其信而不順，不如順而不信」，他本人是針鋒相對地維護「信而不順」〔註205〕。後來在與瞿秋白的通信中，魯迅再次強調自己是「至今主張『寧信而不順』的」，因爲「這樣的譯本，不但在輸入新的內容，也在輸入新的表現法」〔註206〕。

魯迅強調「硬譯」，與他對中國的漢字和文法的深切認知密切相關。魯迅對待漢字的態度與錢玄同是極爲一致的，他提到瑞典漢學家高本漢講「中國文字好像一個美麗可愛的貴婦，西洋文字好像一個有用而不美的賤婢」，但魯迅認爲這個「美麗可愛而無用的貴婦的『絕藝』，就在於『插諢』的含混。」〔註207〕魯迅由此將語法與思維聯繫了起來，在他看來「中國的文或話，法子實在太不精密了，作文的秘訣，是在避去熟字，刪掉虛字，就是好文章，講話的時候，也時時要辭不達意，這就是話不夠用，所以教員講書，也必須借助於粉筆。這語法的不精密，就在證明思路的不精密，換一句話，就是腦筋有些糊塗。倘若永遠用著糊塗話，即使讀的時候，滔滔而下，但歸根結蒂，所得的還是一個糊塗的影子。」〔註208〕

〔註204〕魯迅：《〈文藝與批評〉譯者附記》，《魯迅全集》（第十卷），人民文學出版社 2005 年，第 329～330 頁。
〔註205〕魯迅：《幾條「順」的翻譯》，《魯迅全集》（第四卷），人民文學出版社 2005 年，第 350～352 頁。
〔註206〕魯迅：《關於翻譯的通信》，《魯迅全集》（第四卷），人民文學出版社 2005 年，第 391 頁。
〔註207〕魯迅：《中國文與中國人》，《魯迅全集》（第五卷），人民文學出版社 2005 年，第 383 頁。
〔註208〕魯迅：《關於翻譯的通信》，《魯迅全集》（第四卷），人民文學出版社 2005 年，第 391 頁。

　　為此，他雖然支持大眾語文，但也注意到其中的問題，如方言的不足：「譬如『媽的』一句話罷，鄉下是有許多意義的，有時罵罵，有時佩服，有時讚歎，因爲他說不出別樣的話來。先驅者的任務，是在給他們許多話，可以發表更明確的意思，同時也可以明白更精確的意義。」〔註209〕

　　從思維方式和思想革命的立場出發，魯迅提醒人們，「歐化文法的侵入中國白話中的大原因，並非因爲好奇，乃是爲了必要。國粹學家痛恨鬼子氣，但他住在租界裏，便會寫些『霞飛路』，『麥特赫司脫路』那樣的怪地名；評論者何嘗要好奇，但他要說得精密，固有的白話不夠用，便只得採些外國的句法。比較的難懂，不像茶淘飯似的可以一口吞下去是眞的，但補這缺點的是精密」。〔註210〕

　　因此，即使是支持大眾語文，他也堅持「精密的所謂『歐化』語文，仍應支持，因爲講話倘要精密，中國原有的語法是不夠的」，他舉例說，連反對歐化者所說的「歐化」，都是一個外來詞，所以「有些新字眼，新語法，是會有非用不可的時候的」。〔註211〕

　　周作人在這一點上與兄長是一致的。在1918年2月《新青年》4卷2號上，周作人發表了《古詩今譯》一文，他翻譯了古希臘諦阿克列多思（Theokritos，今譯爲忒奧克里托斯）的牧歌，在該文的 Apologia 中，周作人專門提到了「眞翻譯」一語：

　　　　什法師說，『翻譯如嚼飯哺人』；原是不差。眞要譯得好，只有不譯。若譯他時，總有兩件缺點；但我說，這卻正是翻譯的要素。一，不及原本，因爲已經譯成中國語。如果還同原文一樣好，除非請 Theokritos 學了中國語，自己來作。二，不像漢文——有聲調好讀的文章——因爲原是外國著作。如果同漢文一般樣式，那就是我隨意亂改的糊塗文，算不了眞翻譯。〔註212〕

　　周作人的翻譯後來受到了張壽朋的質疑。1918年底，在《新青年》5卷6

〔註209〕魯迅：《答曹聚仁先生信》，《魯迅全集》（第六卷），人民文學出版社2005年，第79頁。

〔註210〕魯迅：《花邊文學·玩笑只當它玩笑（上）》，《魯迅全集》（第五卷），人民文學出版社2005年，第548頁。

〔註211〕魯迅：《答曹聚仁先生信》，《魯迅全集》（第六卷），人民文學出版社2005年，第79頁。

〔註212〕周作人：《古詩今譯》，《新青年》4卷2號，1918年2月。

號關於「文學改良與孔教」的「通信」欄中，張壽朋在來信中將周作人翻譯的牧歌認作「陽春白雪，曲高和寡」，在他看來，《新青年》諸君「讀了外國的好詩歌，好小說入了神，得了味，恨不得便將他全副精神肚髒都搬運到中國文字裏頭來，就不免有些弄巧反拙，弄得來中不像中，西不像西」，因爲「外國有外國的風氣習慣語言條理，中國有中國的風氣習慣語言條理。……既是譯本，自然要將他融化重新鑄過一番。」〔註213〕周作人在答信中首先予以反駁：「至於『融化』之說，大約是將他改作中國事情的意思：但改作以後，便不是譯本；如非改作，則風氣習慣，如何『重新鑄過』？」然後他重申自己的觀點：「我以爲此後譯本，仍當雜入原文，要使中國文中有容得別國文的度量，不必多造怪字。又當竭力保存原作的『風氣習慣，語言條理』；最好是逐字譯，不得已也應逐句譯，寧可『中不像中，西不像西』，不必改頭換面。」周作人堅信自己的直譯方法是「最爲正確」〔註214〕。

　　堅持直譯，勢必涉及歐化。周作人表示，「因爲歐化這兩個字容易引起誤會，所以常有反對的論調，其實系統不同的言語本來決不能同化的，現在所謂歐化實際上不過是根據國語的性質，使語法組織趨於嚴密，意思益以明瞭而確切，適於實用」。可見「歐化」的根本目的是使漢語變得更爲精密，使國人的思維更有邏輯與條理，這不僅是對漢語的改造，更是對中國傳統思維方式的改造。〔註215〕

　　在「五四」時代，周作人的影響比兄長更大，他們堅持的硬譯、直譯也得到新文化同人的大力支持。錢玄同認爲「周啓明君翻譯外國小說，照原文直譯，不敢稍以己意變更。他既不願用那『達旨』的辦法，強外國人學中國人說話的調子；尤不屑像那『清室舉人』的辦法，叫外國人都變成蒲松齡的不通徒弟，我以爲他在中國近來的翻譯界中，卻是開新紀元的」〔註216〕。胡適讚美周作人「用的是直譯的方法，嚴格的盡量保全原文的文法與口氣。這種譯法，近年來很有人仿傚，是國語的歐化的一個起點」〔註217〕。傅斯年《怎樣做白話文》

〔註213〕「通信」，《新青年》5卷6號，1918年12月。

〔註214〕「通信」，《新青年》5卷6號，1918年12月。

〔註215〕參見錢理群：《周作人研究二十一講》，中華書局2004年，第136頁。

〔註216〕錢玄同：《關於新文學的三件要事》，《錢玄同文集》（第一卷），中國人民大學出版社1999年，第355頁。

〔註217〕胡適：《五十年來中國之文學》，歐陽哲生編：《胡適文集》（3），北京大學出版社1998年，第257頁。

同樣高度評價了周作人的直譯:「《新青年》裏的文章,像周作人先生譯的小說,是極好的。那宗直譯的筆法,不特是譯書的正道,並且是我們自己做文的榜樣。」〔註 218〕其實,這種「歐化」不僅體現在他們的翻譯中,也迅速融入到他們的創作之中,而這種歐化的道路無疑「是在文法上的」。〔註 219〕

因此,傅斯年把胡適「國語的文學,文學的國語」主張又推進了一步,不僅是國語文學,更是「歐化國語的文學」:

> 直用西洋文的款式,文法,詞法,句法,章法,詞枝,(Figure of Speech)……一切修詞學上的方法,造成一種超於現在的國語,歐化的國語,因而成就一種歐化國語的文學。〔註 220〕

晚清知識分子已經開始自覺地探求漢語文法問題,以馬建忠《馬氏文通》為標誌漢語語法學得以建立。但是「五四」知識分子對漢字與文法關聯、文法與思想關係的揭示,卻更進一步深入到漢字自身的特性並提出了思想革命的要求,卻是晚清知識分子所難以企及的。

第三節　語言批評視野中的文字革命與文學革命

本章第一節論及漢字進化論時,可以發現當時圍繞漢字問題展開論爭的雙方有不少人都視漢字為工具。即便是持論周詳的章太炎,以語言文字為國粹,但他也沒有完全擺脫工具論的干擾:「文字者,語言之符,語言者,心思之幟」〔註 221〕。強調語言與思維思想的關聯,但是再以文字為記錄語言的符號,同樣體現了以文字為工具的觀念。

這樣一種矛盾狀態在「五四」知識分子身上也存在,呈現出相當複雜的局面。錢玄同是「五四」時代廢除漢字最積極的倡議者,既視漢字為工具又以之為漢文化本體要素的矛盾在他身上體現得也最為明顯。他多次從工具層面談論漢字,如:

〔註 218〕傅斯年:《怎樣做白話文》,胡適編選:《中國新文學大系‧建設理論集》,上海文藝出版社 2003 年影印本,第 227 頁。

〔註 219〕朱自清:《中國新文學大系‧詩歌集導言》,朱自清編選:《中國新文學大系‧詩歌集》,上海文藝出版社 2003 年影印本,第 3 頁。

〔註 220〕傅斯年:《怎樣做白話文》,胡適編選:《中國新文學大系‧建設理論集》,上海文藝出版社 2003 年影印本,第 223 頁。

〔註 221〕轉引自羅志田:《國家與學術:清末民初關於「國學」的思想論爭》,三聯書店 2003 年,第 206 頁。

> 文字本來是語言的記號，嘴裏說這個聲音，手下寫的就是表這
> 個聲音的記號，斷沒有手下寫的記號，和嘴裏說的聲音不相同的。
> 〔註222〕

> 文字本是一種工具，工具應該以適用與否爲優劣之標準。〔註223〕

> 漢字最初造的是象形，後來造的還是衍形的，但是造字時儘管
> 從形上著想，用字時卻完全把它看成音的符號。〔註224〕

晚清和「五四」有不少知識分子在爲漢字拼音化尋找依據時，都同時牽涉到中國和西方。就中國而言，他們主要是爲漢字拼音化尋找歷史的依據，他們相信，上古時代（先秦）中國是言文一致的。如王照講「文字爲語言之符契」，故而「吾國古人，造字以便民用，所命音讀，必與當時語言無二，此一定之理也」〔註225〕。錢玄同也認爲「古人造字的時候，語言和文字，必定完全一致」，只是自秦漢之後文字逐步背離了語言。〔註226〕就西方而言，他們相信自古至今，西方的語言和文字都是合一的，根本的依據就是西方的文字是拼音文字，是記言符號。所以，他們無論是從中國還是西方尋找證據，都植根於這樣一種信念：文字爲記錄語言的工具，是符號的符號，工具的工具。但是，「五四」知識分子畢竟在晚清的基礎上又推進了一步，開始更深刻地反思文字與文化之間的關聯。

在那篇堪稱聲討漢字的檄文《中國今後之文字問題》中，錢玄同總結了當時已有的兩種觀念，提出「中國文字，論其字形，則非拼音而爲象形文字之末流，不便於識，不便於寫；論其字義，則意義含糊，文法極不精密；論其在今日學問上之應用，則新理、新事、新物之名詞，一無所有」。這完全是從實用的層面論漢字不是一個好工具；但另一方面他畢竟又提出了自己的見解：「自諸子之學興，而後漢字始爲發揮學術之用」，但所謂學術，不過是「孔

〔註222〕錢玄同：《〈嘗試集〉序》，《錢玄同文集》（第一卷），中國人民大學出版社1999年，第85頁。

〔註223〕錢玄同：《減省現行漢字的筆劃案》，《錢玄同文集》（第三卷），中國人民大學出版社1999年，第86頁。

〔註224〕錢玄同：《歷史的漢字改革論》，《錢玄同文集》（第三卷），中國人民大學出版社1999年，第401頁。

〔註225〕王照：《官話合聲字母原序》，郭紹虞主編：《中國歷代文論選》（第四冊），上海古籍出版社2001年，第177頁。

〔註226〕錢玄同：《〈嘗試集〉序》，《錢玄同文集》（第一卷），中國人民大學出版社1999年，第85～87頁。

門學說」和「道教妖言」，因而「中國文字，自來即專拘於發揮孔門學說，及道教妖言故」。〔註227〕

更重要的是，錢玄同還揭示出漢字從學術思想之工具到逐步與思想融為一體、互為表裏的現象：「(1) 因國人的腦筋，異常昏亂，最喜瞎七搭八，穿鑿附會一陣子，以顯其學貫中西。(2) 中國文字，字義極為含混，文法極不精密，本來只可代表古代幼稚之思想，決不能代表 Lamark，Darwin 以來之新世界文明。」由此觀之，漢字「過去之歷史，則千分之九百九十九為記載孔門學說及道教妖言之記號。此種文字，斷斷不能適用於二十世紀之新時代」。漢字既與「古代幼稚之思想」密不可分，則「欲廢孔學，不可不先廢漢文；欲驅除一般人之幼稚的野蠻的頑固的思想，尤不可不先廢漢文」。〔註228〕

錢玄同在此其實發現了漢字與漢文化之間盤根錯節、血脈相連的緊密關聯。因此，相對於陳獨秀以「倫理的覺悟」為「吾人最後覺悟之最後覺悟」〔註229〕，他的思路明顯不同，是將漢字存廢問題上昇到民族存亡的高度，作為根本解決的辦法：「欲使中國不亡，欲使中國民族為二十世紀文明之民族，必以廢孔學，滅道教為根本之解決，而廢記載孔門學說及道教妖言之漢文，尤為根本解決之根本解決」。〔註230〕

值得注意的是，錢玄同不僅要求廢除漢字，連漢語都要一塊廢除：針對「有人主張改漢字之形式，──即所謂用漢字羅馬字之類──而不廢漢語」，他首先指出漢字改用拼音本來就極難，其次「漢字改用拼音，不過形式上之變遷」，治標不治本。要治根本，就要推行 Esperanto（在他那裡，就是指世界語）。

錢玄同的主張，帶有「語言文字同革命」的意味，其實晚清時的《新世紀》派早已言及，而主張 Esperanto，他也坦承受到吳稚暉的影響。早在 1917年，錢玄同就在致陳獨秀的信中重提世界語的問題，他引蔡元培的說法「世界語譯撰之書，以戲曲小說之類為最多」，「非不能應用於文學」，顯示出與陳

〔註227〕錢玄同：《中國今後之文字問題》，胡適編選：《中國新文學大系·建設理論集》，上海文藝出版社 2003 年影印本，第 142〜144 頁。

〔註228〕錢玄同：《中國今後之文字問題》，胡適編選：《中國新文學大系·建設理論集》，上海文藝出版社 2003 年影印本，第 141〜143 頁。

〔註229〕陳獨秀：《吾人最後之覺悟》，《陳獨秀著作選》（第一卷），上海人民出版社 1984 年，第 179 頁。

〔註230〕錢玄同：《中國今後之文字問題》，胡適編選：《中國新文學大系·建設理論集》，上海文藝出版社 2003 年影印本，第 144 頁。

獨秀不同的意見，因爲後者在《新青年》2 卷 3 號《通信》中認爲世界語「未能應用於華美無用之文學」。此信還重提當年章太炎與吳稚暉之間關於萬國新語的論爭，認爲「世界未至大同，則各國皆未肯犧牲其國語」，「故近日遽欲廢棄漢文而用世界語，未免嫌早一點。然不廢漢文而提倡世界語，有何不可」，「可以世界語爲『第二國語』」。〔註 231〕

　　廢除漢字，自然是以西方文字爲榜樣，野蠻／文明的不同也就是中／西的不同，雖然錢玄同予以否認：「象形跟表音的不同是古今的不同，是野蠻文明不同，哪裏是什麼中西的不同！」〔註 232〕但是與《新世紀》派不同的是錢玄同能將語言文字革命提升到思想革命的層面，而《新世紀》派主要是從工具的層面加以論證，二者貌同而實異。

　　但是，錢玄同也發現「語言文字同革命」不太現實：「惟 Esperanto 現在尚在提倡之時，漢語一時亦未能遽爾消滅。」〔註 233〕至於漢語爲何不能「遽爾消滅」，錢玄同語焉不詳。倒是陳獨秀的回信點明了其間的矛盾。與錢玄同從語言文字入手實現思想革命不同，陳獨秀更注重政治變革，雖同意「中國文字，既難傳載新事新理，且爲腐毒思想之巢窟，廢之誠不足惜」，但是他認爲「惟僅廢中國文字乎？抑並廢中國言語乎？此二者關係密切，而性質不同之問題也」，不同之處就在於

　　　　鄙意以爲今日「國家」「民族」「家族」「婚姻」等觀念，皆野蠻
　　時代狹隘之偏見所遺留，根底甚深，即先生與僕亦未必能免俗，此
　　國語所以不易廢也。倘是等觀念，悉數捐除，國且無之，何有於國
　　語？當此過渡時期，惟有先廢漢文，且存漢語。〔註 234〕

「國且無之，何有於國語」，正反映出一戰以後在中國國內急劇高漲的世界主義思潮，世界大同、互助合作的觀念盛行一時，此時重提晚清時的萬國新語，無疑體現出世界主義對民族主義的優勝。因此陳獨秀雖對 Esperanto 持保留意見：「今之 Esperanto，或即無足當世界語之價值」，卻相信可以經由世界語而

〔註 231〕錢玄同：《論世界語與文學》，《錢玄同文集》（第一卷），中國人民大學出版社
　　　　1999 年，第 18～22 頁。
〔註 232〕錢玄同：《國語羅馬字》，《錢玄同文集》（第三卷），中國人民大學出版社 1999
　　　　年，第 350 頁。
〔註 233〕錢玄同：《中國今後之文字問題》，胡適編選：《中國新文學大系・建設理論集》，
　　　　上海文藝出版社 2003 年影印本，第 144 頁。
〔註 234〕陳獨秀給錢玄同的回信，胡適編選：《中國新文學大系・建設理論集》，上海
　　　　文藝出版社 2003 年影印本，第 146 頁。

實現世界大同：「世界之將來，倘無永遠保守國別之必要，則有世界語發生及進行之必要；以言語相通，爲初民社會之一大進化；其後各民族間去小異而歸大同也，語言同化乃爲諸大原因之一；以此推知世界將來之去國別而歸大同也，雖不全以世界語之有無爲轉移，而世界語（非指今之 Esperanto）之流行，余確信其爲利器之一。」〔註235〕

　　相比之下，胡適顯得謹慎許多，他認爲「獨秀先生所問『僅廢中國文字乎；抑並廢中國言語乎？』實是根本的問題」，也贊同陳獨秀「先廢漢文，且存漢語，而改用羅馬字母書之」的主張。按照他的「凡事有個進行次序」的說法，他認爲「中國將來應該有拼音的文字。但是文言中單音太多，決不能變成拼音文字。所以必須先用白話文字來代文言的文字；然後把白話的文字變成拼音的文字。」〔註236〕所以與錢玄同、陳獨秀不同，胡適始終關心的是他的白話文主張。

　　耐人尋味的是，錢玄同此文作於 1918 年 3 月 14 日，發表於 4 月 15 日《新青年》4 卷 4 號，而同期刊發的文章不僅有錢玄同、孫國璋、陶孟和、胡適等人關於世界語的論爭，還有胡適那篇被黎錦熙譽爲「國語運動與文學革命聯合的標誌」的《建設的文學革命論》。從中可以見出文學革命與國語運動既存在著一致性，同時也展現出內在的分歧：就一致性而言，文學革命與國語運動都提倡語言變革，以白話代文言；就分歧而論，胡適更關心的是語言而非文字的革新，但是國語運動的倡導者如錢玄同、黎錦熙卻更關心文字革新，將拼音文字的創制視爲最終的目標。

　　這一點在後來得到證實。朱我農在致胡適的信中說：「文字是隨著語言進化的。將來到了國家種族的思想界限漸漸消滅，五方雜處的時候，語言自然會漸漸統一的；語言既統一，文字也就統一了。……語言斷不能隨著私造的文字改變的，也不會隨文字統一的。……所以憑著幾個人的腦力私造一種記號，叫做文字，要想世界上人把固有的語言拋了，去用這憑空造的記號做語言；這是萬萬做不到的。」胡適對此表示贊同。〔註237〕

〔註235〕陳獨秀：《對 Esperanto 在學術上的價值的意見》，《陳獨秀著作選》（第一卷），上海人民出版社 1984 年，第 400 頁。

〔註236〕胡適編選：《中國新文學大系·建設理論集》，上海文藝出版社 2003 年影印本，第 146 頁。

〔註237〕胡適：《跋朱我農來信》，歐陽哲生編：《胡適文集》（2），北京大學出版社 1998 年，第 80 頁。

　　但是黎錦熙卻有不同的看法，導致日後他與胡適「七層寶塔」與「八角金盤」的爭論。這在黎錦熙的《國語運動史綱》中有詳細記載：1920 年 10 月 14 日，黎錦熙在杭州發表演說，他將自己的主張稱爲「七層寶塔」：

> 把國語運動，從理想最高的主張到當時法令所明定者，列成一個七層寶塔：「一，以世界語爲國語；二，漢語用羅馬字拼音；三，注音字母獨用；四，注音漢字書報之推行；五，新文學之提倡；六，小學改用語體文；七，國民一二年級先改。」這個塔的層次，由下而上，是表示各項運動事件實現之難易。〔註238〕

胡適「八角金盤」的由來則是，1921 年 5 月 5 日，胡適在《國語講壇》中看到了這篇演說詞，就致信黎錦熙，表示

> 國語運動與國語文學運動，當初本是兩種獨立的運動，後來始漸合爲一，其過去之歷程，略如下表：1.讀音統一，2.國語教科書，3.國語文學，4.聯合的國語運動。至於將來：5.國語文學的成立，6.國語的科學研究（音，文法，辭典），7.拼音的文字的逐漸增多，8.很遠的將來——中國語言文字的完全字母化。〔註239〕

從這裡已能看出文學革命和國語運動的分歧所在，而這一分歧終於演變爲一場爭論：1922 年 7 月，黎錦熙在濟南中華教育改進社第一次大會上提出「國民學校初年級應以注音字母代替漢字案」，胡適對此不贊成，兩人相互指責，黎錦熙寫道：「他怪我漢字革命『唱高調』，我怪他文學革命『不徹底』。」〔註240〕顯然在黎錦熙看來，漢字拼音化才是徹底解決中國文學乃至文化變革的途徑，這與錢玄同是完全一致的。

　　強調只有拼音文字才能實現「言文一致」、才是新文學、新文化發展的方向，這是黎錦熙等語言學家的觀念。與胡適鬧彆扭五年之後，黎錦熙在致錢玄同的信中明確表示，「標音文字成功之後，『新文學運動』才算有了基礎，到了『成立時期』了」。他還舉了徐志摩的一首新詩爲例：〔註241〕

〔註238〕黎錦熙：《國語運動史綱》，黎澤渝、劉慶俄編：《黎錦熙文集》（下卷），黑龍江教育出版社 2007 年，第 31 頁。

〔註239〕黎錦熙：《國語運動史綱》，黎澤渝、劉慶俄編：《黎錦熙文集》（下卷），黑龍江教育出版社 2007 年，第 31 頁。

〔註240〕黎錦熙：《國語運動史綱》，黎澤渝、劉慶俄編：《黎錦熙文集》（下卷），黑龍江教育出版社 2007 年，第 31 頁。

〔註241〕黎錦熙：《國語運動史綱》，黎澤渝、劉慶俄編：《黎錦熙文集》（下卷），黑龍江教育出版社 2007 年，第 68～69 頁。

Yuann sheir? Yuann sheir? Jeh bush chingtian – lii daalei?

Guanje; suooshanq; gaanmingl tsyr – huajuan – shanq duei huei!

Bye chyau jeh bairshyr tairjiel guangrenn, gaanmingl, hai!

Shyr – fenql – lii jaang tsao, shyrbaan – shanq chingxde chyuan sh mei!

Nah lang – shiah de chingyuh – gang – lii yeangje – yu, jen "jenq – woei", Kee hair yeou sheir geei huann shoei, sheir geei lbau tsao, sheir geei wey? Yawbuleau san wuu tian, joen fanje bair – dub, guuje yean, Bu fwuje syy, yeejiow ranq bingfenql ia ige bean! Tiing keelian sh nah jiige horng – tzoei liuh –maul de inggel, Ranq niangx jiau de tiing guai, huey genje donqshiau chanq gel, Jen jiauyeang guann, wey sbyr i chyr, jiow jiaw renmingl mah; Shianntzay, nin jiawchiuh! Jiow shenq kong – yuanntz geei nin da – huah!

（Shyu – Jyhmo de Tsarn Shy）

〔漢字原文〕

怨誰？怨誰？這不是青天裏打雷？

關著；鎖上；趕明兒瓷花磚上堆灰！

別瞧這白石臺階光潤，趕明兒，唉！

石縫里長草，石板上青青的全是莓！

那廊下的青玉缸裏養著魚，眞「鳳尾」，

可還有誰給換水，誰給撈草，誰給喂？

要不了三五天，準翻著白肚，鼓著眼，

不浮著死，也就讓冰縫兒壓一個扁！

挺可憐是那幾個紅嘴綠毛的鸚哥，

讓娘娘教得挺乖，會跟著洞簫唱歌，

眞嬌養慣，餵食一遲，就叫人名兒罵。

現在，您叫去！就剩空院子給您答話！……

（徐志摩殘詩）

　　黎錦熙對「新詩」並不滿意，他認爲大多數新詩作品「都沒有敢拿一種活的方言作根據，詩裏邊沒有語言的精神，顚來倒去，總不成『話』，總沒有話的音節，總看不出有一種甚麼新的 Style，不過把舊日詩詞歌賦的桎梏完全

擺脫罷了」。在黎錦熙眼中，這首詩爲新詩的上乘之作，但不爲一般人所注意，「這就可以證明漢字足以掩蔽語言的精神，非拼音文字斷不能表現這路新作品底優美。G.R.（國語羅馬字——引者注）成功，讀起來，聲韻腔調都有了一定的活標準；那些無價值（就思想說）的民間歌謠，依著地道的方音讀來，神理氣味，格律聲色，尚且無一不美，何況詩人之作又經了一番『高能』的修飾潤色的呢？但若不用 G.R.而用漢字，至少要一個五扣；『新文學運動』底基礎，至少要建設一半在 G.R.之上；G.R.成功，『新文學運動』才可以說是入了『成立時期』，現在只好算『孕育時期』吧。……我深信此後叫『文學運動』成功的天使就是 G.R.！」〔註242〕

　　但是，黎錦熙主張廢棄漢字，並非只是爲了用拼音文字來替換漢字，也包含了思想革命的要求在內的，即取用活的語言，用現代語文表達現代人的思想情感。因此，他強調不僅是用拼音文字代替漢字，更重要的是用拼音文字拼寫白話。蔡元培將文言比作拉丁文，支持白話，胡適將文言文（古文）稱爲「死文字」，黎錦熙則在他們的基礎上進一步提出「我們中國『漢字』同拉丁文一樣，我們改文言爲白語，就該改用拼音文字」，漢字就是「死文字」，「漢字和古文是形影不離的」、「漢字就是中國的拉丁」，國語羅馬字「才能代表中國現代眞正的白話」。〔註243〕

　　在 1926 年《全國國語運動大會宣言》中，黎錦熙對於自己的這一觀念作了系統的闡述。他揭示出漢字與文言互爲表裏的關係及與傳統意識形態的一體化，這也觸及到了漢字的深層意義——「漢字乃是學術上不應該廢除的，也和甲骨文、鍾鼎文、大篆、小篆、隸書等等文字一樣，是古來文化所附麗而流傳至今的」，具體體現爲兩個方面：

　　　　第一，漢字與古文，原是形影不離的，……在用漢字作普及的
　　工具的時代，眞正的白話文學簡直不能成立。現在所謂白話文學，
　　只是從古文進一步的改良作品；必須百尺竿頭再進一步，用拼音文
　　字寫出來的，才是脫離古文，另闢新時代的創造作品。……惟有簡
　　練清麗的古文足以發揮漢字的特長；惟有儀態萬方的漢字足以表示

〔註242〕黎錦熙：《國語運動史綱》，黎澤渝、劉慶俄編：《黎錦熙文集》（下卷），黑龍
　　　　江教育出版社 2007 年，第 69～70 頁。
〔註243〕黎錦熙：《國語運動史綱》，黎澤渝、劉慶俄編：《黎錦熙文集》（下卷），黑龍
　　　　江教育出版社 2007 年，第 74～75 頁。

古文的優美。……第二，漢字與科學，又是一套「枘鑿不相入」的東西。……我們要國語普及，便須把漢字安置在一個相當的地位就是「歷史」和「古文學」，它在這個範圍裏邊活動，是可以永遠存在的。〔註244〕

在黎錦熙看來，漢字不僅與文言合爲一體，是傳統思想文化的載體，同時也是反科學的，這與中國傳統思想文化對科學的輕視是一致的。因此，黎錦熙強調他們從事的漢字拼音化運動，不只是廢除漢字這麼簡單，更是要用新的文字來剖析傳統文化、承載傳播新思想。從 1927 年開始，黎錦熙編一部國語羅馬字《國語模範讀本》，其旨趣包括「用現代的標準活語言，介紹近來新文學和四千年來文豪、詩聖、思想家、學術界的重要作品，並及民間的歌謠、故事、戲曲之類（使讀者確切地得到整理國故最後揭示之總賬，並欣賞古今新舊文學之結晶而瞭解其個別之精神）」〔註 245〕；1928 年黎錦熙開始編《中國大辭典》，看上去這只是一部工具書，但是黎錦熙在編辭典中寄寓了自己的深意：「改進中的新文字，形式務求其簡單，使數千年來由『象形』遞演而成笨拙、繁難、紛亂之『音標式』的漢字，不復永作文化進展、教育普及的障礙物，而內容又要求其豐富，凡漢字所能表達的一切固有的高深、曲折、精密的觀念，決不令其消失。」〔註 246〕編辭典是爲了從根本上弄清漢字的特質，爲使用拼音文字作準備。

胡適的觀念也在發生轉變。1935 年，胡適應邀編選《中國新文學大系・建設理論集》，爲這本集子寫導言，回顧晚清的音標文字運動。在對其進行了較爲深入、系統的總結之後，胡適的態度終於有所轉變。胡適很欣賞王照，因爲他認爲王照的主張「很有許多地方和後來主張白話文學的人相同」，即王照創制官話字母，使文字合乎語言，「專拼俗話」，「這個主張的邏輯的結論當然是提倡白話文了」。胡適在總結這三十多年來的音標文字運動時，認爲它總體上是失敗的，失敗的原因有三個：

第一，這三十多年的努力，還不曾得著一種公認爲最適用的字

〔註244〕黎錦熙：《國語運動史綱》，黎澤渝、劉慶俄編：《黎錦熙文集》（下卷），黑龍江教育出版社 2007 年，第 45～47 頁。另見第 467～470 頁。

〔註245〕黎錦熙：《國語運動史綱》，黎澤渝、劉慶俄編：《黎錦熙文集》（下卷），黑龍江教育出版社 2007 年，第 72 頁。

〔註246〕黎錦熙：《國語運動史綱》，黎澤渝、劉慶俄編：《黎錦熙文集》（下卷），黑龍江教育出版社 2007 年，第 73 頁。

　　母。……總而言之，標準字母的不曾決定，阻礙了這三十多年的音標文字教育的進行。這是音標文字運動失敗的一個根本原因。

　　　　第二，音標文字是必須替代漢字的，而那個時期主張音標文字的人都還不敢明目張膽的提倡用拼音文字來替代漢字。……所以提倡字母文字而沒有廢漢字的決心，是不會成功的。這是音標文字運動失敗的又一個根本原因。

　　　　第三，音標文字只可以用來寫老百姓的活語言，而不能用來寫士大夫的死文字。換句話說，拼音文字必須用「白話」做底子，拼音文字運動必須同時是白話文的運動。提倡拼音文字而不同時提倡白話文，是單有符號而無內容，那是必定失敗的。……國語統一工作只是漢字注音的工作，和國語統一無干，和白話教育也無干。這是那個音標文字運動失敗的又一個根本原因。〔註247〕

從這個意義上講，胡適與黎錦熙在一定程度上取得了共識，即拼音文字應該用來拼寫白話，只有這樣，漢字改革和語言變革才能真正取得成功，新文學也才能真正成立。

　　黎錦熙、胡適的觀點自有其合理之處。但其中也並非沒有問題：

　　漢字是形音義的統一體，與漢文學之間有著不可分割的聯繫。拼音文字寫出的詩歌，與漢字寫出的詩歌，很難說在聽覺上會有本質的差異。1925 年，朱自清在《文學的美》一文中已涉及這一問題。雖然他仍然以語言為表達心靈「經驗的工具」，文字也是工具，但是他特別提到「文學也可說是用聽覺的材料的；但這裡所謂『聽覺』，有特殊的意義，是從『文字』聽受的，不是從『聲音』聽受的。這也是美的媒介之一種」。文字是「意義」，或者說是「引起的心態」，故而文學是「文字的藝術」。為此，他分析了「摹聲字」、「感覺的聯絡」，字音（語音）皆有意義，此外還有文句、詩節、韻律、節拍、變聲和語調等。〔註248〕

　　吳世昌在《詩與語音》（1933 年）中也談到了語音在造成詩歌美感上的功效，而在他的文中，語音也就是字音。吳世昌認為，「詩的聲音的力量和他所

〔註247〕胡適：《中國新文學大系·建設理論集導言》，上海文藝出版社 2003 年影印本，第 6～7 頁、第 10～13 頁。

〔註248〕朱自清：《文學的美——讀 Puffer 的〈美之心理學〉》，朱喬森編：《朱自清全集》（第四卷），江蘇教育出版社 1990 年，第 159～165 頁。

給與讀者經驗上的印證,有最深切的關係」。他還指出,「文字的功用是兩層的:它的意義所激動的是思想。它的聲音所激動的是情感」,這就打破了以文字爲記錄語言的工具、再以語言爲表達思想的工具的觀念。吳世昌分析了人類發音器官所能發的聲音的種類和各類聲音所代表和引發的情感,以及讀詩時的心理歷程及相關現象,涉及到摹聲字、聯想或條件反射及發音器官的動作所引起的情感。這些主要是理論分析,他還花大量篇幅探討了「字音在詩文中所直接引起的感覺和情緒」,發現「字音不但能夠暗示各種不同的情調,有時一首詩的意義境界都能從聲音中表現出來」,而「口腔的部位和動作,最能表現詩中的情緒」。他的結論是「中國詩詞中這類的問題極多,詩和語音的關係最密切」。〔註249〕吳世昌的研究,無疑爲我們思考漢語漢字的特性問題,提供了新的角度。

　　進一步講,注重漢字的形體特性,還可能使漢文學作品在聽覺之外再具有拼音文字作品難以企及的視覺美感等。這就需要對漢字有著異常深刻的理解。魯迅於 1926 年執教於廈門大學時,爲中國文學史課程編寫講義,第一篇「自文字至文章」,就已經表達了高出時人的見解:「文字初作,首必象形」,進而爲「會意指事」,後來文字「形聲轉多,而察其締構,什九以形象爲本柢」,故而「誦習一字,當識形音義三:口誦耳聞其音,目察其形,心通其義,三識並用,一字之功乃全。其在文章,則寫山曰崚嶒嵯峨,狀水曰汪洋澎湃,蔽芾蔥蘢,恍逢豐木,鱒魴鰻鯉,如見多魚。故其所函,遂具三美:意美以感心,一也;音美以感耳,二也;形美以感目,三也」。〔註250〕或許正是因爲對形音義結合的漢字有獨特的領悟,魯迅才會在雜文和演說中對漢字作了最

〔註249〕參見吳世昌:《詩與語音》,吳令華編:《文史雜談》,北京出版社 2000 年,第59〜82 頁。值得注意的是,王國維在《人間詞話》的刪稿中,也特別提到了詩詞的音韻問題,如第二則:「雙聲、疊韻之論,盛於六朝,唐人猶多用之。至宋以後,則漸不講,並不知二者爲何物。乾嘉間,吾鄉周公靄先生(春)著《杜詩雙聲疊韻譜括略》,正千餘年之誤,可謂有功文苑者矣。……自李淑《詩苑》僞造沈約之說,以雙聲疊韻爲詩中八病之二,後世詩家多廢而不講,亦不復用之於詞。余謂苟於詞之蕩漾處多用疊韻,促結處用雙聲,則其鏗鏘可誦,必有過於前人者。惜世之專講音律者,尚未悟此也。」又如第三則:「世人但知雙聲之不拘四聲,不知疊韻亦不拘平、上、去三聲。凡字之同母者,雖平仄有殊,皆疊韻也。」姚淦銘、王燕編:《王國維文集》(第一卷),中國文史出版社 1997 年,第 157〜158 頁。

〔註250〕魯迅:《漢文學史綱要》,《魯迅全集》(第九卷),人民文學出版社 2005 年,第 354〜355 頁。

爲犀利的批判。

　　對漢字的重視，在日後的文學理論教材中也得到了體現。有教材指出，「巧妙利用漢字本身的象形特點，也能造成一種視覺化的效果，但是此刻的視覺感受是從語言文字的形式而不是從語言描摹的形象中得來的，它補充和豐富了語義所要表達的感覺，與之共同創造了一種極爲特殊的文學形象感」。書中以余光中《聽聽那冷雨》爲例：

　　　　驚蟄一過，春寒加劇。先是料料峭峭，繼而雨季開始，時而淋淋漓漓，時而淅淅瀝瀝，天潮潮地濕濕，即連在夢裏，也似乎把傘撐著。而就憑一把傘，躲過一陣瀟瀟的冷雨，也躲不過整個雨季。連思想也是潮潤潤的。每天回家，曲折穿過金門街到廈門街迷宮式的長街短巷，走入霏霏令人想入非非。想這樣子的臺北淒淒切切完全是黑白片的味道……

　　書中指出，「大量使用以『氵』爲偏旁的字，再加上雙聲詞，字裏行間乃至在聽覺上都似乎有了水淋淋、雨滴滴的效果，使讀者僅從語言文字的形式上就得到了雨季的感受，其顯然強化了語義的表現，這也是唯有語言文字才能造成的」。〔註251〕同樣的情況，我們在李清照晚年的《聲聲慢》中也能看到。進一步說，這種美感也是唯有漢字才能造成的。

　　此外，趙元任當年所寫的《施氏食獅史》同樣有助於我們理解這個問題。《施氏食獅史》是一篇很有趣的短文：

　　　　石室詩士施氏，嗜獅，誓食十獅。氏時時適市視獅。十時，適十獅適市。是時，適施氏適市。氏視是十獅，恃矢勢，使是十獅逝世。氏拾是十獅屍，適石室。石室濕，氏使侍拭石室。石室拭，氏始試食是十獅屍。食時，始識是十獅屍，實十石獅屍。試釋是事。〔註252〕

　　這篇文言文引起了很大的爭議，正如維基百科所記錄的，「這篇文言作品在書面或其他漢語方言閱讀時並沒有問題，但當用普通話朗讀或者將作品拉丁轉寫的時候，問題便浮現，這是近代漢語同音字多的緣故。很多人認爲趙元任是希望通過本篇，印證中文拉丁化所帶來的荒謬，但是支持拉丁化的人卻指出趙元任乃是國語羅馬字的主要設計者，他只是舉例說明拉丁化只適合

〔註251〕例證及分析均見王先霈、孫文憲主編：《文學理論導引》，高等教育出版社2005年，第27頁。
〔註252〕趙元任：《語言問題》，商務印書館1980年，第149頁。

於白話文，不適合於文言文」。〔註 253〕

　　對於外界的爭議，趙元任出面作了一個說明：「不久以前，《今日世界》（第168期）載了一段我的談話，大部分都登得對，就是最後幾句話，說我說關於羅馬字的拼音文字的用處是很有限制，那大概是訪問的時候，時間匆促了，沒有弄清楚，結果登出來的那個說法，跟我的意見剛剛相反。登出來的說法是：羅馬字的拼音用處很有限制。其實我是說呀，在有限的某種用文字的場合裏頭，是非用漢字不行」，不光是文字學，「就是研究中國文學史跟中國歷史當然也非用中國漢字不可」。〔註 254〕

　　顯然，作為國語羅馬字的積極倡導者，趙元任也意識到漢字改革的艱難。郭紹虞就認為，「中國的文字重在形而不重在音，與西語完全不同。假使完全採用音標代替漢字，那麼真像趙元任所寫的《施氏食獅史》一文，恐怕人家讀了或聽了以後是不會理解的」。〔註 255〕

　　漢字拼音化所遇到的難題很多，同音字恐怕是最難解決的。郭紹虞在《中國語言所受到文字的牽制》一文中就指出中國文字如果不改為拼音文字，則純粹的語體文總是難以實現。但是「語詞為了遷就文字，即使復音語詞也往往兩音相綴三音相綴至多四音相綴，除翻譯外來語外，絕沒有多音相綴的復音語詞，因此同音語詞又比較多」，這就「造成了推行拼音文字的困難」。〔註256〕即使用拼音文字拼寫白話，恐怕也難以完全解決這一問題。更何況「文言」、「白話」也是相對而言的概念，它們之間又存在融合、滲透的現象，很難截然分開。從文化變革的高度來看，郭紹虞同樣認為「文字改革是一件有關民族文化的大事」，不可草率。解放前他贊同文字改革，「一大半是為了革命」，但是當變革的浪潮過去，他對文字改革的問題「是由贊同而逐漸發生懷疑的」，這就是他從漢語漢字自身的特徵出發，發現了漢語漢字與漢文化水乳交融的關聯。〔註 257〕

〔註 253〕維基百科：自由的百科全書，http：//zh.wikipedia.org/zh～cn/%E6%96%BD%E6%B0%8F%E9%A3%9F%E7%8D%85%E5%8F%B2

〔註 254〕趙元任：《語言問題》，商務印書館 1980 年，第 150～151 頁。

〔註 255〕郭紹虞：《我對文字改革問題的某些看法》，《照隅室語言文字論集》，上海古籍出版社 2009 年，第 372 頁。

〔註 256〕郭紹虞：《中國語言所受到文字的牽制》，《照隅室語言文字論集》，上海古籍出版社 2009 年，第 112 頁。

〔註 257〕郭紹虞：《我對文字改革問題的某些看法》，《照隅室語言文字論集》，上海古籍出版社 2009 年，第 368～372 頁。

　　因此，漢字拼音化因三個方面的阻力而難以實現：一、漢字自身的特性。作爲形音義的統一體，表意的漢字與表音的西方文字是完全不同的；二、漢字與漢語的關係特殊。漢字與漢語既密切聯繫，又保持了各自的相對獨立，都是一個完整的系統。漢字、漢語的單音節性極爲突出，同音字眾多；三、漢字與漢文化的關聯密切。在思想文化激進變革的晚清和「五四」時代，西方思想文化成爲取法的標準，中國傳統思想文化成爲被批判的對象。以西方語言文字爲取向，漢語漢字改革運動有其歷史合理性。但是當反傳統也成爲傳統的一部分，當建設的需求佔據上風時，漢語漢字自身的特性又會重新爲人們所重視。這也涉及到民族國家認同的問題，梁啓超就認爲，中華民族可以同化異族而不被同化且不分裂的一個原因就是，「我所用者爲象形文字，諸族言語雖極複雜，然勢不能不以此種文字爲傳達思想之公用工具。故在同文的條件之下，漸形成一不可分裂之大民族」。〔註258〕

　　有意思的是，文字的文化意義同樣爲文字改革者所用，作爲漢字改革的理論依據。他們認爲，拼音文字是科學的文字，體現了現代的、科學的精神。前述黎錦熙對漢字與古文關係的揭示、對漢字反科學特點的批評正是如此。〔註259〕黎錦熙是國語羅馬字的堅定支持者，而後來的拉丁化新文字運動是按照同樣的思路來批判漢字的。1949年6月，《天津日報》副刊登載了邢公畹的《重提拉丁化運動》一文，其中就提到拉丁化新文字「不但可以用來掃除文盲，而且它本身具有可以提高爲科學的中國文字的足夠條件的」〔註260〕。可見，對漢字的批判實則爲對中國傳統文化的批判，對拼音文字的追求，體現出對「科學」的追求。吳玉章就認爲，根據文字力求科學化、國際化、大眾化的原則，中國文字應改成拼音文字。〔註261〕

　　在新文化運動之初，胡適對於拼音文字的態度一直模棱兩可，他關心的是白話文的變革，對於文字問題他既自稱是門外漢，同時也不感興趣。他之所以將拼音文字列爲一個最終然而又是遙遠的目標，是因爲他對於漢字本身

〔註258〕梁啓超：《中國歷史上民族之研究》，《飲冰室合集》專集之第四十二，中華書局1989年，第33頁。

〔註259〕見黎錦熙：《國語運動史綱》，黎澤渝、劉慶俄編：《黎錦熙文集》（下卷），黑龍江教育出版社2007年，第45～47頁。另見第467～470頁。

〔註260〕轉引自費錦昌主編：《中國語文現代化百年記事》，語文出版社1997年，第112頁。

〔註261〕轉引自費錦昌主編：《中國語文現代化百年記事》，語文出版社1997年，第115頁。

是有所不滿的。胡適認爲漢字是視覺文字，他提倡白話文，強調聽覺，拼音文字符合這一條件。但拼音文字能否實現，他有懷疑，因而他對拼音文字採用了「懸置」的法子：「保存白話，用拼音文字代漢字，是將來總該辦到的，此時決不能做到。但此種主張根本上盡可成立。」〔註262〕

這樣一種矛盾、衝突的狀況不僅在新文化運動的主將們身上存在，即使是年輕的學生一輩也依然如此。傅斯年一方面把漢字工具論表述得更爲清楚：「語言是表現思想的器具，文字又是表現語言的器具。惟其都是器具，所以都要求個方便，都不要因陋就簡，安於不方便。」〔註263〕另一方面，他也承認漢字與中國文學之間一體化的關係：「反對拼音文字的人，都說拼音文字若是代替了漢字，便要妨害到中國的文學。這是不必諱言的，我們也承認他。中國歷史上的文學全靠著漢字發揮他的特別彩色，一經棄了漢字，直不啻把他根本推翻。」〔註264〕但在摧枯拉朽的「五四」時代，這種一體化關係不僅不是文學變革的阻礙，反倒可以藉此將漢字和漢文學一舉推翻，在創制拼音文字的同時再造中國文學：「拼音文字對於國語文學，——未來的新文學，——卻是非特無害，而且有益的。……一言以蔽之，拼音文字妨害舊文學的生命，幫助新文學的完成。」爲此傅斯年還從西方找來根據：「新文學和新文字互相依賴的地方很多。西洋中世紀的時候，新文字的發生，恰恰和新文學同時，而且還是一件事情呢。」〔註265〕

相對於錢玄同、傅斯年等人，以文學創作和批評加入文學革命的周氏兄弟，則在漢字與中國文學問題上提出了自己的獨到見解。由於周氏兄弟都有著豐富的文學創作經驗，又注重從思想革命的高度把握語言、文字與文學的變革，因而他們的論點就更能切中要害、入木三分。

周氏兄弟都曾注意到世界語，並因此與倡導世界語的俄國盲詩人愛羅先珂（В.Я.Ерошенко）結緣。這恰恰是在世界語的討論陷入僵局之後發生的。1918年8月，《新青年》5卷2號《通信》中發表了孫國璋就 Esperanto 致陳獨秀信

〔註262〕此語本出自胡適給朱經農的答信，見《新青年》5卷2號，1918年8月。胡適在《答藍志先書》中又再次提到，見歐陽哲生編：《胡適文集》（2），北京大學出版社1998年，第86頁。

〔註263〕傅斯年：《漢語改用拼音文字的初步談》，胡適編選：《中國新文學大系·建設理論集》，上海文藝出版社2003年影印本，第148頁。

〔註264〕傅斯年：《漢語改用拼音文字的初步談》，胡適編選：《中國新文學大系·建設理論集》，上海文藝出版社2003年影印本，第164頁。

〔註265〕傅斯年：《漢語改用拼音文字的初步談》，胡適編選：《中國新文學大系·建設理論集》，上海文藝出版社2003年影印本，第164頁。

後，陳獨秀在答覆中表示討論已經逾越問題本身，是「說閒話，鬧閒氣」，不再參加；胡適在附言中表示自己始終持「中立」態度，主張「討論中止」。〔註266〕

1918年11月，魯迅在《新青年》5卷5號提出：

> 我於 Esperanto 固不反對，但也不願討論……全無討論的必要；只能各依自己所信的做去就是了。
>
> 但我還有一個意見，以爲學 Esperanto 是一件事，學 Esperanto 的精神，又是一件事。——白話文學也是如此。——倘若思想照舊，便仍然換牌不換貨：才從「四目倉聖」面前爬起，又向「柴明華先師」腳下跪倒；無非反對人類進步的時候，從前是說 no，現在是說 ne；從前寫作「哺哉」，現在寫作「不行」罷了。所以我的意見，以爲灌輸正當的學術文藝，改良思想，是第一事；討論 Esperanto，尚在其次；至於辨難駁詰，更可一筆勾消。〔註267〕

注重「改良思想」，正切中了世界語討論的要害。與此相一致的，是1923年周作人爲馮省三編的《世界語讀本》作序，明確提出了「世界語主義」（Esperantismo）的概念，他認爲

> 現在大家知道有世界語，卻很少有人知道世界語裏含有一種主義；世界語不單是一種人爲的言語，供各國人辦外交做買賣之用，乃是世界主義（能實現與否是別一問題）的出產物，離開了這主義，世界語便是一個無生命的木偶了。中國提倡世界語，卻少有人瞭解他的精神。這讀本特別注意於此，把創始者的意思揭在卷頭，本文中又處處留意，務求不背他的原旨，可以說是一部眞的世界語的書。這冊書裏或者也還有許多缺點，但我總望他的一種風趣能夠把他掩護過去，正如他能掩護人的缺點一樣。〔註268〕

周氏兄弟並不反對學習世界語，但他們更看重的是融入世界語中的精神與思想。這使得他們能看出世界語本身存有的一些問題。1921年6月至9月，周作人在北京西山養病，開始學習世界語並翻譯世界語作品。他由此產生了獨特的感受：「世界語這東西是一種理想的產物，事實上是不十分適用的。人們

〔註266〕「通信」欄「論 Esperanto」中孫國璋的信、陳獨秀答、胡適的跋語，《新青年》5卷2號，1918年8月。

〔註267〕魯迅：《渡河與引路》，《魯迅全集》（第七卷），人民文學出版社2005年，第36～37頁。

〔註268〕周作人：《〈世界語讀本〉序》，《晨報副鐫》1923年6月5日。

大抵有種浪漫的思想，夢想世界大同，或者不如說消極的反對民族的隔離，所以有那樣的要求。但是所能做到的也只是一部分的聯合，即如『希望者』的世界語實在也只是歐印語的綜合，取英語的文法之簡易，而去其發音之龐雜；又多用拉丁語根，在歐人學起來固屬便利，若在不曾學過歐語的人還是一種陌生的外國語，其難學原是一樣的。」〔註269〕

1922 年 2 月愛羅先珂應蔡元培之邀赴北京講學，蔡元培委託周氏兄弟照顧，愛羅先珂此後便長期寄寓在八道灣周家。他自 1922 年 2 月 24 日到北京，7 月 3 日前往芬蘭參加世界語年會，11 月 4 日返回北京，1923 年 4 月 16 日回國。在此期間愛羅先珂與周氏兄弟結下了深厚的友誼。愛羅先珂在各處的演講，多由周作人擔任翻譯兼嚮導，魯迅除翻譯《愛羅先珂童話集》外，也經常陪同參觀，兼作翻譯。愛羅先珂在中國的講演稿《春天與其力量》、《公用語之必要》、《俄國在世界上的位置》和《女子與其使命》以及他的詩作《與支那少年》、《人類一分子》和《搖籃歌》，都是由周氏兄弟譯為中文的。

周氏兄弟之所以能與愛羅先珂成為親密的友人，一個重要的原因即是愛羅先珂將熱情、真誠與理想注入他所從事的事業包括世界語運動中。這與周氏兄弟在世界語問題上注重思想與精神是一致的。在周作人的眼中，愛羅先珂「懷著對於人類的愛與對於社會的悲」，他「畢竟還是詩人，他的工作只是喚起人們胸中的人類的愛與社會的悲，並不是指揮人去行暴動或別的政治運動；他的世界是童話似的夢的奇境，並不是共產或無政府的社會。他承認現代流行的幾種主義未必能充分的實現，階級爭鬥難以徹底解決一切問題，但是他並不因此而是認現社會制度，他以過大的對於現在的不平，造成他過大的對於未來的希望，──這個愛的世界正與別的主義各各的世界一樣的不能實現，因為更超過了他們了。」〔註270〕

而在此之前，魯迅就已經從愛羅先珂用日語寫作的童話中感受到作者對愛的渴求，「童心的，美的，然而有真實性的夢」〔註271〕，「他只有著一個幼稚的，然而優美的純潔的心，人間的疆界也不能限制他的夢幻，……他這俄國式的大曠野的精神，在日本是不合式的，當然要得到打罵的回贈，但他沒

〔註269〕周作人：《周作人文選·自傳·知堂回想錄》，群眾出版社 1998 年，第 370～371 頁。
〔註270〕周作人：《愛羅先珂君》，《周作人集》（上），花城出版社 2004 年，第 67～68 頁。
〔註271〕魯迅：《〈愛羅先珂童話集〉序》，《魯迅全集》第 10 卷，人民文學出版社 2005 年，第 214 頁。

有料到，這就足見他只有一個幼稚的然而純潔的心。我掩卷之後，深感謝人類中有這樣的不失赤子之心的人與著作」。〔註272〕

但與周作人不同的是，魯迅更是在翻譯的過程中感受到了難以擺脫的語言的困境，他並不是將這種困境簡單地認定爲語言文字作爲工具不適用，而是感受到了語言文字的先在性給個體造成的壓迫，這種壓迫更是思想和精神層面的。如

> 他（指的是愛羅先珂——引者注）只是夢幻，純白，而有大心，也爲了非他族類的不幸者而歎息……可惜中國文是急促的文，話也是急促的話，最不宜於譯童話；我又沒有才力，至少也減了原作的從容與美的一半了。〔註273〕

> 然而這一篇（指《魚的悲哀》——引者注）是最須用天眞爛熳的口吻的作品，而用中國話又最不易做天眞爛熳的口吻的文章，我先前擱筆的原因就在此；現在雖然譯完，卻損失了原來的好和美已經不少了，這實在很對不起著作和讀者。〔註274〕

> 由我看來，日本語實在比中國語更優婉。而著者又能捉住他的美點和特長，所以使我很覺得失了傳達的能力，於是擱置不動，瞬息間早過了四個月了。〔註275〕

> 日本語原是很能優婉的，而著者又善於捉住他的美點和特長，這就使我很失了傳達的能力。〔註276〕

魯迅在此所論，是語言造成的思維和思想的困境，在中國語言文字的體系中，這其實也可以說是文字所造成的。事實上魯迅也的確對漢字進行過毫不留情的批判，在多個場合他都痛批漢字，支持廢除漢字、改用拼音文字：

> 爲了這方塊的帶病的遺產，我們的最大多數人，已經幾千年做

〔註272〕魯迅：《〈狹的籠〉譯者附記》，《魯迅全集》第 10 卷，人民文學出版社 2005 年，第 217～218 頁。

〔註273〕魯迅：《〈池邊〉譯者附記》，《魯迅全集》第 10 卷，人民文學出版社 2005 年，第 220～221 頁。

〔註274〕魯迅：《〈魚的悲哀〉譯者附記》，《魯迅全集》第 10 卷，人民文學出版社 2005 年，第 224 頁。

〔註275〕魯迅：《將譯〈桃色的雲〉以前的幾句話》，《魯迅全集》第 10 卷，人民文學出版社 2005 年，第 232 頁。

〔註276〕魯迅：《桃色的雲序》，《魯迅全集》第 10 卷，人民文學出版社 2005 年，第 229 頁。

了文盲來殉難了，中國也弄到這模樣，……如果大家還要活下去，我想：是只好請漢字來做我們的犧牲了。〔註277〕

漢字和大眾，是勢不兩立的。〔註278〕

倘要生存，首先就必須除去阻礙傳佈智力的結核：非語文和方塊字。如果不想大家來給舊文字做犧牲，就得犧牲掉舊文字。〔註279〕正因如此，魯迅才有「人生識字糊塗始」的感慨〔註280〕。所以魯迅認為即使是提倡大眾語文，「也還沒有碰到根本的問題：中國等於並沒有文字。待到拉丁化的提議出現，這才抓住了解決問題的緊要關鍵」〔註281〕。這與錢玄同所言之「根本解決之根本解決」是一致的。

但是如果僅僅認為魯迅是從階級論上貶斥漢字，視其為統治階級愚民的工具，則又未免過於簡單了。在魯迅那裡，漢字、文言文及其承載的中國傳統思想文化，才是造成民眾愚昧、思想活力窒息的根由。由於語言的先在性，個人想要擺脫其束縛是極為困難的，因為它已融入到個人的血脈與思想之中。魯迅對此有著切身的體會：「若是自己，則曾經看過許多舊書，是的確的，為了教書，至今也還在看。因此耳濡目染，影響到所做的白話上，常不免流露出它的字句，體格來。但自己卻正苦於背了這些古老的鬼魂，擺脫不開，時常感到一種使人氣悶的沉重」，「古人寫在書上的可惡思想，我的心裏也常有」，「我常疑心這和讀了古書很有些關係」，「去年我主張青年少讀，或者簡直不讀中國書，乃是用許多苦痛換來的真話，決不是聊且快意，或什麼玩笑，憤激之辭」。〔註282〕

有意思的是，在漢字問題上，周作人卻與兄長從立場一致到漸行漸遠，

〔註277〕魯迅：《漢字和拉丁化》，《魯迅全集》第5卷，人民文學出版社2005年，第585頁。

〔註278〕魯迅：《答曹聚仁先生信》，《魯迅全集》第6卷，人民文學出版社2005年，第78頁。

〔註279〕魯迅：《中國語文的新生》，《魯迅全集》第6卷，人民文學出版社2005年，第119頁。

〔註280〕魯迅：《人生識字胡塗始》，《魯迅全集》第6卷，人民文學出版社2005年，第305頁。

〔註281〕魯迅：《中國語文的新生》，《魯迅全集》第6卷，人民文學出版社2005年，第119頁。

〔註282〕魯迅：《寫在〈墳〉後面》，《魯迅全集》第1卷，人民文學出版社2005年，第301～302頁。

即從正面的意義肯定漢字與漢文學、漢文化之間的關聯。兄弟二人的觀念看似對立，卻是大有深意：一方面，魯迅對漢語漢字與漢文學、漢文化之間水乳交融的關聯同樣有著深切的體會。1926 年，魯迅在廈門大學講授中國文學史，即已強調對漢字的體認，當從形音義三者著手，「口誦耳聞其音，目察其形，心通其義，三識並用，一字之功乃全」，用於文章，「故其所函，遂具三美：意美以感心，一也；音美以感耳，二也；形美以感目，三也」〔註283〕。因此，魯迅之抨擊漢字，是作爲新文化的戰士，爲摧毀舊文化而發出的吶喊，是一種文化策略。但魯迅對傳統文化的精粹，同樣有著深摯之愛。另一方面，如果聯繫時代背景，則或許能發現周作人的獨特用意。

　　1936 年，周作人與胡適的往來書信發表，他認爲「在政治上分離的，文化以至思想感情上卻未必分離」，強調應該利用「國語、漢字、國語文」，因爲「用時髦的一句話說，現在有強化中國民族意識之必要」，因而大眾化論者提出的羅馬字方案和方言論，即使「不失爲一個好理想」，也都要加以排斥。〔註284〕

　　周作人在此顯然突出了漢字漢語在民族認同中的作用，故而一直不願意談論或牽涉政治的周作人，卻在三四十年代大談政治，但是他談的是漢字、漢語的政治意義，可見中國近現代史上對於語言文字的討論，始終籠罩著意識形態色彩，連周作人這樣的「隱士」也不能避免。自 1940 年起，周作人陸續寫下一些「關於中國文學和思想的文章」，他自認爲較重要的有四篇，即「《漢文學的傳統》，民國廿九年三月。二，《中國的思想問題》，三十一年十一月。三，《中國文學上的兩種思想》，三十二年四月。四，《漢文學的前途》，同年七月」。周作人表示，「題目稱漢文學卻頗有點特別，因爲我在那時很看重漢文的政治作用，所以將這來代表中國文學」。〔註285〕

　　1944 年，早已淪爲漢奸的周作人，依然大談漢字與「中國前途」之關係：
　　　　現今想說的只是爲中國前途著想，這漢字倒很是有用，我們有

〔註283〕魯迅：《漢文學史綱要》，《魯迅全集》（第九卷），人民文學出版社 2005 年，第 354～355 頁。
〔註284〕轉引自〔日〕木山英雄：《文學復古與文學革命——木山英雄中國現代文學思想論集》，趙京華編譯，北京大學出版社 2004 年，第 131 頁。這一部分關於周作人的論述，參考該書第 127～135 頁。
〔註285〕周作人《知堂回想錄・反動老作家一》，《周作人集》（下），花城出版社 2004 年，第 793 頁頁下注。

應當加以重視之必要。(這如說是政治的看法,也未始不可,但在今日中國有好些事情,我覺得第一先應用政治的看法去看,他於中國本身於中國廣義的政治上有何利益,決定其價值,從其他標準看出來的評價,即使更爲客觀更爲科學的,也須得放在其次。)〔註286〕從以上論述可以看出,「周作人是按照『國語文』、『漢文』、『漢字』的順序逼近問題的所在」。〔註287〕在《漢文學的前途》中,周作人拈出漢字與漢文學的關係,作爲拒絕拼音文字的理由:「我意想中的中國文學,無論用白話那一體,總都是用漢字所寫,這就是漢文,所以這樣說,假如不用漢字而用別的拼音法,注音字母也好,羅馬字也好,反正那是別一件東西了,不在我說的範圍以內。因爲我覺得用漢字所寫的文字總多少接受著漢文學的傳統,這就是他的特色,若是用拼音字寫下去,與這傳統便漸有遠離的可能了。」〔註288〕

顯然,在周作人這裡,「國語」意味著民族國家認同,「漢字」意味著維繫民族文化傳統,這就早已超越了語言文字工具論而具有相當的思想深度。如木山英雄所言,「這似乎便促成了對漢字、漢文的政治性重視。果眞如此的話,這個『政治』性也便是徹底的文化主義者的反政治性的、夢想一般的極限吧」〔註289〕。看上去是愛國,只是周作人將此標舉爲「必先能樹立了國民文學的根基,乃可以大東亞文學之一員而參加活動」〔註290〕,卻是爲其漢奸行爲辯護,分明是一種自我欺騙。正如錢理群所分析的,周作人是想「借助於日本『物的文化』(經濟與軍事實力)來推廣中國『人的文化』,使之成爲整個『大東亞文化』的中心思想,與西方文化相抗衡」,這與日本侵略者所宣揚的「大東亞共榮圈」本質上是一致的〔註291〕。於是不難理解周作人何以要在《漢文學的傳統》、《中國的思想問題》、《中國文學上的兩種思想》、《漢文學的前途》這四篇他自認爲「較爲重要的」「關於中國文學和思想的文章」中

〔註286〕周作人:《立春以前‧十堂筆談》,河北教育出版社2002年,第127頁。

〔註287〕〔日〕木山英雄:《文學復古與文學革命——木山英雄中國現代文學思想論集》,趙京華編譯,北京大學出版社2004年,第134頁。

〔註288〕周作人:《漢文學的前途》,《周作人集》(下),花城出版社2004年,第867頁。

〔註289〕〔日〕木山英雄:《文學復古與文學革命——木山英雄中國現代文學思想論集》,趙京華編譯,北京大學出版社2004年,第135頁。

〔註290〕周作人:《漢文學的前途‧附記》,《周作人集》(下),花城出版社2004年,第872頁。

〔註291〕錢理群:《周作人研究二十一講》,中華書局2004年,第297頁。

一再強調儒家思想的重要性，對其加以改造、發揮，爲其披上現代的外衣，實際是要使之成爲「大東亞文化」的中心。因而他對漢語言文字及漢文學、漢文化的大力鼓吹，是爲其「漢文化中心論」服務的，在他的眼中，漢文化就是大東亞文化的中心。〔註292〕但是這種幻想、甚至是「同化」日本文化的美夢，卻注定是癡人的夢囈，絲毫不能掩蓋這個日本侵略者奴才的可恥行徑。而且日本人對這種美夢也不買賬，指責他宣揚「古的中國的超越的事大主義」，稱其爲「反動老作家」，實在是富有諷刺意味。〔註293〕

　　周氏兄弟對語言文字問題的認識，與他們的老師章太炎的影響分不開。章太炎就是力圖以「小學」達到以古爲新的目的，返歸源頭，從古語古字古音古義中尋找漢語漢字最本眞的特質，故而他在晚清的語言文字論爭中能有深刻的洞見。周作人實際繼承了這一點，著力於挖掘漢語漢字自身的特質及其與漢文化血脈相連的關係。因此，他發覺白話文運動要打倒「桐城謬種」、「選學妖孽」，但結果卻是「妖孽是走掉了，而謬種卻依然流傳著，不必多所拉扯，只看洋八股這名稱，即是確證」。對此他不由大發感慨：「這因革實在有點兒弄顛倒了」，還是應該「與制藝策論愈遠愈好，至於駢偶倒不妨設法利用，因爲白話文的語彙少欠豐富，句法也易陷於單調，從漢字的特質上去找出一點妝飾性來，如能用得適合，或者能使營養不良的文章增點血色，亦未可知」。〔註294〕由此回溯到1930年，周作人實際已經揭示出了漢字與漢文學之間的關聯：「漢字這東西與天下的一切文字不同，連日本朝鮮在內：它有所謂六書，所以有象形會意，有偏旁；有所謂四聲，所以有平仄。從這裡，必然地生出好些文章上的把戲」，他列舉出的「把戲」有對聯（對對子）、燈謎、詩鐘，進而是「正宗的文學」如律詩、駢文，而八股文則是將漢字特質發揮到極致的集大成者：八股文是「一種比六朝的駢文還要圓熟的散文詩」，「而且破題的做法差不多就是燈謎，至於有些『無情搭』顯然須應用詩鐘的手法才能奏效，所以八股文不但是集合古今駢散的菁華，凡是從漢字的特別性質演出的一切微妙的遊藝也都包括在內」，所以周作人認爲八股文就是「中國文學的結晶」。〔註295〕

　　周作人的分析不能說沒有道理，他對漢字與漢文學之間關係的研究確實

〔註292〕參見錢理群：《周作人研究二十一講》，中華書局2004年，第142頁注17。
〔註293〕參見錢理群：《周作人研究二十一講》，中華書局2004年，第298頁。
〔註294〕周作人：《漢文學的傳統》，《周作人集》（下），花城出版社2004年，第798頁。
〔註295〕周作人：《論八股文》，《周作人集》（上），花城出版社2004年，第280～281頁。

是有價值的。此前錢玄同、傅斯年等人對漢字的批判，多是將漢字與漢文化思想直接關聯起來，而且他們的語言文字觀又受到工具論的影響而難以深入。正是出於對漢語漢字特性的敏感，周作人注意到語言文字自身形式上的相對獨立性，才能有這樣深刻的發現。只是周作人對種種把戲的羅列，很容易流於閒適文人把玩文字的遊戲心態。

同樣是對這些文字遊戲的關注，陳寅恪卻表現出了相當嚴肅的學術研究姿態，並將其與中國文學和文化關聯起來。而且在 30 年代，陳寅恪恰恰是因「對對子」事件而被視為文化保守主義者，周作人卻是受人景仰的青年導師；到了四十年代，陳寅恪堅守民族氣節而周作人卻淪為國人唾棄的漢奸，可見歷史本身的詭異與複雜。

作為 20 世紀最傑出的文史學者之一，陳寅恪對語言文字與文學、文化之間的關聯有自己的深刻理解，其集中體現就是當年曾引起軒然大波的「對對子」事件。〔註296〕1932 年陳寅恪受劉文典所託，代擬清華大學國文科入學考試試題。各年級考生均有對對子題目。7 月 31 日《世界日報》特意以「清華新生昨日起考試——國文題目各年級均有『對對子』一項」為題加以報導。記者注意到這一事件的價值，聯繫了「該校出試題者」，據對方解釋，「為求試驗考生之新舊國學的確實根底計，故擬定三種題目，一即試驗學生明瞭平仄虛實字之『對對子』，一為普通作文，一為測驗考生新式標點之能力」。從本科到研究所的國文試題均為這三部分，而研究所作文題是「中國語在世界語言中，屬何語系？其特點何在？其演變之歷程如何？試舉數例以說明之」，顯然是為了配合「對對子」這一試題。「對對子」出的是「孫行者」和「少小離家老大回」。但是，這些試題卻引起了軒然大波，「對對子」和一年級作文題「夢遊清華園記」都引起了極大的爭議。〔註297〕

〔註296〕關於此事件及其意義的探析，可參見羅志田：《斯文關天意：1932 年清華大學入學考試的對對子風波》，《近代史研究》2008 年第 3 期；羅志田：《無名之輩改寫歷史：1932 年清華大學入學考試的作文題爭議》，《近代史研究》2008年第 4 期；尹奇嶺：《學術倫理和社會倫理的牴牾——試析陳寅恪「對對子」事件》，《學術探索》2009 年第 2 期等。

〔註297〕參見羅志田：《斯文關天意：1932 年清華大學入學考試的對對子風波》，《近代史研究》2008 年第 3 期；羅志田：《無名之輩改寫歷史：1932 年清華大學入學考試的作文題爭議》，《近代史研究》2008 年第 4 期；尹奇嶺：《學術倫理和社會倫理的牴牾——試析陳寅恪「對對子」事件》，《學術探索》2009 年第 2 期。

　　對此，陳寅恪數次為自己答辯。在致傅斯年的信中，他表示：「清華對子問題乃弟最有深意之處，因考國文不能不考文法，而中國文法在緬藏語系比較研究未發展前，不能不就與中國語言特點最有關之對子以代替文法，蓋籍此可以知聲韻、平仄、語辭、單複詞（vocabulary）藏貧富，為國文程度測驗最簡之法」，他甚至一改平和的態度，宣稱「弟意本欲籍此以說明此意於中國學界，使人略明中國語言地位。將馬氏文通之謬說一掃，而改良中學之課程。明年清華若仍由弟出試題，則不但仍出對子，且只出對子一種，蓋即以對子作國文文法測驗也。」〔註298〕

　　在致劉文典的信中，陳寅恪作了更詳細的說明。他認為時至當日，「中國語文文法」依然沒有成立，因為「馬氏文通『格義』式之文法，既不宜施之於不同語系之中國語文，而與漢語同系之語言比較研究，又在草昧時期」，故而對對子是最能測試考生國文水平的題目，「其形式簡單而涵義豐富，又與華夏民族語言文學之特性有密切關係」，具體說來體現在四個方面：

　　（甲）對子可以測驗應試者，能否知分別虛實字及其應用。

　　……

　　（乙）對子可以測驗應試者，能否分別平仄聲。此點最關重要，……吾國語言之平仄聲與古代印度希臘拉丁文同，而與近世西歐語言異。然其關於語言文學之重要則一。……聲調高下與語言遷變，文法應用之關係，學者早有定論。……又凡中國之韻文詩賦詞曲無論矣，即美術性之散文，亦必有適當之聲調。若讀者不能分平仄，則不能完全欣賞與瞭解，……又中國古文之句讀，多依聲調而決定。……又漢語既演為單音語，其文法之表現，即依託於語詞之次序。

　　……

　　（丙）對子可以測驗讀書之多少及語藏之貧富。

　　……

　　（丁）對子可以測驗思想條理。凡上等之對子，必具正反合之三階段。……若正及反前後二階段之詞類聲調，不但能相當對，而且所表現之意義，復能互相貫通，因得綜合組織，別產生一新意義。此新意義，雖不似前之正及反二階段之意義，顯著於字句之上，但

〔註298〕陳寅恪：《陳寅恪集・書信集》，三聯書店2001年，第42～43頁。

　　　　確可以想像而得之，所謂言外之意是也。〔註299〕

因此，陳寅恪先生苦心孤詣出此國文試題，用意並非在對對子本身，而是要「藉以說明對偶確為中國語文特性之所在，而欲研究此種特性者，不得不研究由此特性所產生之對子」。〔註300〕這一點後來也得到了一些學者的認同，如郭紹虞在 1982 年發表的《從文法語法之爭談到文法語法之分》中，重提當年這一事件，明顯傾向於陳寅恪並認為「中國語言重在單音，所以可有駢語這個特點」，其它外國語都不可能做到。〔註301〕季羨林先生則強調了語言與思維的關聯：語言之所以不同，根本原因在於思維模式的不同，需要「按照陳寅恪先生的意見，要在對漢語和與漢語同一語系的諸語言對比研究的基礎上，來抽繹出漢語真正的特點」。〔註302〕

　　即使從漢字自身的特點來看，廢漢字而改用拼音文字，也不可能使漢字與漢語完全一致；而且這樣做也未必有益：如此一來，將會使漢字依賴漢語而存在，喪失自己的獨立性。實際上，世界任何一種文字都無法做到與語言完全一致，即使西方的拼音文字也不例外，這一點已經為語言學家們所揭示。索緒爾充分注意到了文字的「危險」，他早已指出，「語言和文字是兩種不同的符號系統，後者唯一的存在理由是在於表現前者」。索緒爾是針對表音文字而說的，看上去與西方傳統的文字觀沒有區別，但是，既然語言和文字是兩種不同的符號系統，則二者之間的關係就沒有那麼簡單。文字反而凌駕於口語之上，他認為原因有四點，一是「詞的書寫形象使人突出地感到它是永恆的和穩固的，比語音更適宜於經久地構成語言的統一性」；二是對多數人而言，「視覺印象比音響印象更為明晰和持久，因此他們更重視前者」；三是「文學語言更增強了文字不應該有的重要性。它有自己的詞典，自己的語法」；四是「當語言和正字法發生齟齬的時候」，基本上都是「書寫形式佔了上風」。〔註303〕

〔註299〕陳寅恪：《與劉叔雅論國文試題書》，《金明館叢稿二編》，三聯書店 2001 年，第 249～255 頁。

〔註300〕陳寅恪：《與劉叔雅論國文試題書》，《金明館叢稿二編》，三聯書店 2001 年，第 256 頁。

〔註301〕郭紹虞：《從文法語法之爭談到文法語法之分》，《照隅室語言文字論集》，上海古籍出版社 2009 年，第 358 頁。

〔註302〕季羨林：《二十世紀現代漢語語法「八大家」選集序》，《邢福義選集》，東北師範大學出版社 2002 年，第 4 頁。

〔註303〕〔瑞士〕費爾迪南·德·索緒爾：《普通語言學教程》，高名凱譯，商務印書館 1980 年，第 49～50 頁。

　　索緒爾注意到，最初書寫與發音之間有著和諧的關係，即字母可以反映語言，但是這種和諧「不能持久」。主要有三個原因：一，「語言是不斷發展的，而文字卻有停滯不前的傾向，後來寫法終於變成了不符合於它所應該表現的東西」；二，一個民族向另一個民族借用字母時，拼寫和讀音間的矛盾也會產生；三，詞源上的問題。這就導致用許多符號表示同一個音，或用一個符號表示多個音值，或是所謂「間接寫法」等等。這一切導致的結果是：「文字遮掩住了語言的面貌，文字不是一件衣服，而是一種假裝」；另一個結果是「文字越是不表示它所應該表現的語言，人們把它當作基礎的傾向就越是增強；語法學家老是要大家注意書寫的形式」，甚至發展到「欺騙大眾，影響語言，使它發生變化」。〔註304〕

　　帕默爾也認為，「口頭語言通過稱為語言演變的過程，在不知不覺中變化著。如果文字保持不變，經過一段時間，一種語言的書面形式和口頭形式就會完全脫節」。他以希臘語、英語和愛爾蘭語為例加以說明。〔註305〕

　　中國學者也指出，需要破除對西方「言文一致」的誤解與迷信。他們或是借鑒西方語言學的成果，破除西方「言文一致」的神話；或是立足於漢字、漢語自身的特性，指出漢字、漢語的價值所在。這些工作，都是值得肯定的。〔註306〕

　　綜上所述，晚清和「五四」知識分子認為西方「言文一致」，其實在很大程度上是一種想像，或者是出於變革的需要而採用的一種策略而已。他們所發起的變革——特別是「五四」知識分子的努力——「從根本上動搖了傳統『文字—文學—文化』的具體結構」〔註307〕。漢字革新運動是特定時代環境中必然發生的事件，而標舉「言文一致」的漢字拼音化的失敗也是必然的結果。只要中國這個民族國家還存在，中華文化不被放棄或毀滅，漢字就不可能變成拼音文字。因為它關涉到民族國家認同和民族文化的傳承，但漢字革新運動無疑又促成了人們對漢字、漢文學和漢文化的深刻反思，對漢字

〔註304〕〔瑞士〕費爾迪南・德・索緒爾：《普通語言學教程》，高名凱譯，商務印書館 1980 年，第 51～58 頁。

〔註305〕L.R.帕默爾：《語言學概論》，李榮等譯，商務印書館 1983 年，第 98 頁。

〔註306〕前一方面如許壽椿：《評對拼音文字「言文一致」的誤解和迷信》，《漢字文化》1992 年第 8 期。後一方面如趙元任、唐蘭、郭紹虞等學者對漢語、漢字自身特性與價值的研究。

〔註307〕龔鵬程：《文化符號學：中國社會的肌理與文化法則》，上海人民出版社 2009 年，第 347 頁。

自身的特性有了全新的理解，在這一過程中制訂的漢語拼音方案、漢字簡化方案，是中國人對漢字加以科學認知和改進的體現，對此不能簡單地加以否定。